U0599637

光昭太极拳道丛书

拳论释义

《太极拳论》释义

李光昭 著

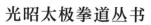
华龄出版社
HUALING PRESS

总　序

　　我的父亲李树田先后师从京城太极拳名家白旭华和徐岱山。白旭华得到杨健侯和杨少侯两代宗师的亲传；徐岱山乃杨少侯、杨澄甫（杨氏太极拳第三代传人）的入室弟子。

　　在杨氏太极拳这一脉传承体系里，我先后得到两位师父的传授：一位是父亲李树田，另一位是父亲的师兄张策（徐岱山的入室弟子）。现今唯一存世的《杨氏徐门手抄太极拳谱》，就是张策亲手交给我，并由我保存下来的。《杨氏徐门手抄太极拳谱》记载着徐岱山受业于杨少侯门下的时间、地点，并盖有徐岱山的印章。这份不可多得的珍贵史料，说明这一脉的杨氏太极拳属于正宗正门的杨家传承体系。

　　我在继承杨氏太极拳衣钵、吸收先辈们的拳修精华、结合自身六十余载修为实践的基础上，传承发展了传统太极拳的理法、心法等理论体系及功法体系，形成了具有鲜明特点的"光昭太极拳道"修为体系，这是我从"以拳证道"的角度提出来的反映传统太极拳修为本质特征的新概念。

记得父亲曾讲过，杨健侯传授太极拳的特点是先站桩后练拳。当年，父亲李树田先后拜白旭华和徐岱山为师学习太极拳，都是先学习站桩功，后练拳架。我跟随父亲习拳，也是先从桩功开始。

现在，我对外传授太极拳，一直遵守本传承体系的老规矩，先教桩功，后授拳架。我认为，桩功是基础，是直奔主题的内功修为。桩与拳，分为二，合为一。桩为拳之体，拳为桩之用；桩为拳之主宰，拳为桩之外显；拳静即桩，桩动成拳；桩无拳无用，拳无桩无拳。可以说，在传承、传授传统太极拳的实践中，"光昭太极拳道"沿袭了杨氏太极拳先辈创立的先桩后拳之路，成为这一脉杨氏太极拳传承体系的一大特点。

"光昭太极拳道"忠实地继承杨氏太极拳先辈们传承下来的理法、心法和功法，在传承、传授太极拳的实践中，坚持以明理为主导，将理法讲透彻，将心法讲明白，将功法讲具体，并且突出了理法、心法、功法三法合一。三法合一的特点是以心法统领理法和功法，以理法体现心法、指导功法，以功法贯穿其理法和心法，使理法、心法、功法相互依存、互为一体。

我将自己研修理法、心法和功法的体悟心得，以及近十几年的授课资料整编成书，完善了"光昭太极拳道"之理法体系、心法体系和功法体系。

第一，理法体系。在太极拳领域首次提出了"拳知八纲"理论，对阴、阳、动、静、虚、实、刚、柔等八纲的内涵真义及相互关系做了辩证阐释，高度概括了"一须三要"这一理法纲领。一须：须知阴阳；三要：要明动静、要辨刚柔、要分虚实。我还对十七个拳修核心要素进行了系统化、理论化的解说，使玄妙深奥、晦涩难懂的拳经拳论变得通俗易懂。

理法体系强调以拳证道、以拳修道、拳炼自我、重塑新我为修为目标，以建立太极思维模式为拳修重点，继承发展了太极内功修为理论。

第二，心法体系。由"一个中心、三个基本点""一求三修"等心法纲领构成。

"一个中心、三个基本点"，一个中心：中正安舒；三个基本点：静心凝神、呼吸自然、周身松通。

"一求三修"，一求：处处求中。中即道，道即中，故而求中乃合道之举。三修：反向修义、借假修真、层层修分。

"凡此皆是意"，既体现了内功心法的本质特征，又是内功修习的根本所在。

第三，功法体系。由静桩功、动桩功、太极摸手、太极拳架、太极散手和太极器械等组成。

修习主旨是"一拨三能"。一拨：四两拨千；三能：以静制动、以柔克刚、后发先至。

功法体系的修习路径是先静后动，先桩后拳，先摸手，后散手，再器械，循序渐进，遵道而为。

我们特别强调"明理就是练功""练功先要明理""明理是核心功夫"。

综上所述，"光昭太极拳道"修为体系的特征是以武演文、以拳入道、由拳悟道。拳修的主旨是以拳炼我、改造自我、返璞归真。

"光昭太极拳道"修为体系的特点是始于桩功，先桩后拳。桩即拳，拳即桩，拳桩为一。

"光昭太极拳道"修为体系的特质是创立了独具特色的理法、心法、功法三法合一的实修实证的教学模式。

这套"太极拳道系列丛书"各自独立成册，而理一以贯之，乃太极拳道修为不可多得的宝贵资料。希望将来能为传承传播太极内功、丰富发展太极文化做出应有的贡献。

李光昭

2024年5月26日

太极拳论

王宗岳

太极者，无极而生，阴阳之母也。动之则分，静之则合。无过不及，随屈就伸。人刚我柔谓之走，我顺人背谓之粘。动急则急应，动缓则缓随。虽变化万端，而理为一以贯之。由着熟而渐悟懂劲，由懂劲而阶及神明。然非用力之久，不能豁然贯通焉！

虚领顶劲，气沉丹田，不偏不倚，忽隐忽现。左重则左虚，右重则右杳。仰之则弥高，俯之则弥深。进之则愈长，退之则愈促。一羽不能加，蝇虫不能落。人不知我，我独知人。英雄所向无敌，盖皆由此而及也！

斯技旁门甚多，虽势有区别，概不外壮欺弱、慢让快耳。有力打无力，手慢让手快，是皆先天自然之能，非关学力而有为也！察四两拨千斤之句，显非力胜；观耄耋能御众之形，快何能为！

立如平准，活似车轮。偏沉则随，双重则滞。每见数年纯功，不能自化者，率皆自为人制，双重之病未悟耳！欲避此病，须知阴阳。粘即是走，走即是粘；阴不离阳，阳不离阴；阴阳相济，方为懂劲。懂劲后愈练愈精，默识揣摩，渐至从心所欲。

本是舍己从人，多误舍近求远。所谓差之毫厘，谬之千里。学者不可不详辨焉！是为论。

目 录

引 言

　　《太极拳论》不到四百字，却堪称"太极圣经"，是引领、指导太极修为的纲领。王宗岳在《太极拳论》中指明了太极拳修为的目标、方向，以及如何达至目标的修为路径，更重要的是，指出了拳修中普遍存在的问题，并为此开出了"药方"。书中作者从理法上帮助我们解决思维方式中存在的问题，通过有为的、拳修的方式，调整、改变我们旧有的思维习惯，以建立起全新的太极思维体系。

第一章　太极阴阳学说——无极　太极　阴阳

　　《太极拳论》始终贯穿一个主旨——阴和阳。全文没有一个"拳"字，却实实在在是以拳论道、以道论拳，用拳来论述无极生太极、太极生阴阳，用拳揭示出宇宙万物变化的本原，用自己身心的变化修为无极生太极、太极化阴阳、阴阳合太极的内在的变化。

第二章　拳修的基本原则及方法

我们怎么在自己的修为中用拳的有为方法，去把握和感受、感悟这种天地之间本原的、内在的运行规律呢？王宗岳明确地指出来，必须把握住一个基本原则——无过不及。他从太极阴阳学说来告诉我们要正确地理解动分静合，从太极拳的角度告诉我们运用有为的拳修之法实修实证获得真知。

第三章　人我、顺背的太极阴阳关系

　　王宗岳在"我顺人背谓之粘"中提出了"我"和
"人"的概念，整个太极内功的修为就是把握住无我
而成人这个核心的主体要求，对这个我进行重塑、改
造，把我由有回无，无了我，我才能成为一个真正的
人。在修为过程中要牢牢地把握住我和人，通过太极
内功的修为，把我由无我而成人、由有而回无，有无
相生而后生出一个真正的人、一个合道的人。

第四章　透过万变而求一理

　　太极内功的修为就是要舍"万"得"一"，直
达事物内在变化的本原。本章告诉我们急和缓、应和
随几个对立的概念，让我们去寻求它们内在的、合一
的、主宰这种变化的本原。在此基础上，王宗岳高度
概括提炼出来"万"和"一"的关系，告诉我们不管
人和我、刚和柔、顺和背等万端变化，我们要把握的
核心是其中不变的唯一—— 一贯之理。

第五章　太极内功修为的目标——阶及神明

　　太极内功修为要进入"由懂劲而阶及神明"的境界，不是外求，而是通过自己的小宇宙、通过自己的身心、通过自己的内和外，认知和把握它们之间内在的、必然的联系和相互变化的主宰。通过太极内功有为功法的修为，让我们进入由凡入仙、由普通而入神的境界。

第六章　太极内功修为的核心主旨

　　我们练太极拳、修为太极内功，不管练了多少年、不管跟谁练、不管师父有多大名气，其入门标准具体表现在"虚领顶劲，气沉丹田"。王宗岳从拳术、拳学的角度指明太极内功拳修须臾不离的核心主旨，通过"不偏不倚，忽隐忽现"的具体修为，达到外示柔软、内含坚刚。

第七章　太极内功实修实证的具体要素

在具体修为中应该如何做，应该从哪几个方面去实践？王宗岳不只是提出立论、指明方向，还清楚地告诉我们应该把握住实修实证的内容——左重则左虚，右重则右杳；仰之则弥高，俯之则弥深。通过太极内功修为，把"我"有而化无，无而生有，实的化虚，虚的落实，在有无、虚实的动态变转中，得到动态平衡的真实。

第八章　太极内功修为的境界

通过太极内功的修为，把自己打造成处处守中的阴阳平衡体，从而得到能够随机应变的结果，让自己成为独立守神、独立不改的"我"，让自己在环境复杂、万变的情况下保持独立的状态，修为出无我的虚空体，无我而所向无敌。

第九章　太极内功修为的正道通途

王宗岳所说太极拳修为中的"旁门"无非壮欺弱、快欺慢，而我们太极内功修为的关键就是以小搏大、四两拨千斤，运用太极思维、用意不用力进入化境，使阴阳颠倒、虚实变转。这是太极内功修为的奥妙所在。

第十章　剖析多误病象　阴阳相济互化

　　双重，多误的病根；滞，多误的病象。对此王宗岳开出了药方——知阴阳：阴不离阳、阳不离阴，阴阳相济。通过催僵化滞，让我们的身心没有滞碍，身随着心而变、形随着意而为，就能顺其势、随其机、由其意，就能够顺遂。那么我们的身体必然是健康的，身心必然是愉悦的。

结束语

附录　"光昭太极拳道"概述

引言

本是舍己从人，
多误舍近求远。

一、《太极拳论》的缘起

王宗岳的《太极拳论》是太极拳人公认的一部经典，我们称为太极拳的"圣经"。要想习练太极拳，要想在太极拳内功的修为中能够真的有所得，我们就必须认认真真地去学、去读这部经典。《太极拳论》区区几百字（原文不到四百个字），但是确确实实指明了我们修为的方向和目标，以及我们该如何向着这个目标进行修为的方法和路径，更重要的是，还给我们指出了太极拳习练中普遍存在的问题以及如何解决问题，并开出了"药方"。

几十年来，对于这篇《太极拳论》，我个人已经读了无数遍，越读越感觉并没有读得那么明白，越读越感觉到《太极拳论》中的每一个字、每一段论述，都有它非常深刻的含义。因此，可以说，《太极拳论》是一直引领和指导我能够沿着太极拳内功修为的正确路径前进的一盏指路明灯。

在太极拳修为过程中，我们首要的功夫在于明理。正如《太极拳论》中所说，"每见数年纯功，不能运化者"，很多人爱好太极拳、习练太极拳，甚至习练了一辈子，但是依然在太极拳的门外徘徊。难道他没下功夫吗？

不是的，他确确实实真下功夫了，可就是不能得门而入。其中一个重要的原因，就是他只是把功夫下在了有形的拳脚上，而没有真正把太极拳所体现的内功之真义内涵，从理上作为一种对自己的指导，也就是说没有明理。不明理的修为，往往有时候功夫下得越大、花费的时间越多，反倒"差之毫厘，谬之千里"了，是越走越远，因为他连方向都不明白。

违背"本是"则"多误"

王宗岳为什么要写这篇《太极拳论》呢？其原因是他看到太极拳作为广为人们喜爱、追求、修为的拳术或者修为的很重要的内容。虽然下了很大的功夫，有的人甚至孜孜不倦地练了几十年，但他们练的是不是真正的太极拳？我看未必。所以，王宗岳看到很多练拳人都违背了太极拳的"本是"，文中他所说的"多误"是看到违背太极拳"本是"的不是少数人、个别人，而是很多太极拳爱好者、修为者都在"谬之千里"地练拳。所以，针对这个问题王宗岳提醒大家，要给众多的太极拳爱好者一个警示，对照自己、检查自己修为的是不是真正的太极拳，是不是太极真功，是不是在"多误"的范围里面。王宗岳很清醒地看到了这个问题，他想要给大家提出警示。本来应该向东走，你却向西去了，一字之差，一个东西、一个正反，就"差之毫厘，谬之千里"了，这是很让人痛心的事，对此王宗岳看得很清楚。

这篇文章针对"多误"给我们指出太极拳修为的正确方向，你现在走反了，本来应该向东走，你却走向了西面。所以王宗岳指出了什么是"多误"，更明确地阐释了什么是"本是"，我们应该向什么样的方向进军、修为。我们一定要选择一个正确的方向，牢牢地抓住"本是"是什么。王宗岳的文章很清晰地说了两个事：一个是"本是"是什么，一个是存在的"多误"是什么。

王宗岳这区区几百字，画龙点睛地说明他为什么要写这篇文章，《太极拳论》最后这一段实际上是全文的概括和总结。他告诉我们"本是舍己从人，多误舍近求远"，一个"本是"、一个"多误"就"差之毫厘，谬之千里"，这不能不引起我们太极拳人的高度重视，因为它关系到目标、方向问题。王宗岳总结出了"本是舍己从人，多误舍近求远"，多误在哪儿？——舍近求远。

本是舍己从人

本来是很直接、方向很明确的，但恰恰走反了。那么什么才是正确的方向呢？王宗岳指出来——舍己从人。

5

要理解"舍己从人"这几个字，我们就必须运用太极思维来理解它。其实，"多误"的原因在于我们难以进入太极思维中。如果还是用常人思维习惯去学习、去修炼、去理解、去认知的话，基本上就会是"多误"，必然会出现"多误"这种状况，因为"本是舍己从人"。"舍己从人"几个字虽然在《太极拳论》几百字中是最后的立论，但它又是结论，是《太极拳论》整个立论的主旨。习练太极拳内功，就是要让我们能够"舍己从人"。太极拳修为的核心，就是修为"舍己从人"这个主旨。在我们的一生中，一个很大的方向性问题，就是能不能做到"舍己从人"。话说起来容易，但是做起来确确实实很难。我难以舍己，常人的状态就是不舍己，是舍不得己，是不想舍己。

怎么理解"舍己"？舍什么？舍自己。舍，就是损、放下。每个人都在舍，舍本身不需要修炼，你每天都在舍，也都在不舍。舍或者不舍，不是你自己能决定的事，是事物本身发展过程中的必然。你不想舍都不行，想拿住前面一秒不放，你是拿不住的。不管愿不愿意，必定把过去的时间都已经舍弃了。现在的问题是什么？不在"舍"字本身，而在于舍什么、怎么舍。本来应该是舍去远的，但是我们却反了，是舍去近的，舍近求远了。所以王宗岳告诉我们——反了。舍和不舍这两者，舍一定会有不舍，不舍实际上是在舍。

舍本身不以我们的意志为转移，不需要去修炼，是自然的、本原的必然。我们要修炼的是什么？应该舍什么？现在反的原因就是拿住"我"不舍，但是太极修为，恰恰与我们的常态思维相反，要舍弃常人认为不舍的那个东西，要舍弃有形的"我"。现在常人都认为这个有形的身体就是"我"，这个身体是我不能舍的。那么，这个身体是不是我们不舍的呢？可以说的确是不舍的，但是真正的不舍是得到一个能够合道的身体，这个身体是舍而有得。如果拿住不舍的这个身体，不舍这个身体就得不到真正的我的有形之身。

有人理解舍己，是舍去有形的我的身体，是认为有形的身体没用了，这也是误解。恰恰相反，我们并不是不要身体，是要一个合道的、符合客观规律的身体：该怎么动就怎么动，该动多少就动多少、该动多快就动多快，能够随机随势而为。

我们要得到这样的身体，就要舍弃现在这个身体，因为现在有形的身体做不到这一点。比如，现在要把力量一直运用到梢节，到手梢上来。你有这个想法，但做的时候却到不了梢节，这个地方反而用不上力了。为什么呢？因为我们根本指挥不了自己的身体，身体并不能按照我们的意去完成这个要求，达至这个目标，我们想让它流过去，但是身体不通，它不听我们的指挥。这样的身体，就不是我们能够随机随势而用的有为的、真正的身体，所以我们要改变它、要舍弃它。舍弃了这样一个身体，才能够得到一个真正有用的、有形的身体。所以，我们要理解不是不要，而是要一个什么样的身体。我们理解的"舍己"是要把现在这个"我"舍弃掉。

我们现在这个身体为什么不能按照该怎么样做就怎么样做呢？做不到这一点的原因，通过太极思维和太极内功的修为、通过太极阴阳学说，我们会发现，身体做不到，本质上不是身体的原因，不在形、不在身，根源是我们的心和意识。要想舍己、改变我们自己身体的状况，就应该从心的修为入手。所以，太极内功的修为在内不在外。得到一个有形的、可用的、灵动的，能够随意而行、随势而为的真正有为的身体，要从内入手，要抓住它的根本。根本在哪儿？在心。

太极内功修为的"本是"，本是舍己，本是应该舍弃掉不能有为的身体、不合道的身体，要想舍掉这个身体，进一步探究会发现根源在我们的心意、自以为是的意识，我们就要从这里入手，舍弃"我"以为、舍弃"我"的想法。

真正的舍己是两个方面，一方面是舍弃身体这个形，另一方面是舍弃自以为是的意。我们真的能够不以自己的意识，不以自己的认为去观察、去面对所有事物的时候，才能够看到事物的真相，才能够遵道而为。所以，王宗岳的"本是"很清楚，最后指出一个很明确的方向——舍己。

太极拳的修为归根结底就一个目标，改变现在的我，重塑一个新我。目标很明确，背离这个目标就是"多误"，就是"差之毫厘，谬之千里"。我们不是解决别人的问题，是解决这个拿住不放、自以为是的这个"我"，所有问题的根子就在这里。

多误舍近求远

老子在《道德经》第十三章中明确地告诉我们："吾所以有大患者，为吾有身，及吾无身，吾有何患？"我们之所以身有大患，有病痛，有各种各样的问题，就是因为"我"。抓住这个"我"不放，我们需要无了这个"我"，所以，入手之处就在于要把"我"给无了。《太极拳论》通篇在告诉我们，在修为过程中，怎么样向着这个目标、向着这个正确方向进军，达到无我而舍己，舍己而无我的境界。所以在修为过程中，通过对王宗岳《太极拳论》的学习和解读，第一个要素就是搞清楚"本是"是什么，也就是要明确我们的方向，明确修为的主旨，避免"多误"，不要舍近求远，不走弯路。只有这样，我们才能够进入真太极的修为中来。

要解决这个问题，先要舍弃我们自以为是的想法，按照王宗岳《太极拳论》指明的方向，确立我们的太极思维，用拳来引领我们通过有为的修为方法，改变现有思维方式，用太极思维去认知自己和事物的本原，这是关键。现在"多误舍近求远"的一个原因，就是本来应用太极思维该舍的要舍，虽然在修为太极拳、太极内功，但依然还是停留在用常人的思维思考、认知，无法用太极思维去认知所有的修为过程和所有事物的变化。

太极内功到底修为什么？什么才是太极内功修为的核心主旨和主体？很多练了很长时间的太极拳爱好者，依然存在"多误"的问题，尽管他们已经下了很大的功夫，付出了很多，但是还搞不明白，因此也造成长时间无法进到太极门里来，就像杨澄甫说的"思慕经年依然还是门外汉"，这是很可惜的事。或者说，我们不下功夫、不追求这个东西也罢了，它跟我们没有关系，但是我们要追求，又打着太极的旗号，还想从中得到真正的收获，然而下了半天工夫却没有得到，甚至连门都没入，确实是可惜了。

建立太极思维体系

解决这个问题的关键是什么？为什么要学习王宗岳

的《太极拳论》? 就是要从理上解决思维方式问题, 改变现有思维模式, 建立一个全新的太极思维体系。因为太极思维体系是我们认识世界、认识事物发展变化规律、认识生命运行轨迹的一把金钥匙。太极思维揭示的是事物本原的变化, 揭示的是事物内在的真实, 它完全颠覆了常人看问题的思维习惯。其实《太极拳论》通篇也是从道、理、术、法、象几个方面、几个渠道告诉我们什么是太极、什么是太极思维。太极思维与常人的思维是颠覆性的, 是完全相反的。

这里我想再次强调, 太极思维到底体现在什么地方。我在《以拳证道》一书中讲了, 我所传承的太极内功, 其核心就五个字——用意不用力。先不说意和力的问题, 用和不用这两者之间到底是什么关系? 是完全不同的相反的关系。因为常人对待用和不用, 所看到、理解的完全是相反的。用就是用, 不用就是不用, 这两者就是不一样。错吗? 不错, 因为我们看到的就是这样。但是, 如果用太极思维、用太极的慧眼看待事物的用和不用的话, 我们不但看到、感知到两者的对立、完全不同, 也会发现用和不用的内在关系是互为其根、相反相成的, 它们是二、是对立的, 而事实上它们谁也离不开谁。如果用太极思维对待用和不用, 就能分清用和不用两者之间的不同, 同时还能够抓住它们内在的、本原的关系, 用和不用是一, 是一回事。也就是说，我们会发现真正的用是什么——不用之用是真用。

现在我们用心、用力、用我们的一切做事，但是我们会发现，如果以太极思维来看，我们的用不是真用。有的时候我们用了很大的力气，很想把一件事情做好，但是事与愿违，得不到一个好的结果。其原因是什么？很多人认为是我们用的心还不够、下的力气还不够大，于是我们在用上加用，其实错了，反了。不是用的不够，而是我们没有真用，没有抓住"真"字。真用是什么？真用就是用太极思维明确地告诉我们，不用之用才是真用。而我们用心去做，这个"用心"用的是"我之心"、用的是"我心上的想法"、用的是"我以为"的那样。

最简单的例子，比如教育孩子。我们常常花很多的心思、用很大的精力想培养孩子，但是往往有的时候你的想法却是受他人操控，你看见邻居的孩子弹钢琴，就想如果我的孩子不弹钢琴好像就落后了，不行，人家的孩子弹琴我也要让我的孩子去弹，我用心地陪着他去练，花费金钱带着他去学习。但是，这个用是你想用，是用你自己的以为去用，这不是真用。什么是真用呢？就是排除自己的用才是真用。你让孩子自己去用，他觉得我要有用才是真用。现在往往是用我们的用代替孩子的用，而我们做家长的却没有认识到这个问题，所以我们越用越错，最后造成孩子的逆反。

现在经常遇到一些亲戚朋友和学员，都感到很苦恼，孩子叛逆不听话，究竟是为什么？因为你总是用你的想法去代替他的想法，这就错了。要让孩子自由地发展，就要把你想用的舍掉，你会发现不用你的想法去指导、帮助、理解、培养孩子的话，孩子反而快乐了，他会很快知道他应该在哪儿用，只有他的用才是真用。就是这么简单的道理，这实际上就是在运用太极思维，所以说太极思维是我们认识问题、解决问题的一把钥匙。

当然，我们是通过有为的、拳的修为来重新改变、调整、建立太极思维，不是为了用在拳上，是要用在我们的生活、事业、生命中，运用在我们对待家人、对待下一代、对待所有的事物上。当"我"一改变，舍了这个"我"，你会发现一个新的天地，会发现整个事物应该怎么样，而不是原来自己设计和认为的那个状态。我和我的一些朋友、亲戚交谈时，他们说，李老师，有时候我很苦恼，我说你苦恼的原因就是不舍，你就是要按自己的想法去改变别人……总之，我们应该从改变自我入手。对此，王宗岳讲得很清楚——舍己从人。

舍己从人，这个"从人"表示的是什么？是客观、是外界。在太极内功的修为中，舍己的关键是先知己。舍己是结果，修为的路径是从知己入手。关于"知己"，杨氏太极拳老谱有三章专门阐释了知己的重要性和如何知己。它讲"既不知己，焉能知人"。可是我们总想去知人而不得，你不知人的原因是不知己，拿着我自己的看法去分析别人、看待别人，总戴着有色眼镜、带着自己的以为去对待别人，所以你总看不清别人，怎么看对方都不如我的意，你发现不了对方的长和短，是因为你用你的尺度去衡量他。我们经常说，夫妇两人，若总是和自己的孩子发生矛盾、起争执，其原因就是各自都拿着自己的尺子去量别人，越量越觉得对方不合我的意。所以说，只有放弃自己的想法，舍去自己的"我以为"，你才能接受对方存在的真实，你才会发现他也有长处，原来你一直没有看到，因为我用自己的长处去衡量他，总是发现他的短处。当把自我放下以后，再看对方的时候，就会发现人家的长处了。我原来为什么没有发现呢？因为这是我的短处，这样能取人之长、补己之短，最终完善了自己。这样说来，其实我们舍己、从人以后，发现了客观的真相，补己之短，回过头来还是完善自己。这就是太极思维。

太极思维的体和用

太极思维从用与不用的角度来讲，什么是用、不用是真用。不用，我以为，不用我有形的身体、自以为是去做任何动作的时候，我的身体真的有用了，真的能够像杨健侯《太极拳约言》里面所说的"轻则灵、灵则动、动则变、变则化"，能够有灵性了，能够灵动了，就能够该怎么动就怎么动了。这个变化看到的是身体，实际上根源是化了脑子。

根本的变化是在太极思维的主宰下，改变了我们的行为方式，完成了一个合道的、该怎么样就怎么样的、有灵性的我的有为之体。这是关键。

太极内功修为的重要特点是什么？通过修为去用它，而不是为了修为而修为。修为最终的结果不管是健康长寿、防身御敌，还是生活、事业及在人生运行中把握住能够从容面对一切复杂变化的能力，都是用。

王宗岳在《太极拳论》中告诉我们，太极内功修为的体是什么，要修为出一个什么样的太极体；同时还告诉我们，修为太极内功，用的是什么。《太极拳论》很明确地告诉我们两件事：一个体、一个用。体是我们要修炼成一个合太极的太极体，唯一的主旨就是"舍己从人"。用是用在哪儿呢？太极内功具体用的时候，表现出来的是什么样的作用呢？太极内功的一个重要作用就表现在能够四两拨千斤，也就是能够以弱胜强、以柔克刚、以小搏大。

在《太极拳论》中，王宗岳很清楚地告诉我们："察四两拨千斤之句，显非力胜；观耄耋能御众之形，快何能为"，就是说修为了半天，不是修为力大力小、手慢手快，最终要以小打大、以四两去拨千斤，如果不能够有这样的作用，何必练太极内功呢？我们要获得人类的大智慧，能够生存、繁衍、发展，能够以小搏大。春播一粒种，秋收万担粮，一颗种子要结出多少倍的果实，所以要以小搏大、以少胜多，太极内功修为中的"用"就体现在这里。

如何才能做到四两拨千斤呢？四两拨千斤是结果，我们要怎么练用四两拨千斤？拿着结果去练结果。王宗岳在《太极拳论》最后一段中给我们点明——"差之毫厘，谬之千里""舍近求远"。要想做到四两拨千斤，修为的是体，抓的是因，所以必须要做到舍己从人，这是我们能够做到、实现四两拨千斤结的那个果的重要的前提和主旨。

所以，王宗岳把因果关系说得很明确、很清楚，修为太极拳要做到"四两拨千斤""耄耋能御众"，做不到这一点，太极拳内功就是一句空话，就与太极拳内功的修为背道而驰，就是舍近求远。如果你还相信手快打手慢、力大打力小，你就不用去学太极内功了，这是先天自然之能。我们修为太极内功的一个重要要求、结果、表现，就是要用四两能拨千斤。

要想做到四两拨千斤，就要抓住"本是"进行修为。"本是"是舍己从人，所以太极内功的修为、太极拳的修为、真太极的修为，自始至终的核心主旨不离舍己从人。舍的是己、舍的是我，舍的是主观，从的是对手、从的是客观。

王宗岳的《太极拳论》修为太极内功，自始至终是用我们的心法、理法和功法，做到怎么舍己、如何才能从人。这既是我们修为的主旨，也是王宗岳《太极拳论》高度概括的修为的核心内容和主旨——本是舍己从人。

舍己从人的目的，就是练就四两拨千斤的能力。概括起来，《太极拳论》是告诉我们这样一个核心主旨，通过几个方面论述真太极、太极内功修为的"体和用"，以及它们之间的真实关系：一个是舍己从人，一个是四两拨千斤。

"本是舍己从人，多误舍近求远"，我们必须深入理解王宗岳所说的要想四两拨千斤，就要遵照"本是"去舍己从人。为什么王宗岳把太极内功的修为用"舍己从人"这四个字作为修为的"本是"，为什么遵循"舍己从人"的太极拳内功修为的"本是"，就能产生四两拨千斤的作用？王宗岳《太极拳论》最后一段引起了我们深刻的思索和认真的体悟、把握。

我们只有牢牢把握住这两个问题，认真体悟、思索和理解，才能够在修为中更好地去把握"舍己从人"这个修为的"本是"、主旨和主体。

《太极拳论》中王宗岳给我们指明了修为方向，那么，如何在太极内功修为中遵循他所说的舍己从人的"本是"？如何做到舍己从人？这需要我们在《太极拳论》指明方向的基础上，在自己的修为中去认真体悟，一步一步去实修实证。

"舍己从人"和"四两拨千斤"，一个体一个用，它们之间到底存在什么样的内在关系？又如何通过"舍己从人"真正做到"四两拨千斤"？这是王宗岳《太极拳论》最后一段引发我们去深思，需要我们认真去研讨、去修、去实证的关键。

同时，我们也可以通过学习前人对王宗岳《太极拳论》中"舍己从人"和"四两拨千斤"体用关系的解读，了解太极拳前辈是怎么理解、怎么在实修实证中总结、怎么做到"舍己从人"，怎么结出"四两拨千斤"的果的。我们的太极拳前辈，通过继承、发展和自己提炼总结、归纳，对王宗岳的这段《太极拳论》做出了精辟的解读。

二、李亦畬大师对《太极拳论》的经典解读

我沿着太极拳前辈李亦畬大师的论述，通过了解他是怎么解读、理解王宗岳这篇精辟的《太极拳论》的，了解他是怎么对"舍己从人"和"四两拨千斤"内在的体用

关系进行剖析的，从而更好地把握和理解王宗岳的《太极拳论》。

李亦畲大师的舅舅是武氏太极拳的创始人武禹襄。李亦畲大师跟武禹襄学习太极拳，特别是太极内功。他不但继承、发展了太极拳，而且写出几篇堪称经典的关于太极拳的论述，其中一篇《走架打手行工要言》，对王宗岳《太极拳论》解读得尤为精辟。

我们参照李亦畲大师这篇论述，去理解和解读王宗岳《太极拳论》中的"舍己从人"和"四两拨千斤"。李亦畲大师的论述启发、引领我们去理解并遵循和把握这一经典。

引进落空

在这篇论述中，李亦畲大师清楚明确地告诉我们："昔人云，'能引进落空，能四两拨千斤；不能引进落空，不能四两拨千斤'。"修为的核心结果，就是能做到四两拨千斤。在李亦畲大师这句论述中，开篇先告诉我们，你想做到四两拨千斤吗？你想结出四两拨千斤这个果吗？第一个关键是你得能引进落空。他告诉我们，不能引进落空，就不能四两拨千斤。他这段论述的立论非常明确：能引进落空，就能四两拨千斤；不能引进落空，就不能四两拨千斤。

随着李亦畲大师的论述，我们也会提出来，要想四两拨千斤必须得引进落空。如何才能引进落空呢？李亦畲大师进一步给我们指明："欲要引进落空、四两拨千斤，先要知己知彼。"也就是说，要引进落空、四两拨千斤，要达到这个结果，就必须要知己知彼。

知己知彼

李亦畲大师对于王宗岳《太极拳论》的解读，是他自己多年实修、实证、实践经验的总结，他把由舍己从人到四两拨千斤体用修为的过程、顺序揭示得非常明确、清晰。他告诉我们，太极内功修为的是引进落空，要修为引进落空须先修为知己知彼。我们要修为的首先是知己知彼。

关于怎么修为知己知彼，李亦畲大师进一步告诉我们："欲要知己知彼，先要舍己从人。"所以，通过李亦畲大师揭示出来的它们之间的内在关系，我们可以很清楚、很明确地知道，王宗岳在《太极拳论》中所阐明的四两拨千斤的结果，就是要遵循本是"舍己从人"。

舍己从人

李亦畲大师在王宗岳《太极拳论》的基础上，把修为的方向和台阶也给我们展示了出来：要想四两拨千斤，就得引进落空；欲要引进落空，就得知己知彼；想要达到知己知彼，就必须要舍己从人。李亦畲大师的这段论述很清楚地告诉我们要"舍己从人"。王宗岳为什么要把"本是"定在"舍己从人"这个主旨上？因为我们要能够四两拨千斤，就要结出这个果。

进而李亦畲大师告诉我们，怎么去结这个果，即引进落空。那么怎么引进落空呢？必须得知己知彼。怎么才能知己知彼呢？就得舍己从人。在这里李亦畲大师很明确地指出了舍己从人和四两拨千斤类似于太极内功修为的体和用、因和果这样密不可分的内在关系。我们修为就要遵照这个修为的次第，一步一步进行具体的修为。

在这篇论述中，李亦畲大师不只是告诉我们要想四两拨千斤，最终要达到遵循本是、舍己从人；他还告诉我们要怎么具体修为舍己从人，这是《走架打手行工要言》的核心主旨的论述。因此，我也建议大家，在学习王宗岳《太极拳论》的基础上，要认认真真去解读李亦畲大师的《走架打手行工要言》中的经典论述。

得机得势

怎么才能做到舍己从人、抓住这个"本是"进行修为，接下来他又告诉我们："欲要舍己从人，先要得机得势。"太极内功的主体"本是"就是要修为"舍己从人"。怎么去修为呢？现在不就这个果去修这个果，而是要修舍己从人。先要修什么？就是要做到"得机得势"，也就是一个机、一个势，要双得。

周身一家

要想修为"得机得势"应该怎么做呢？先要"周身一家"。要想处处做到得机得势，关键在于能不能做到周身一家。

怎么去理解周身一家呢？所谓一家人，是有老有小、有长有幼、有男有女、有大有小、有内有外，这才叫一家。一家人是不同而合、是分而合的。因此，周身一家就是我们自己的身心，如何才能做到有长有幼？家有千口主事一人，这一家必须得有主宰。在这一家人中要能够不同而合，在家长的统领下，心往一处想、劲儿往一处使，大家齐心合力把日子过好。而不能各自有各自的想法，如果都三心二意，那就不是一家了。我们说"周身一家"，不是说周身铁板一块，一定是分出来上下、长幼、大小、男女，是各不相同的，但是要心往一处想，合成一个整体，要一起相互配合。也就是说，要想做到得机得势，就要随势而为、随机而变。作为一家人，不因外界环境的改变而自顾自、不一心。我们要齐心合力地该怎么做就怎么做，成为这样一个长幼有序的大家庭。

如何让我们的身心成为这样一个家，这是修为的一个主旨。成了这样一个家，就能够随势而为、随机而动；能够在任何复杂的变化中，保持团结一致、一心一意，从而从容面对。所以在具体的修为中，先要把自己"身"和"心"修为成这样一个完整的、合而一家的整体。

周身无有缺陷

怎么样才能够做到周身一家呢？李亦畬大师继续讲："欲要周身一家，先要周身无有缺陷。"就是想要周身一家，要做到周身无有缺陷。

无有缺陷的一个关键，是让全身各个部位能够合到一心一意上，合到一个点上；能够做到心往一处想、劲儿往一处使，而不是三心二意，你说你的话、他唱他的曲。大家能够合到一起了，人心齐，泰山移，全身分散的所有大大小小的部位，最后凝聚成一种完整的状态，就没有缺陷了。

往往有的时候，不管是在为人处世上，还是在身体健康维护、事业打拼上，或者是在防身技击中，我们都希望自己能够立于不败之地。要知道，关键问题不在外在环境，也不在外在的对手，完全在自己，是因为自己有了缺陷、不够圆满，给了对方可乘之机，所以才会受挫折、才会被打败。其实打败自己的原因，不在客观，完全是在自己。所以，要让自己形成一个没有缺陷的、完整的我，才能够应对所有外在各种各样复杂的变化。

神气鼓荡

在太极内功修为中，对于周身一家、无有缺陷，李亦畲很明确地告诉我们怎么做到这一点："欲要周身无有缺陷，先要神气鼓荡。"神气鼓荡，是周身无有缺陷的一个重要体现。周身无有缺陷，是神气鼓荡的结果。要做到周身无有缺陷，就要让自己能够做到神气鼓荡。

《太极拳经》也告诉我们，"一举动周身俱要轻灵，犹须贯串。气宜鼓荡，神宜内敛"。神气的内敛和鼓荡，才能做到总须完整一气、周身一家，才能做到无缺陷。为什么？因为无凸凹、无断续、无缺陷。所以，太极修为就是要体现在神气鼓荡上。如果太极内功的修为不能够内里做到神气鼓荡，周身无有缺陷和周身一家，只是外面的一个形体动作的话，就违背了太极内功修为的核心主旨。

要想做到周身一家、无有缺陷，就需要从神气鼓荡入手。太极内功的内，在内不在外，不在形体动作的快慢、力量的大小，而在内在的神气能不能够鼓荡。

提起精神

如何才能做到神气鼓荡呢？李亦畬大师接着告诉我们："欲要神气鼓荡，先要提起精神，神不外散。"这里他很明确地给我们指出来，要把我们的精神提起。提起精神，神不外散。《太极拳经》也指出"神宜内敛"。

一个人的生命力是不是顽强，同样在内不在外。有的人看起来身强力壮、肌肉很发达，但是如果没有神，内在的神不能够盈余、不能够内敛，就提不起精神。而有的人虽然看似身体瘦小，肌肉也不发达，但是他的精气神充盈，一直能够提起全部的精神。他的神是内敛的、是凝聚的，这样就能够起到支撑他生命的作用。所以，我们太极内功的修为就是要让自己能够提起精神，神不散乱，神不外溢。

《十三势行工心解》中讲，"精神能提得起，则无迟重之虞"。而人到老年，步履蹒跚，这是人的一种生理变化。如果他的精神能够提得起来的话，尽管动作好像缓慢了，但是在内在的这种精神的主宰下，他不但不迟重，还会有一种蓬勃向上的气势，而不是萎靡不振的。所以看一个人，关键要看他的生命力、他的精气神。

神气收敛入骨

我们太极内功就必须要提起精神，使神不外散。对此李亦畬大师也有很清晰的指导："欲要神不外散，先要神气收敛入骨。"神不外散是结果，我们怎么才能做到神不外散？就是要把神向内敛、向内收。一个人看上去炯炯有神、神气十足，但是他的神不是散的。他炯炯有神的神态，是因为神向内收、内敛以后所表现出来的结果。虽然这个神我们看不见、抓不住，但是神内敛的结果会有一种无形的威慑力，让你能够感知到一种真实存在的力量。

所以说，我们要想做到这一点，就要做到像李亦畬大师所说的"神气收敛入骨"，就是让我们向内收，也就是《太极拳经》告诉我们的"气宜鼓荡，神宜内敛"。所谓内敛就是要收敛入骨。神收敛到骨，骨在肉之内，是整个人的支撑的实体。神是虚的，人的支撑是内在的骨架，是实的。我们的神是一种精神上的虚无，但是却是一种真有的、实有的、真实的存在。这一虚一实，神和骨相合以

26

后，合出来这样一种神气，产生了一种内在的力量、内在的魅力，支撑、主宰着我们，让我们浑身有一种内在的支撑力。

我们经常说太极内功练的是用意不用力，不用肌肉的力。我们常说这个人要练出来骨力，骨力就是内力。内力虽然表现在外，但是在骨中生出来的就是内力。我们修为不是修外在的肌肉之力，而是这种收敛入骨之力，是神气内敛入骨以后所产生的这种十足的内力。

两股前节有力

李亦畬大师又告诉我们："欲要神气收敛入骨，先要两股前节有力。"什么叫两股前节？先说什么是前节、梢节。根中梢，根在下、梢在上，根在内、梢在外，最前端是梢，梢节。也就是说，太极内功的修为要做到梢节有力、最前端有力。我们说要用四两拨千斤，最终还是要用在梢节时能够有力。怎么理解两股前节是梢节。我们以鞭子举例，鞭子有头、有鞭梢，那股力要直达鞭梢。

过去马夫赶马车，拿一根鞭子，这根鞭子是软的。一甩鞭子，鞭梢打到马的耳朵上，马受到一个强大的、不可阻挡的力抽打，甚至马上就会倒地。

鞭梢为什么这么有力呢？其实不是鞭梢本身的力，是把鞭子甩起来以后，甩鞭子的力能够直达前梢。鞭子所产生的一个强大的力传至鞭梢，都能把马打倒。试想一下这个力能小吗？肯定非常大，非常快。

这个力怎么产生的呢？是挥动鞭子。是不是我挥动起来的鞭子，用比它还大的力才能够产生鞭梢的这种力呢？不是，挥动鞭子很轻松，用四两的力就能够达到梢节非常有力的结果。所以说，我们理解前节有力就是梢节有力。

太极内功修为要分出来梢节在哪儿。从我们太极内功修为来说，其根于脚，主宰于腰，形于手指。形表现在哪儿呢？手指。对前节来说，有形身体的前节指的是两条胳膊的最前端——手指。所以说两股前节须有力，这是我们要做到的。只要做到了前节有力，就能够做到神气收敛入骨。如果神气要收敛入骨，就要做到前节有力。它们之间又是一个因果关系。

在这里我想强调的是前节有力，而不是前节用力。鞭梢所产生的力，不是鞭梢自己用力，而是它不用力就能够把鞭子挥动的力，传递甚至还要放大传递到鞭梢上。这是前节须有力。

我们说太极内功的修为，要做到前节、梢节直达指尖，就要周身松通，要能够像鞭子一样，是柔的、软的，这样才能够产生前节有力的结果。

两肩松开

接下来李亦畬大师把具体修为的过程清楚地告诉我们，要想前节有力，就要做到"两肩松开，气向下沉。劲起于脚根，变换在腿，含蓄在胸，运动在两肩，主宰在腰。上于两膊相系，下于两胯、两腿相随。劲由内换，收便是合，放即是开。静则俱静，静是合，合中寓开；动则俱动，动是开，开中寓合。触之则旋转自如，无不得力，才能引进落空、四两拨千斤"。

李亦畬大师的这段论述堪称经典，它很清楚地揭示了修为的路径、次第和每个阶段具体的核心内容以及它们之间的因果关系，所以要认真地遵照执行。最后，李亦畬大师告诉我们，只有做到这些才能够做到引进落空、四两拨千斤。

这段论述很清楚地给我们指出，要前节有力。他提到了两肩要松开，怎么才能让它松开呢？王宗岳在《太极拳论》中指出："虚领顶劲，气沉丹田。"在两肩松开、气向下沉的基础上，我们的劲是起于脚根，也就是我们脚平松而落以后，与大地融合，我们把自然之重、大地的力能够为我们所用。那么变换在哪儿？变换在腿；含蓄在哪儿？含蓄在胸；运动在两肩，主宰在腰，两条胳膊相系，两胯两腿相随。这里王宗岳给我们讲得非常清楚，他告诉我们脚、腿、胸、腰、胯，像无极桩功一样分了十八个部位，要在这个基础上一个部位一个部位地由形求意，把周身形成一个无有缺陷的、周身一家的完整体。

在周身一家完整体的修为过程中，他进一步分析收放、开合、动静具体的内在关系，收便是合，放便是开，一个开一个合、一个收一个放。静是合，合中寓开；动就是开，开就要寓合。一个动一个静，一个寓开，一个寓合。

分阴阳，合太极

所以，这不是一句空话，太极内功修为必须要遵照王宗岳《太极拳论》的"本是"，要"舍己从人"。要想做到舍己从人，李亦畬大师更进一步、更深入、更精辟地指出，我们身体的各个部位应该怎样去修为，最后通过修为能够把握住一个收一个放、一个动一个静、一个开一个合，它们之间内在的变化关系。实际上是在告诉我们：收与放、开与合、动与静，它们之间是分即阴阳、合则太极，归根结底是一个阴一个阳，阴不离阳，阳不离阴，阴阳相济，互为其根。

王宗岳在《太极拳论》中说，要解决双重之病，就要做到"阴不离阳、阳不离阴，阴阳相济，方为懂劲"。这里所体现的阴和阳就是一个收一个放、一个开一个合、一个动一个静。

具体到我们杨氏太极拳的传承，杨班侯大师给我们留下的三个歌诀，我们要特别认真地去读一读《阴阳诀》。所以，在读王宗岳《太极拳论》的过程中，要结合前辈的解读，这样更有助于我们对王宗岳《太极拳论》核心立论和其内涵真义的理解和把握。

杨班侯的《阴阳诀》高度概括讲："太极阴阳少人修，吞吐开合问刚柔。正隅收放任君走，动静变化何须愁。"李亦畲大师在《走架打手行工要言》这篇经典解读中最后告诉我们，要做到引进落空、四两拨千斤，先要做到收便是合、合中要有开；放即是开，开中要有合。讲了一个收放、一个开合。动中要有静、静中要有动，动是开，开中要寓合；静是合，合中要寓开。动静又是一个开合。

所以，收放、动静、开合，是太极内功修为的核心主旨。我们抓住了具体的阴阳，分阴阳、合太极，把它们合到"一"上就能够做到"阴阳相济，方为懂劲"，也就是王宗岳告诉我们的"懂劲后愈练愈精"。

概而言之，太极拳内功修为要做到懂劲，也就是阴阳相济了，就能够做到引进落空、四两拨千斤。《太极拳论》最后画龙点睛地给我们摆出来，太极修为的"本是"是——"舍己从人"。

我们通过李亦畬大师《走架打手行工要言》中关于"舍己从人"的论述，就能够更清楚地知道为什么王宗岳在《太极拳论》的结尾处画龙点睛般高度概括地提出来"本是舍己从人"。所以在读《太极拳论》的时候，要牢牢地把握住王宗岳《太极拳论》的核心主旨，要遵循"本是"是"舍己从人"，修为的主体就是要修为出"舍己从人"。只要能够修为到从人、能够做到舍己从人了，就能够做到阴阳相济，阴不离阳、阳不离阴。

阴阳相济，方为懂劲。懂劲就是太极内功修为的入门功夫、门槛、分水岭，迈进懂劲这个门槛，我们会愈练愈精，才有可能"阶及神明"。只有能够"舍己从人""阴阳相济""方为懂劲"了，我们才能将其进行展示、运用和把握，才能将"四两拨千斤"这种太极拳的神奇功夫具体地展现出来，才能够做到"因敌变化示神奇"。所以我们把王宗岳的《太极拳论》这部经典，称作"太极圣经"，可以说它是引领和主导我们太极修为的一个纲领。

在这篇《太极拳论》中，王宗岳从开篇到最后可以说是一气周流、一气呵成，其每一字、每一句、每一段的内在都是密不可分的，始终贯穿着一个主旨、主体——阴和

阳，分阴阳、合太极，就是让我们做到阴阳相济。遵循着
阴阳相济这个主旨，让我们能够由着熟渐悟懂劲，懂劲后
愈练愈精，进而能够登堂入室，步步升高，直达太极圣殿
的顶峰，阶及神明。

第一章 太极阴阳学说

——无极 太极 阴阳

太极者，无极而生，阴阳之母也。动之则分，静之则合。

一、太极拳的理论基础

《太极拳论》开篇第一句话，就把其立论的主题和理论依据，以及核心理论阐释得很明确了。《太极拳论》为我们的拳修指明了方向——要建立太极思维的新体系。那么"本是"从哪里引领我们一步一步向着"本是"修为和认知呢？《太极拳论》开篇即告诉我们："太极者，无极而生，阴阳之母也。动之则分，静之则合。"短短一句话就把"本是"的内涵真义揭示得一清二楚。

太极拳的修为以太极阴阳学说为理论基础。如果分辨不清什么是太极、什么是阴阳，那么无论你练了多久，练了多少的招式、架势，都不能说是真正意义上的太极拳，因为离开了太极就没有这个拳。因此，我们必须要知道"本是"太极为主导，"本是"是什么是太极，什么是太极的"本是"。为什么王宗岳在《太极拳论》开篇第一句话就明确地阐释出来"太极者，无极而生，阴阳之母也"。

这一句论述揭示了什么是太极、什么是无极、什么是阴阳三个核心内容及三者之间存在着一种什么样的内在联系。在整个太极拳修为过程中，我们理论的核心基础就是这三个要素：无极、太极、阴阳。只有明明白白地搞清楚、牢牢地把握住了什么是"本是"，我们才能够遵"是"而为，才能向着"本是"进军。

我想阐释解读的并不是无极的本体和太极的本体，而是要了解什么是无极、什么是太极。可以说现在很多专家学者对于什么是无极、什么是太极以及无极和太极之间是一种什么样的内在关系，也存在着各种各样的争论，有很多不同的看法。

当我们从所传承的太极内功修为的太极和阴阳理论学说去看待无极和太极的时候，就抓住了太极和无极之间的一种内在的、核心的、主体的关系：既不在无极，也不在太极。王宗岳很明确地指出，其实我们从阴阳进去，就能够把握住无极，也就能够把握住太极了。

修为之法门——生

从哪里进去呢？太极内功修为核心的主体、内在的本质是什么？我根据自己多年的太极修为的传承和体悟，把自己修为的法门总结了出来。抓住了"生"这个法门，也就抓住了整个太极内功修为的核心主体。我们到底修什么？修为的主旨是什么？就一个字，但是这个字非常关键，就是入门之法、法门，这个字是无价之宝——生。为什么？王宗岳第一句话就告诉我们，"太极者，无极而生"，大家往往忽略了这个"生"字。太极或者无极，离开了"生"，就把无极和太极割裂开了，就没有了"无极"，也没有了"太极"。所以很多人在争论修为的核心关键，什么是太极、什么是无极，专家学者从理论上、从字面上研究它，当然这很有必要，但是作为实修实证，我们抓住的是入门的关键、修为的法宝，我们修为要从"生"开始。"太极者，无极而生"，无极是怎么生太极的，我们关心的是"生"字，因为我们要修为它。

要真的能够由无极能够"生"出太极来，不是停留在理论上，无极就在我们的身体中、在我们的心中、在我们的生命轨迹中。到底怎么能够由无极"生"出太极，说一千道一万，多言数穷没有用，修为的核心是"生"。

"生"字的真义

"生"这个字，大家经常说，可是我们往往忽略了它的真意。把握住了"生"的真意，就把握住了我们自己生命的运行轨迹，这是关键。

理解了"生"字，才能够在"生"上下功夫，我们在修为中才能够抓住核心、本质。中国古代的汉字形、声、意三者是合一的，每一个字都有它的意，所以说汉字是我们的先祖对人类的一个伟大的、了不起的贡献。"生"字的甲骨文是由两部分组成的，上面是一个草字（艹，破土新芽），下面是土（代表地面），合起来是这个"生"。"生"这个字表示什么？草从土地里发芽生长出来，代表着生命运行的状态。所以，"生"的重要内涵就在于事物运行的本原，内在的变化就在这个"生"字上。

王宗岳的《太极拳论》源于三经：《易经》《黄帝内经》《道德经》。王宗岳是通三经而后成为一论，他把三经所揭示的核心主旨，通过拳、拳论汇总出这样一个主体思想，这是其非常了不起的地方。我们说以拳证道，这个阴阳之道存在于三经中，《易经》《黄帝内经》《道德经》都揭示了这样一个道的本体、主体。

王宗岳这篇《太极拳论》妙就妙在这三百多个字，是用拳来揭示道，来立论的，然则通篇却没有说一个"道"字，也没有说一个"拳"字，除了题目叫"太极拳论"。我的分析，很可能是武禹襄的哥哥拿到这个抄本以后，后人定名为"太极拳论"的。当时王宗岳写这篇文章的时候题目是否叫"太极拳论"，还有待考证。但是《太极拳论》的全文里面没提一个"拳"字，你说它是论拳，却找不到拳，实际上，他揭示的是阴阳之道——太极者，无极而生，阴阳之母。但是通篇文章既没有拳，也没有道，可是它确确实实是在以道论拳、以拳论道。所以王宗岳非常了不起，文章的第一句"太极者，无极而生"揭示出，生命、生机蕴含在宇宙万物内在的变化的主体中。离开了这个"生"字就没有宇宙万物的存在，所以核心就是要能够"生"。

二、宇宙万物变化的根本

《易经》从易理上告诉我们，"易有太极，是生两仪"。关键由太极到两仪，阴阳两仪是"生"，离开了生哪有两仪、哪有阴阳。接着"两仪生四象"，四象是由两仪生来的，所以从阴阳、两仪到四象之间关键的内在的变化在于"生"。"两仪生四象，四象生八卦"，还是"生"，《易经》的易理中已经给我们揭示得非常清楚，从太极到八卦之间生生不已。

太极从哪里来？"太极者，无极而生。""易有太极，是生两仪，两仪生四象，四象生八卦。"我们说宇宙万物所有的变化，归根结底就是一个生不生的问题。抓住了生，就抓住了事物内在变化的本质。因此，修为就要牢牢抓住这个"生"。王宗岳的《太极拳论》后面所论述的各个方面，表现出来的都是抓住这个"生"上的各种变化。

"生"是万物变化的核心

不但《易经》，老子《道德经》的核心也突出了一个"生"字。老子告诉我们，我们现在看到的万事万物的变化、层出不穷的万象，其核心就在于"生"。老子总结出来一个"生字诀"："道生一，一生二，二生三，三生万物。"他把宇宙万物本原的规律从一个"生"字进而联系到一个完整的过程。这个过程中的每一个变化都是一次新生，所以依然是生生不已。

中国的道家思想离不开三，万物就是由三而生，三才是圆满，是有起、有止，由起到止的一个过程：一、二、三。所以万物都是在三中所产生的"生"的变化，才"生"出万物。

在修太极拳的古人中，最为著名的是宋代理学开山鼻祖、文学家、哲学家周敦颐。他着重于太极立论，首创了太极图，并写出了《太极图说》。他所提出的无极、太极、阴阳、五行、动静、无欲、顺化等理学基本概念，是理学范畴体系中的重要内容。他在《太极图说》中写道："无极而太极。太极动而生阳，动极而静，静而生阴，静极复动。一动一静，互为其根。分阴分阳，两仪立焉。阳变阴合，而生水火木金土。五气顺布，四时行焉。"周敦颐对无极和太极之间、太极和万物之间，以及我们人在这个运转过程中核心的内在的关系，做了明确而本原的揭示，核心还是一个"生"字。

　　周敦颐的《太极图说》说到"太极动而生阳"——一动生阳。"动极而静"，提到了动和静的关系。动生阳，由动生阳，动到极致是静。静而阴，静本身生阴，阴就是这么生出来的。一动一静、一阴一阳，阳是动而生，动极而静，静而生阴。因此说，动和静、阴和阳之间存在的一个内在变化就是如何"生"。他说："一动一静，互为其根；分阴分阳，两仪立焉。阳变阴合，而生水火木金土……"由此生出五行，他把万物归纳为五行——水、火、木、金、土。五行形成五气，"五气顺布，四时行焉"，五行能够按照互为其根、相生相克。"四时行焉"，天气四时的变化开始运行了，春夏秋冬，万物运行的变化已经"生"出来、展示出来、运行起来。"五行一阴阳也，阴阳一太极也，太极本无极也。"所以，周敦颐在《太极图说》中把太极、动静、阴阳、五行、四时，所有的变化由一个"生"字把它们的内在本质提炼了出来。这里我们不做更多理论上的研究，我们要实修实证，一定要抓住这个"生"字，作为修为的核心。

"生"是内在的变化

"生"字很常用。我们经常会探讨"人生""生活",假如我们从太极内功、太极理论的视角去看待生活和活着,这就是两种完全不同意义的状态。

活着并不等于生活,活着是"活",而生活的关键则在"生"。生的关键是变化,生是事物变化的本体、本原,本质上生是一种内在的变化。我国古代大思想家老子把它总结为有和无。老子说"有无相生",人活着要吃饭、睡觉,日复一日;而生活不仅仅如此,生活是在"生"上做文章。

"生"的文章做在哪儿?做在两个对立的东西——有、无上,也就是有无相生,要从有、无的角度抓住"生"的内在的本质,这样才能够把握住生命运行的轨迹,把握住"生"的本原,才能真的活出一个明白的自我。

无极·太极·阴阳

《太极拳论》第一句告诉我们"太极者,无极而生",王宗岳这篇文章的题目是"太极拳论",很多人以为它是在就拳说拳,围绕着拳这个主题来诠释的。实际上，如果我们细读深研《太极拳论》不难发现，王宗岳不是为了说拳而说拳，他是在说无极、太极、阴阳，以及它们的本质、它们内在存在着的关系和它们的内涵真义的。

王宗岳为什么要用"拳"来说太极、无极、阴阳呢？因为无极、太极、阴阳揭示了宇宙的本原、万事万物、生长变化的内在动力和生存发展的内在规律。所以他立论的第一句话就告诉我们，他是用拳来论述无极、太极、阴阳的真义内涵。

我们的祖先认识到，宇宙万物生长、变化、发展的内在规律，本质上就是由无极到太极、到阴阳，是内在的、相生相变的。正是在这样一个规律主宰下，创生出宇宙万物的变化，繁衍出各种各样、千姿百态的宇宙万物。

老子《道德经》第四十二章告诉我们："道生一，一生二，二生三，三生万物。万物负阴而抱阳，冲气以为和。"也就是宇宙万物都是由于阴阳之分合而产生，这是宇宙万物的根本规律。

作为宇宙万物中充满灵性的人，如何去认知、把握、运用并遵从其本原的、内在的规律和主宰呢？我们的先祖根据宇宙万物变化的本原规律，找到一个认识、把握这一规律的方便法门，天地之间万事万物的变化都遵循着这个根本规律，我们一定要认识这个规律，以免找错方向走弯路。

正确认知宇宙变化规律

老祖宗给我们指出了一条直通本原的正确的道路——从我们自己这里去认识、把握、了解、运用天地之间内在的这个本原的、主宰的变化规律。为什么？因为天地是一大宇宙，人是一小宇宙，天地所有内在的运行变化规律，在人的身心中也产生着同样的主宰和变化。因此我们从自己的身体上可以认知到天地之间、宇宙之内它们内在的主宰和生存、发展、变化的规律，由此我们不应外求而要向内走，反求自己，从自己的身心中就能够使我们认知宇宙万物变化的根本规律，这是条最近的路，最能够让我们通过自己的身心体悟、感知这个变化、规律的真义内涵。这个体悟过程，实际上就是在运用天地之间宇宙万物变化的根本规律去指导自己、完善自己，从而使我们的身心、我们行住坐卧都符合天地之间运行的根本规律。

老祖宗已经指出来，不要在远处求、不要向外寻。尽管外边五颜六色，尽管万物在变化，但我们要回来、从自己这里就能够找到宇宙万物变化的根本规律。这是王宗岳给我们指明的一条捷径、一个方便法门。

认识到天地人是宇宙的三才，宇宙万物中只有人可以跟天地同心、同德、同命运，宇宙万物变化的根本规律在我们人的身心上已经得到真实的体证。我们目的很清楚，也认识到了，更关键的是仅仅有了这样的追求、这样的认知，却停留在这样的认识阶段是远远不行的，我们就是要在认识论的基础上形成、掌握方法论。那么我们怎么才能在自己的身心中用什么样的有为法去感知这个无形的、无法用语言说清楚但是却真实主宰着宇宙万物变化的根本规律，从而能够进一步运用这个规律来作用于自己的生命运行轨迹，使自己真正达到天人合一的境界呢？

三、《太极拳论》的主旨核心

王宗岳的《太极拳论》阐释了天地运行的根本规律，告诉我们这个主宰着生存发展运行规律的关键，就是"太极者，无极而生，阴阳之母也"。无极、太极、阴阳，它们之间内在的、相生相变的变化体现着宇宙万物内在运行的根本规律。

作为人这个小宇宙，通过有为拳法认知人体小宇宙，我们要在自己身上去实修实证，从而去认知这个"太极者，无极而生，阴阳之母"，把握太极、无极、阴阳三者内在的、相生相变的关系。亦如杨氏太极拳老谱《太极阴阳颠倒解》中所论述："明此阴阳颠倒之理，则可与言道；知道不可须臾离，则可与言人；能以人弘道，知道不远人，则可与言天地同体。上天，下地，人在其中矣！苟能参天察地，与日月合其明，与五岳、四渎华朽，与四时之错行，与草木共枯荣，明鬼神之吉凶，知人事之兴衰，则可言乾坤为一大天地，人为一小天地也。夫如人之身心，致知格物於天地之知能，则可言人之良知、良能。若思不失固有，其功用浩然正气，直养无害，攸久无疆矣！所谓人身生成一小天地者，天也、性也、地也、命也、人也、虚灵也、神也，若不明之者，乌能配天地为三乎！然非尽性立命、穷神达化之功，胡为乎来哉！"

　　立论已经很清楚了，它并不是为了练拳脚，而是为了让我们通过这种有为的拳法，来认知和把握人身这个小宇宙的内里是怎么由无极生出太极、又怎么由太极生出了阴阳，阴阳又如何能够产生各种的变化，这些都要从我们自身来体证、体悟。

　　我们在自己身上真正体悟到、实证了太极是由无极而生，产生的是什么感觉、有什么样的反应？是否能够把握？我的无极是什么？我是否能由无极生出太极？……这些不能仅仅停留在理论层面，我们要让自己的身心真的进入"太极者，无极而生"，由无极而生太极，进而由太极分出阴阳。正是阴与阳的这种分合变化，产生了推动我们生命运行的各种各样变化的动力，这才是王宗岳这篇《太极拳论》所要阐释的根本主旨。

　　如果说王宗岳的这个名篇仅仅是告诉我们怎么练拳、

怎么技击、怎么样能够强壮我们的身体，像这样仅仅是停留在练拳的层面上。我认为这是对王宗岳《太极拳论》的一种误读，对王宗岳是不公平的，也是对《太极拳论》的一种极大的贬低。

无极、太极、阴阳及其内在关系

《太极拳论》的第一句话"太极者，无极而生，阴阳之母也"，即阐释了无极、太极、阴阳，以及它们之间内在的关系。这就需要我们明确地认知无极、太极的内涵真义，并了解它们的内在关系到底是什么。

我们要认知究竟什么是无极和太极，它们之间是一种什么样的内在关系。这两者是二，是两个个体，但是它们又是一，也就是说无极和太极又是一回事，是合一的。很多人把无极和太极单纯地看作是两个范畴、两个要素，这是一种误解。无极和太极两者是密不可分的一体，是一体的两种状态。我们要从这个角度去认知无极和太极的内在本原和内在的真义，可以说太极就是无极，无极就是太极。

既然无极和太极是一体的，为什么一个叫无极、一个叫太极呢？因为虽然说它们是一体的，但它们又是一体的两个不同的方面。"太极者，无极而生"，也就是太极是由无极而生，如果说无极是"无"的话，太极就是无极生出来的一个"有"。也就是说，无极是"无"的状态，太极就是无极的"有"的状态。无极和太极，一个是无、一个是有，二者确实是对立的，但是又是一体的。无极是太极的无的状态，太极是无极的有的状态；太极是无极的有，无极是太极的无。所以说，它们又是一回事。

实际上，太极和无极两者之间的内在关系，是"有"和"无"的关系。但是，我们为什么很难理解这两者是一回事呢？因为以我们常人的思维习惯，认为无就是什么都没有，一说有就认为就是有，有跟无就没有关系。如果用这种思维习惯去理解无极和太极，那么无极就是无极，太极就是太极。可是，我们说无极就是太极，生了太极之后，这个太极就是无极。

从太极思维的角度、从老子关于天地之道的理论去认知"无"和"有"，无不是什么都没有，无是能生出有的无，就是在无的状态时，它已经在内部孕育着有的变化了。就像一个母亲，孩子还没有出生的时候，这时她已经怀胎了，这样她才可能生。无极是太极之母，无极不是什么都没有的空无，无中孕育着有，无中能生有。正如老子《道德经》第一章开篇所云："道可道，非常道；名可名，非常名。无名，天地之始，有名，万物之母。故常无欲，以观其妙，常有欲，以观其徼。此两者，同出而异名，同谓之玄，玄之又玄，众妙之门。"

无极生出来的有即太极，太极这个有不是惯常的有，是有而又回无的有，这个有是一步一步向着无回归的有。因此，有和无是相生相变的一体的两种状态、两个面向，所以说，太极和无极的内在的关系是有无相生。

王宗岳的《太极拳论》很明确地告诉我们，太极是无极而生，正如老子在《道德经》第二章中所说"有无相生"。太极是无极而生，实际上太极虽然是无极的有，但是依然还是无极。因为太极在有中要由有而回无，它的终极、终点还是回到无极。也就是说，太极是在无的过程中，由无生有又由有而回无。这个过程，它们的变化是起于无极，源于无，无生出有，这个有是回归无过程中的有。

无极生太极，太极本无极

无极生太极、太极又回归无极的状态是什么呢？实际上它揭示的是宇宙运行的根本规律，也就是说宇宙运行的根本规律是圆的状态。为什么？从起点回到了终点，也就是这一点起于无，生出一个太极的有，太极的这个有又回归到无，又回到了起点，所以起点和终点是一个点。宇宙万物就是这样周流不怠、循环不已，这是它运行的根本规律。的确是有两个点，一个是开始、一个是结束，但是什么是开始呢？就是又回到了这一点，回到这个点开始运行了。这就是无极生太极，太极和无极是有无相生的一个关键的真义内涵。

我们中国有个传统，在孩子一出生的时候，都祝愿孩子平安长寿，希望孩子能够长生不老。实际上，从孩子出生那一刻开始，就已经在向着结束——死亡一步一步迈进了。也就是说，每前进一步，都是在向着终点——回去在迈步。宇宙运行的规律就是这样，任何一个事物的发展变化都遵循着这个根本规律。

认识了这个规律，我们就能更好地把握生命运行的轨迹，认清其本质，知晓其起点和终点。无论在这个过程中出现什么样的变化，其始终是向着结束的那个点，终将回到开始的那个点，我们在一步一步地前进，一步一步地趋近。本原就是这样——无极生太极，太极本无极，太极就是无极。

那么为什么一个叫无极、一个叫太极呢？"太"这个字很有意思，是"大"字里面加了一点，大就是有，由无生了一个大。有大一定就有小，大是相对小来说的。生活中我们有时批评一个人，会说这个人不懂规矩、没大没小。实际上，有大就会有小，有小就会有大，大、小都是属于有的范畴。一旦我们进入太极，这个"太"比大多了一点，本来大是有，恰恰是多了这一点，有而回无了。太是无，是有而无，所以太极即是一个由有而回无的过程。所以，有和无之间就差这么一点，只要抓住了这一点，就由无极生出太极，由太极又回到了无极。这个点虽然小，但是它决定着有和无。我们的太极修为，是在修有而回无，只要抓住了这一点，就能够由无极生太极，由太极又回到无极。

杨班侯在《乱环诀》中明确告诫后人："发落点对即成功"，清楚地阐明：一个发点、一个落点，一个起点、一个终点。发点和落点相对合于一点，起始点与终结点，始终如一即是成功。我们的人生就是在找点，成败不在多少，而在找对了点没有。找对了点就是成功，找不对点就是失败，就在这一点上。正如我们中国的汉字，非常有意思，关键就在这一点上。大，多这一点就是太；王，多一点就是玉；要内圣外王，就需要在这一点上做文章，这一点决定了你的成败、你的格局。

四、太极与阴阳——动静分合

"太极者，无极而生"，其本质就是有无相生。进一步说，太极和阴阳的关系，依然是"太极者阴阳之母"，也就是阴阳是由太极所生，阴阳是太极生出来的结果。

阴阳和太极是一种什么样的关系呢？如果无极和太极是有无相生的关系，那么太极和阴阳是动静分合的关系、是动分静合的关系。

《太极拳论》的下一句"动之则分，静之则合"，很清晰地指出，太极和阴阳的内在的关系是一分一合。太极的内在是一个阴一个阳。阴阳一分开，就是一个阴一个阳。阴阳两者一合，就合出来一个太极。在这一分一合中，又产生了动和静的关系。

"动之则分"，一动就分出阴阳；"静之则合"，也就是阴阳相合以后就是静。动和静，其实是阴阳分合的表象，所有表现出来的动和静，其内涵真义是阴阳的分与合。我们肉眼看到的、以为的这是动、那是静，会分得很清楚，但是动和静的本质是阴和阳的变化。透过动和静的表象，把握动、静之源——分与合，即主宰着动、静变化的本质是阴和阳的分与合。

我们看到所有的动，都是阴和阳这两者要分、要开，看到的所有的静是阴和阳两者要往一起合；合二而一就是静，一分为二就是动。太极和阴阳的内在关系是一动一静，动之则分、静之则合；虽然其外在表象是动和静，但动静的内涵真义就是阴和阳两者之间的分和合。这就需要我们透过现象直达本质。是什么主宰和决定着动？是内在的阴阳的分，一分就动，动之则分。这是宇宙万物变化的根本规律。老子《道德经》第二章中讲："有无相生，难易相成，长短相形，高下相倾，音声相和，前后相随。"水为什么能够流动？因为它分出来了高下。水由高到低就能流动起来。所以，分不出高下，水就是一潭死水，就不会流动，这时高下是相合的，高下不分，是静的状态。由静到动，怎么会动呢？——分出了高下。怎么就静了呢？——高下两者相合，不分了，这时候就是静了。所以，王宗岳在《太极拳论》中揭示了宇宙万物的动静变化的本原。

《太极拳论》告诉我们，阴阳、太极、无极，它们之间相生相变的内在的关系是有而回无、动分静合。正因为是有而回无、无而生有，万物才能够生生不已、周流不息、循环往复。我们看到的宇宙万物之所以能够产生各种各样的现象，生出五彩缤纷的变化，就是因为其内部存在着一个阴和一个阳，这两者一分就动、一合就静，所以无极生太极、太极回无极，太极一分就是阴阳，阴阳一合就是太极。王宗岳把其实质讲得很清楚：它们是有无相生的关系、是动分静合的关系。

但是，我们怎么从自己的身上体现和认识宇宙万物变化的根本规律？如何在我们的身心中进行实修实证？王宗岳为了把无极生太极、太极生阴阳的这种内在变化、本原的规律告诉后人，开创性地写出了《太极拳论》，既是用拳来论述无极生太极、太极生阴阳，及其相生相变的这种内在的关系，也是用拳来揭示宇宙万物的本原，用自己的身心变化修为无极生太极、太极化阴阳、阴阳合太极的这种内在的主宰的变化。王宗岳开创了一个崭新的法门，为后人指出了一个有为的修为方法。

第二章 拳修的基本原则及方法

无过不及，随屈就伸。

"太极者，无极而生，阴阳之母也。动之则分，静之则合"，这是拳论开篇第一句话，紧接着就告诉我们："无过不及，随屈就伸。"我们怎么样在自己的修为过程中用拳的有为方法，去把握和感受、感悟到这种天地之间本原的、内在的运行规律呢？王宗岳明确地指出来，必须把握住一个基本原则就是"无过不及"。

一、正确理解动静分合

王宗岳从太极阴阳学说来告诉我们动分静合。对于动和静，我们要从太极阴阳学说，运用太极思维来理解，它不是我们日常所看到、所认为的，动就是动、静就是不动，分就是分开、合就是合到一起。我们要从太极的角度去理解动静、分合，分开虽然是二，但是它们本质上是分不开的，互相为根，从本质上讲它们是一，尽管表现出来的是对立的完全不同的两种形态，但这只是表象，它们永远同出同入，谁也离不开谁。

这样理解动和静，动就是静，静就是动，对于我们拳修来说，动静分合内在的关系我们一定要很清楚。这两者虽然是对立的，但是它们合起来的最佳状态不但是同，而且同到"无过不及"的状态。

《太极拳论》后一部分也告诉我们动分静合的准则是"立如平准",也就是平。平就是"无过不及",这是一个准则。在动分静合的过程中,要以"无过不及"作为一个标准、作为一个准则,也就是它们相互之间的关系不但是互相为根、互相转变的,而且也是互相制约的。我们用静能制约你的动"无过",用动能制约你的静"不及"。所以,它们是合一的,这种内在的关系是不变的;但是它们却又是变化的,互相之间总是在变的过程中相转、相反、相成,相互制约,互相为根,这是它们真实的内在的状态。

二、拳修的基本原则

在我们的修为过程中,如何用拳的有为法去把握和感受、感悟天地之间本原的、内在的运行规律呢?王宗岳非常明确地指出,要牢牢把握的一个基本原则就是"无过不及"。尽管它是有无相生,尽管它是动分静合——动之则分、静之则合,而产生这种"分"或者是"合"的变化,要遵循的一个标准、一个重要原则就是"无过不及"。

如果违背了这个原则标准,就不能在它们相生相变的过程中真正体悟到那个最合适的状态、最佳的标准——

"无过不及"。在所有的变化过程中朝着一个目标、向着"无过不及"去修为，并且要有恰当的标准，既要合乎规矩、讲究尺度，不到位不行，但又不能做过了，过犹不及。所以说，"无过不及"不仅是我们太极修为的原则、基础，也是我们日常行为的一个基本准则，可以说具有极高的文化价值，充满了丰富的人生智慧。

在拳修的过程中要遵守这个准则，在我们每个个体自身的变化中理解动和静、分和合是怎么具体体现的，我们应该如何去感知它、把握它，去运用它。

我们从人的身体上可以体会到这种变化的内在规律。一动一静、一分一合，互为其根、相互变转、相互制约、相生相克。其实通过拳修，通过我们自己身上的这种体悟，我们了解的是宇宙万物之间只此一理。面对人生的变转、面对万事万物不断发生的变化，我们都遵循着这个根本之道、这个理。我们只有掌握了它，才能够对事物内在的变化有真正的认识和把握。

在这里王宗岳是通过拳的角度讲道，揭示的是宇宙万物根本的理。这个道理从我们自己的身上能够得到真实的体悟和实证，它是可以通过我们自己的修为不断去认知，我们还能把握它、调整它、运用它。

三、拳修的有为之法

随屈就伸

在拳修中，具体用什么样的方法可以帮助我们去体会无极、太极、阴阳之间相生相变的内在的、主宰的规律呢？王宗岳又非常明确地提出了四个字——随屈就伸。现在所流传的王宗岳的《太极拳论》中关于这四个字有两种表述：一个是"随屈就伸"，一个是"随曲就伸"。从本质来说，在解读文章的时候，这两者无可无不可，说"随屈就伸"没有问题，说"随曲就伸"也可以。屈，指的是出和入；曲，指的是曲和直。一个是动作的出入方向、一个是动作曲直的两种运行状态，但是这两者之间屈伸、曲直，都是对立的两个方面，所以它们是符合分阴阳、合太极的，符合阴阳的属性，因此无可无不可。

我所传承的太极内功修为体系是如何理解、把握《太极拳论》中"随屈就伸"的真义内涵呢？《十三势歌》云："仔细留心向推求，屈伸开合听自由"，杨氏太极拳老谱《懂劲先后论》中提出"由于懂劲，自得屈伸动静之妙；有屈伸动静之妙，开合升降又有由矣！由屈伸动静，见入则开，遇出则合；看来则降，就去则升。夫而后才为真及神明矣！"为此，从太极内功"懂劲"的角度修为，在具体功法中是遵循并坚持"随屈就伸"作为修为的核心主旨展开的。

动分静合的过程表现出的是两种不同状态——一阴一阳，具体是什么表象和状态呢？是屈和伸两种状态。屈是回，是入，是进来；伸是出，是开，是向外走。也就是说，屈是向内合，伸是向外开。用屈和伸表示两种状态，表示在动分静合过程中，能够运用和展示出来的无非是两种现象：一个是去一个是回、一个是屈一个是伸，是两种相互对立的状态。分阴阳、合太极，一个是分要开、一个是合要入。

关于"随屈就伸"这种说法，其实宇宙万物的运行就是这两种形态。表面上看这两者一个表示曲、一个表示直，而实际上是一个体、一个用。如何理解？宇宙万物没有绝对的、真正的直，直都是人为的、后天的，没有直，只有曲。曲是真、是本、是看得见的，直是我们的目标，是人为的追求，是境界、方向。

事物的运行发展规律虽然是曲折的，而总的趋势是前进的、上升的。世界上没有笔直的坦途可走，但一定要有笔直的方向、目标，让人向着这个目标前进。在向这个目标行进的过程中，所走的道路是弯弯曲曲、曲曲折折的，正如曲和直两者之间的关系，一个是前进的方向，一个是向着这个目标前行的道路。

屈和伸、曲和直的内在关系

它们两者之间是什么样的内在关系呢？无论是屈伸还是曲直，都非常清楚地告诉我们，有而回无、无而生有，一动一静、一分一合。具体到拳修过程中，我们要把握什么样的修为标准、怎么做到这一点呢？——"随而就"。也就是说屈和伸、曲和直两者既是密不可分的，又是变化的，是两种不同的状态，但是它们一定是同时出来的。对此老子在《道德经》第一章也说得很清楚："此两者同出而异名。"此两者同出，永远要同出，但两者又不同——异，是同出的异。怎么做到这一点呢？

《太极拳论》告诉我们，方法就是随而就。文章中说，随屈没有伸的话，这个屈只入不出，实际上离开出的入就是一种被动挨打，必须要随着往里屈的时候，有一个伸——随屈就伸，屈和伸这两个完全相反的表象要同时存在，这就是对立的双方，既动之则分，同时此两者又同在，随着屈就伸，也就是说有屈就有伸。在动中有了一个屈、伸，两者谁也离不开谁，不可分开。当我们看到屈的表象时，还有一个伸同时在伴随着它。

这就是有无相生，两者互为其根。随而就，就是王宗岳为我们指出的具体的修为路径。

王宗岳在《太极拳论》中告诉我们，太极拳内功的修为，其核心是实修实证，宇宙万物发展变化的根本规律是有无相生、动分静合，是由无极生太极、太极生阴阳、阴阳又合太极、太极复回归无极这样一种相生相变的运行轨迹。这就是宇宙万物的本原。

所谓的拳是一种有为的方法，我们称它为拳术，是用这种有为法在自己的身心内里实修实证，体悟无极生太极、太极生阴阳、阴阳合太极、太极又回无极这样一种内在的根本的运行规律。

具体到我们实修实证体悟的过程，王宗岳清晰地指出修为的关键是"随屈就伸"，其所表现出来的阴和阳的动静分合，是用屈和伸、曲和直两个相对立的一阴一阳，一个外显的、一个内在的状态来展示在修为过程中具体的阴和阳的动分静合。

在修为过程中，它们之间的关系是：此两者同，谁也离不开谁；既要分，不一样，但是又分不开。分，不一样，是动、是分；分不开，就是合。也就是在动分静合具体的拳修过程中，我们要体悟出"随屈就伸"四个字。"屈"和"伸"是两种状态，"随"和"就"是这两种状态变化的内在的主宰。我们一定要随着屈就要伸，或者说那个伸是屈出来的伸，那个屈是伸出来的屈，这样在我们的身体中通过我们的实修实证，真正体悟到这两者内在存在的对立的两个部分——阴和阳，它们的变化无非就是屈、伸，无非就是曲、直，无非就是随而就。

四、在拳修中实证

屈为外在形　伸为内在意

当我们用这种太极思维去认知身上能够得到的真实体悟的话，那么就会改变我们生命运行的根本轨迹，就能够随时随地做到动分静合、随屈就伸。当我们做任何一个动作的时候，比如：现在我开始要往出伸，通常是伸就是伸。但是，当我们建立了这种新的太极思维之后，当我在伸的时候，就会问自己：我那个屈呢？我是随这个伸就屈了吗？当我们屈的时候，我也要问自己，我做到了随屈就有一个伸了吗？如果是随和就、屈和伸，那屈是外面看得见形态的表象，伸就是内在的一种意念的就，是随着屈就出来伸的意念，一定要有这个伸之意。将伸这个意和屈的形两者配合起来才是动分静合的真实体悟。你只有做到这样了，才是真正做到动分静合，而最后合太极。我们修为太极就是从这一点来体悟它的分合的。

曲和直也一样。当我们有一个向前的直的时候，一定有一个曲，我们的直是曲出来的直，这种曲和直的关系在我们生活中处处可见。比如：我们要把一颗螺钉拧进木头里，它应该向下直着直接下去，但是我们却是旋转着、曲着，随着曲一点一点地向下直、向下伸，直到最后，整个螺钉在曲的过程中直着下去了。这就是曲中直。

再如：大家开汽车，当汽车轮胎出现问题，要换轮胎了，我们会把汽车给顶起来。把汽车顶起来需要一个千斤顶，人是没办法把上吨重的汽车抬起来，我们需要用千斤顶。千斤顶里面有一个螺杆，它是曲的，在曲中把这辆车直接给顶起来了——随曲就直。在生活中，我们一定要通过这种体悟，认识到事物变化的根本规律，从而更好地去运用它。

通过王宗岳的《太极拳论》我们能够找到把握自己生命运行轨迹的金钥匙。当然，王宗岳还是从太极拳的角度告诉我们怎么去实修实证，运用有为的方法——拳修之法真正得到这个认知。但是，他不只是讲理，还告诉我们具体怎么去做。

第三章
人我、顺背的太极阴阳关系

人刚我柔谓之走，我顺人背谓之粘。

人和天、地是宇宙三才，我们从人的身上可以体会到这种变化的内在规律。一动一静、一分一合，互为其根，相互变转、相互制约、相生相克，这是它的内在变化规律。通过拳修我们在自己身上的体悟，我们就能够了解到宇宙万物之间只此一理。

一、通过拳修认知事物发展变化的内在规律

其实，人生每天所面对的万事万物发生的变化，都遵循着这个根本之道、这个理。只有掌握了它，我们才能够对事物内在的变化有真正的认识和把握。

从这个角度说，通过王宗岳的《太极拳论》我们能够认知到人生、把握自己生命运行的金钥匙。当然，王宗岳还是从太极拳的角度告诉我们怎么去实修实证——运用有为的方法——拳修之法来真正得到这个认知。他不只是讲理，还告诉我们具体怎么做。

人我相合　刚柔合一

我们怎么才能够在拳修过程中真正地认知、体悟"无

过不及，随屈就伸"呢？在"无过不及，随屈就伸"的基
础上，王宗岳很清楚地告诉我们："人刚我柔谓之走，我
顺人背谓之粘"，这句话的内涵真义到底是什么？我们应
该如何正确地理解、把握它？同时我们在日常具体的修为
中，怎么才能够做到"人刚我柔谓之走"？

在"人刚我柔谓之走"中，王宗岳提出了两组对立的
概念：一个是"人"和"我"、一个是"刚"和"柔"。
人和我是两个完全不同的概念，它们是相互对立的；而刚
和柔则是两种完全不同的对立状态。日常思维中，我们都
很清楚地知道，什么是人、什么是我、什么是刚、什么是
柔。而这里王宗岳提出来这样两对完全相反、相互对立的
概念——人和我、刚和柔。

那么如何通过它们去体会"动之则分，静之则
合""无过不及，随屈就伸"？如何在人和我、刚和柔
之间寻求到"无过不及，随屈就伸""动之则分，静之
则合"？怎么才能够符合这个原则呢？关键在于下一个
字——"一"。人和我是不同的两个因素，刚和柔是对立
的两种状态，但是从太极思维的角度，修为就是要改变我
们的常人思维，改变日常生活中的行为习惯，进而真正进
入太极阴阳思维中来，建立一个崭新的思想行为体系。人
和我、刚和柔虽然是对立的，但又是合一的，谁也离不开
谁，人我要相合，刚柔要合一。刚离开柔没有刚，柔离开

刚则没有了柔。

　　王宗岳不只把人和我、刚和柔对立的两个部分摆在这里，还告诉我们，人和我要做到"无过不及，随屈就伸"，刚和柔两者之间一定要做到"刚柔相济，无过不及"。这是太极内功修为的核心要旨。

走——刚柔相济的关键

　　王宗岳提纲挈领地归纳出一个要素，一个字——"走"，也就是人和我要合一的话，就要合到"无过不及，随屈就伸"的状态；刚和柔对立的两种状态，要能够做到刚柔相济、相合而一。自古华山一条路，只有一个法门，王宗岳在这个地方非常精辟地指出来就是"走"，也就是人和我只要能够走，人我就是合一的。

　　刚和柔两者是完全对立的，柔是柔、刚是刚，然而只要能抓住"走"，刚和柔就能够相济合一。所以关键不在于人我、刚柔，而在于"走"。这就需要我们在"走"字上面下功夫，建立起全新的对"走"的认知。

　　也许很多人会说：谁不知道走啊！从小我们学会了站，之后就学会了走路，整天都在不停地走来走去。可是，试想一想：是的，你会走路、也会走，似乎完全可以理解什么是走。但是，这仅是你的理解，这是绝大多数人用常人思维对走的自我的认知。然而如果从太极阴阳学说的角度、从太极内功修为的角度去理解"走"的真义的话，可以这样说，和你截至现在对走的理解是完全不一样的，甚至是相反的。

为什么王宗岳在这里提出这个"走"？因为他知道、看到了"差之毫厘，谬之千里"，也就是说，常人并没有真的理解"走"的真义内涵，甚至可以说不会走。所以，我们先要从阴阳学说的角度、从"走"这个汉字的本原的、真义内涵的角度去理解，给"走"字下一个明确的完整的定义，才能够遵循着走的真义进行人刚我柔相互的变转合一。"走"这个字，是我们太极内功修为中重要的核心的理念。只有通过有为之法，真的去认知、把握住什么才是走、怎么走，我们才真的会走。

二、"走"的内涵真义

到底什么是"走"呢？我们所说的走的定义，跟常人对走的理解完全不一样。在从甲骨文到形成汉字的过程中，古人早已定义了走字的真义内涵。随着历史的发展、社会的变迁，我们用现在的认知，赋予走当下的意思，但是却离走的本原的真义越来越远了。

步与走

大家经常说到走，走步是一个经常说到的词。"你会走步吗？你今天走了多少步？""我今天走了八千步。"那么什么是走、什么是步呢？走、步这两个字，它们有着内在的联系，但是它们的内涵真义又是完全不同的。

什么是步？步，走也，不停地走，不停步。我们古人对步是这样定义的。走也好、步也好，它们是一种什么样的状态？行，行是动，迈开双脚行动起来，所以它是行。走和步，都是一种行动的表现，但两者又不一样，是两种不同的状态。步是行的一种状态，走是另一种行的状态，但它们是不同的。

东汉刘熙的《释名》告诉我们："徐行曰步"，也就是慢慢地走。散步不能说散走，因为它是徐徐地、缓慢地迈开足而行。这个行是徐行、慢走，那么一定会有快走。有徐行就有快行。快行叫什么呢？快行叫急行，急就是快，就是急促。"急行曰趋"，这就是古人对急行的定义，叫趋。

疾趋曰走

徐也行、急也行，有步、有趋了，这里面并没有走，什么是走呢？《释名》给出的定义："疾趋曰走"。所以这个行是动起来的三种状态：一是徐行，是步；二是急行，是趋；三是疾趋才叫走。现在我们慢慢散步叫走，其实走的本义不是徐徐的，也不是急行的，而是疾趋，这才是真正的走。也就是说，步、趋、走，是三种完全不同的概念和状态，外形上好像都是迈步、迈腿向前走、行动，但它们是不一样的。在这里王宗岳为什么要强调"走"，因为王宗岳所强调的"人刚我柔谓之走"，其中的走不是我们常人理解的、常态的认知，而强调的是疾趋曰走。在人和我、刚和柔之间，要做到疾趋。趋，趋近、趋向、趋势，疾趋就是非常快地走。

怎么才能疾趋呢？疾趋是不是大步飞速地向前跑呢？日常生活中对于走的理解，如果是疾趋的话，可以理解为飞快地跑起来。

但是从太极内功修为的角度，怎么理解疾趋？如何理解人和我、刚和柔两种完全对立、不同的状态？怎么能够疾趋，也就是如何才能够由刚到柔、由柔到刚？刚要趋于柔、柔要趋于刚，怎么能够到达这一点？这就是我们修为的关键。

拳修中重点要抓住两个字——刚柔。刚和柔两个概念是不同的，它们相互对立，这是常人都可以理解和把握的。从日常生活的角度讲，因为看得见摸得着，刚就是刚、柔就是柔。抓住了刚和柔表现出的两种状态，运用太极阴阳思维和内在的阴阳变转之理，去把握刚和柔之间"人刚我柔谓之走"，从而产生疾趋——"走"的结果。

常人思维中的刚和柔，是两种状态，刚是刚、柔是柔，这样理解对不对呢？这是我们能看到、也能够感知到的，确实是这样，刚是非常刚硬，柔是非常柔软，是完全对立的。但是现在从太极的角度来看，对于刚和柔，我们要有一个全新的认识。

三、太极内功修为的原则要求

《以拳证道》一书中讲到，关于中医有一个八纲理论，不管是哪个流派，只要是中医就离不开这八个字：阴阳、虚实、表里、寒热。而阴阳是其根本，最后表现出来的状态是寒和热。

太极内功也有同样的八纲：阴阳、动静、虚实、刚柔。作为阴阳具体展现出来的是什么样的状态呢？——刚和柔。怎么才能做到人刚我柔，怎么才能把刚和柔统一到一种合一的完整状态？我们杨氏太极拳的传承中对于这一点是很明确的。在杨家老谱《太极下乘武事解》中关于刚和柔说得很清楚："太极之武事，外操柔软，内含坚刚。"这里面提到了内和外、柔软和坚刚，清楚地给我们提出来：外操柔软、内含坚刚。一个外一个内，一个展现出来的是柔，但是柔的内里要含坚刚。这是太极修为对于内和外、柔和刚的一个基本原则，必须要做到外操柔软、内含坚刚，否则就是"差之毫厘，谬之千里"，就背道而驰了。

要求"外操柔软，内含坚刚"，从哪里入手呢？《太极下乘武事解》一文中很明确地告诉我们："而求柔软之于外，久而久之，自得内之坚刚。"也就是说，我们求的是柔软，而得的是坚刚，求的是外，得的是内。修为的路径也给我们说得很清楚：外求柔软，久而久之自得内含着的坚刚，也就是坚刚是求柔软的结果。那么我们在修为过程中，就一定是本着这个原则由外而内、由柔而刚，最终才能够真的得出来我们的内功功夫。

《太极下乘武事解》中进一步明确指出："非有心之坚刚，实有心之柔软也"，就是让我们不要把心放在坚刚上，要有心于柔软，把我们的心思放在怎么样让自己外在的身体更柔软上。在太极内功的修为中，有形的身体要做到摧刚化柔，所难者在什么地方？困难在"内要含蓄坚刚而不外施"。它不但告诉我们不要管坚刚，求柔软应外即自得内含的坚刚，而且还告诉我们，困难在哪里，即我们里面的坚刚不外施。《太极下乘武事解》接着指明要"终柔软而迎敌"，坚刚永远是含蓄在内不对外；对外的是柔软，"以柔软而应坚刚，使坚刚尽化无有矣"，这就是告诉我们柔和刚，"人刚我柔谓之走"，人、我、刚、柔的原则是什么说得很清楚了。杨氏太极拳老谱针对王宗岳这句拳论，清晰地告诉我们具体的修为法则和法门。

不但要求柔软于外、自得内含的坚刚，我们还要内含坚刚而不外施，终以柔软而应敌，总是要坚定不移地去用柔软，因为只有柔软才能把坚刚化为乌有矣。也就是说，把坚刚化了，化了就走了，走就是化，修为的法则、法门很清楚了（关于走与化，下文将具体阐释）。

四、具体的修为路径

"人刚我柔谓之走"，在柔和刚中我们先用太极思维去理解这两者之间既对立又统一的内在关系，要转变我们的思维，坚定不移地相信老子《道德经》第三十六章所说的"柔弱胜刚强"，这也是太极内功的一个重要的原则——以柔克刚，柔能克刚。

在具体的修为中，怎么才能够修为出这个能克刚的柔呢？它的方法是什么？走。怎么走？怎么才能够"人刚我柔谓之走"，关键在于怎么走，答案很明确：反。这与我们现在的思维完全相反。常人认为柔是柔、刚是刚，而太极思维认为：柔就是刚、刚就是柔。这和我们现在的思维是反过来的，反向的思维才能改变我们的行为习惯，从而不去有心于坚刚，要有心于柔软。

怎么才能够反过来、能够有心于柔软呢？我们的具体功法传承就是本着这个原则进行实修实证，也就是反。怎么反？人们习惯性理解，实的就是刚，虚的就是柔。对不对呢？从常人的理解确实是的，刚对应着实、柔对应着虚。可是从太极思维、从内功的修为要求，对待刚和柔、虚和实要反着来。这样我们修为的法门就有了，把实的柔了。什么是实呢？有形的身体，看得见摸得着的外在的有形的就是实，我们把实的柔了。常人的习惯是把实的刚上加刚，让它更坚刚，而我们的修为恰恰是反，也就是我们要把实的有形的身体摧刚化柔。实的是刚，我们恰恰是要把这个刚摧掉，要化成柔，这是我们修为的一个法则。如何在修为中遵循这个法则，真的使刚和柔能够走了，使它们相互转化，也就是：反。

《道德经》第四十章中老子也说："反者道之动，弱者道之用"，一个重要的法门就是"返"，返就是走，抓住了返，把虚的实了、实的虚了，刚的柔了、柔的刚了，这样一反之后，走了起来，"人刚我柔谓之走"。所以这一走，就是返了，"返"字是"反"加"辶"，把走作为一个偏旁了。所以很明确地告诉我们，我们修为的主旨"人刚我柔谓之走"，这个走是反，反了则返，故返即是走。

具体地修为疾趋曰走，不是我们练快步走、练飞或者是跑，那是常人的理解。恰恰这个走对于我们太极内功的走来说是反，只要一反就是"疾趋曰走"。所以，完全不是外形的事，完全不是在实上的变化，而是刚柔变转、虚实转换。这才是我们内功的核心主旨和具体修为的法门。

"人刚我柔谓之走"这个"走"，王宗岳在《太极拳论》中从人我刚柔的角度告诉我们"走"字的真义，不是有形的实体上的刚，而是要化这个刚，化实为虚、化刚为柔，是反着来、反向找。只要这一反，走了、动起来了，返了，这才是真正的走，王宗岳所说的走就在这儿。怎么得到的这个结果？反。所以说我们要坚定不移地从这个角度去理解走的内涵真义。

需要再强调一下，不是练身体的快慢，不是练两条腿的快跑，而是把这个有形的身体在刚中、在实中反着找、反着修，把实的修虚了、刚的化柔了，就是走了。走了刚就得了柔，从而做到外操柔软、内含坚刚。我们修为的方向就很清楚了。

"走"在修为过程中非常重要，这体现了修为过程中最重要的一点、最大的难题是改变我们的思维意识，要进入太极思维中来。太极思维正好与常态思维是相反的，我们常态所看到、所摸到的都是外在的表象，我们的修为就是要由表及里，因为真正主宰事物发展变化的是事物内在本原的规律，在内不在外。因此，要牢牢抓住其内在到底是什么。

什么是步？步是行动的三种状态：徐行曰步，疾行曰趋，疾趋曰走。这三种状态是不同的，但是内里都没离开一个内在的、主旨的东西，这是内在的共同的真实。我们先说"步"，"步"字上面是"止"，"走"字下面也是"止"，"趋"字左边是走也是"止"，它们的共同点都是"止"。段玉裁注《说文解字》曰："止，足也。"足即是脚，所以它们有一个共同点就是都不离脚。把我们有形的身体实的虚了、虚的实了，有形的身体要摧刚化柔、要虚实相变。太极内功修为的关键，从根本上说就在脚。也就是说，修为要想把有形的身体有而回无，要想让实的身体实而虚，要想让我们的身体把刚化掉、摧刚化柔，关键在哪里？其根在何处？老祖宗已经明确告诉我们了，其根在脚。亦如《太极拳经》所云："其根在脚，发于腿，主宰于腰，形于手指。由脚而腿、而腰，总须完整一气。"

脚下松通

如此说来，太极内功修为站桩站什么？站脚。我们修为是要把自己修得能够天人合一，能够独立守神、独立不改。作为天地人三才之一的人是独立的，不为外界任何的变化所左右。我们要自己左右自己，让自己的命运能够合天合地，天地人三者能够合一。

根本问题是要解放我们自己。人的解放，我给它定了三个阶段，第一个阶段，解放了双手。人之所以成为人，直立行走以后首先解放的是前脚，把前脚、前爪解放之后其成为手。这是人类的第一次解放，是人类进化过程中的第一阶段。正因为有前脚、前爪的解放才有了以后的手，它不再像脚一样依赖着大地，手的解放使其能够劳动、能够完成手的很多功能，这也是人与其他动物最大的、本质的区别，我们人类有了手，一双灵巧的手。这双手使人们产生智慧，但这只是人类的第一次解放。

第二个阶段，是进一步解放我们的脚。因为我们的双脚还依赖着大地，只要有依赖就得不到彻底的解放，所以人要进入第二次进化和解放的话，就是要解放自己的双脚。只有双脚解放了，我们才是独立的我。依赖并不是合，合是不同而合，只要有依赖就不是合。所以，从这个角度来说，我们老祖宗在太极内功修为中从站桩开始，站桩的实质是解放我，解放我的关键是解放脚。当双脚解放了，才是真正获得了一个自由自在实而虚之的我。在站桩过程中，千里之行始于足下。从脚上开始，就是要彻底解放我们自己。这就是为什么在拳修过程中前人告诉我们，人在虚实相变中，其根就在脚。

第三个阶段，通过太极内功修为彻底解放自我。《太极拳论》也告诉我们：其根于脚。这个根不是死死地用力去扎根，而是告诉我们能不能得到太极内功，关键在于通过内功的修为成为一个独立的我、彻底解放的我、自由的我，根本在脚。从这个角度我们知道了，我们的老祖宗正是通过站桩（站桩不是把自己站得扎在地上），让自己彻底得到脚下的解放、脚下的松通、脚下的虚空。到此地步，功用一日技精一筹，方能做到杨健侯在《太极拳约言》中所言："轻则灵，灵则动，动则变，变则化。"

刚与柔

我们说要摧刚化柔，怎么化这个柔？怎么让脚下能够轻灵起来？怎么能够将脚解放？只有一个状态，就是像水一样。《道德经》第七十八章中老子也告诉我们"天下莫柔弱于水"，柔弱似水，像水一样。在太极内功修为中，就是要把自己这个坚刚的身体化柔，化成像水一样。

实际上，从水的角度来说，要摧刚化柔，把人的身体化得像水一样的柔。现在的问题是什么呢？本来要求像水一样，但我们现在实际的状况是身体就像冻了的冰，我们要把冰化了，冰走了、化了以后而成水。其实刚和柔的走，是相互在转化。把冰化成水，水可以化成气。液态的水只是这一物质本身的一种状态，从化学成分来说水是H_2O，它有三种状态，冰也是水，冰是H_2O结冰的状态。其实，液态的水是一种最合适的状态，是刚柔相济的状态，冰则是刚而不柔。

怎么走？只要抓住一点，就是把刚和柔两个对立的东西合到一个点上，它就能够走了。怎么化？就在这一点。修炼起来其实还是很简单的。我们通过站桩，使自己身心内外站成一个点，内外刚柔就相互发生了走化变转，此刚即柔、柔即刚，刚与柔、内与外相合而一。

太极的"太"就是大字里面有了一点，我们修为练的就是这个点。本来有大就有小、有刚就有柔，加上这一点以后，大里面有小、有一个点，合一了。这个"太"既是大又是小，是无大无小的。因此，作为刚和柔来说找到这一点，即找到了"太"——太极，刚就是柔、柔就是刚，内和外就合一了。所以，修为就是要抓住这一点。

这一个点的修为，在我们的修为中就是要化、走化。我们以水为例，两点水"冫"，古时同"冰"。所以水的这种状态，是冻、冰、冷，都是两点，虽然是两点水也还是水。三点以后就不一样了，三点水"氵"即是水和与水相关的东西，是温，不是冷。再加一点就变成了四点水

"灬"，古同"火"，就变成了热、热气。冷、温、热，就差在一个点上，两点为冰是冷，三点为水是温，四点就是火是热。太极修为就是抓住这一个点的变化，水的三种不同状态，差别不是别的，本质上差的只是多一点、少一点的问题，但变化就在这一点上。因此，在修为过程中就要把握住这一点的修为。

王宗岳的"人刚我柔谓之走"，首先提出来了"人""我"两个对立的概念，这个"人"字不只是他人，也包括"我"之外的其他万物。"人刚我柔谓之走"，怎么走？只有把这个我无了、把我化掉。也就是说，这个走体现在把我化有回无。怎么化这个我？现在的我有我的想法、有我的意识，只有把这个以我为主的意识、想法舍弃掉，人与我发生了主次转化，方可言"人刚我柔谓之走"。王宗岳在《太极拳论》中很清楚地告诉我们——"舍己从人"，舍己就是舍掉我的想法，亦如李亦畬在《五字诀》中所言"从人不从己……由己则滞，从人则活"，舍己方能从人。

拳谚云：有意无意是真意。有意和无意，无意是无我意，不是没有了意，是无掉了我的意。无掉了我怎样的想法才得到真意。真的意是要我怎么样、我应该怎么样，所以就发生了走，把我的意走了以后才有了真意的转化。"人、我、刚、柔"从走的角度去理解的话，就进入太极内功中来，我们不是练有形身体的力量大小、速度的快慢，而是转化、是反，是从思维意识上要反着走、反向求，化我为无，舍己从人。当我和对手相接的时候，把我舍掉，才能够真的以对方的意为意，对他的意是要向东还是向西、是快还是慢，才真的能够有真实的认知。如果拿着我的意去判断的话，往往无法感知到事物变化的真实。

因此说，"人刚我柔谓之走"的修为就很简单了，我把我无了，无了自以为柔的意识，不再拿住刚不放，有形身体的刚化成水一样的柔，以柔软而应敌的时候，等于是对方的刚碰到我的柔，我只管我自己的柔，对方的刚就被我的柔给走化了。无我之后，等于对方掉进、走进了我的虚无中，他的坚刚被化掉了。到此地步，正如杨澄甫所说："不要惧怕牛力，巧内功不能胜大力者，何必练拳！千斤落空无所用矣。"由此说来，"人刚我柔谓之走"所言之走，其实质在于能走化，化即走、走即化。

黏与粘

当我化掉对方的坚刚，才能出现王宗岳接下来告诉我们的结果："我顺人背谓之粘"，我才能顺、人才能背，我才能以对方的意为意，他走进了虚空以后，我才能够四两拨千斤，才能够顺着他少许给他一点、送他一程，以柔克刚，方能我顺人背。这才是太极内功中真正体现出来的"人刚我柔谓之走"。

"人刚我柔谓之走"关键在于走字，"我顺人背谓之粘"关键是这个"粘"字。这两个字，一个走、一个粘是王宗岳在《太极拳论》中提出来的两个重要的核心理念。"人刚我柔谓之走，我顺人背谓之粘"，这两句话是分不开的，它们是在说一个事，这句话的每一个字都有它的内涵真义。

"我顺人背谓之粘"，或者是"我顺人背谓之黏"，我顺、人背两个概念，一个是我和人、一个是顺和背，要认真地去体会、理解和把握我和人、顺和背它们之间到底有什么样的内在联系。王宗岳为什么在《太极拳论》这一层中把它提出来，前面一句是人刚我柔，人在前、我在后；后一句是我在前，我顺人背。一个是"人刚我柔谓之走"，一个是"我顺人背谓之粘"，一个走一个粘、一个刚一个柔，一个顺一个背、一个人一个我。王宗岳究竟要阐释它们之间一种什么样的太极阴阳关系呢？刚和柔、顺和背、人和我、走和粘之间又如何能够体验、展现出来呢？王宗岳通过这几个概念，明确、清晰地告诉我们，太极阴阳论在拳修过程中是如何具体展示和体现的。

在拳修过程中，如何把握住我和人、刚和柔、顺和背、走和粘这两两对立的概念具体的内涵真义，是太极内功修为很重要的主旨要求。关于"粘","粘"字是多音字，读zhān，也读nián。在《太极拳论》的不同版本中，关于这一句话有不同的写法和解读，也有"我顺人背谓之黏"。先对"粘"和"黏"进行分析，到底应该是"谓之粘"，还是"谓之黏"，它们之间有什么不同。

当粘字读nián时是名词，古人只是把它作为姓氏，古代女真族的姓，姓粘。而作为动词时它读zhān，在这句话里它不读nián，读zhān。由于它是多音字，后来人们在日常生活中使用的时候，往往把黏和粘（zhān）这两个字弄混淆，而这两个字有完全不同的内涵，必须把它们区分开。当然，王宗岳的《太极拳论》不同的版本用字也不一样，有的版本是"我顺人背谓之黏"，也有的版本是"我顺人背谓之粘（zhān）"。到底应该是什么，还有待考证。

黏和粘这两个字在太极拳的内功修为中，经常用到。"粘连黏随"是太极内功修为一项很重要的要求。一定要通过拳术的修为，把握住"粘连黏随"四个字的核心主旨，离开了"粘连黏随"就不是我们所传承、修为的太极拳真内功。所以，粘和黏是太极内功修为很重要的两个概念，我们必须认认真真地严格把握。因此对粘和黏的内涵真义及它们之间内在的不同、内在的关系，我们必须要有清楚的认知。

黏和粘两字具体区别是什么？粘，是使两个黏性的物体能够合在一起、粘（zhān）在一起，两者互相依附到合二而一的状态，这个状态叫粘上了。粘上以后很难分开，它们虽然是两个部分，但是粘到了一起。将两个部分粘到一起成为一体，这是粘。黏是什么意思呢？黏字是形容词，它表示物体的性质，表示这个物体很黏稠，所以黏是对物体特性的描述。而粘是把两个很黏的物体合到了一上，让它们粘在了一起。对粘、黏两个字的本义内涵我们要有明确的区分：它们一个是两个物体之间发生的变化，一个是物体自身的特性。粘讲的是两个物体之间发生改变粘在一起的状态；黏表示单个物体本身的特性。

有的时候还会把粘写成了"沾"（zhān），这没有问题，但是沾和粘是两个不同含义的zhān。"粘连黏随"的粘，是指把两个黏性的物体相互依附粘合在一起。而沾是两个物体表面产生互相依附的一种表现。比如，生活中我们经常说，我的衣服沾上泥了；有时候在厨房做饭会说我手上沾上面了……这个沾是不黏稠的物体只是附着在另一物体的表面。你沾上的泥、面，很快就可以把它清洗掉，所以沾和粘的意思是完全不一样的。

我们也看到，在运用中有"沾、粘、黏"不分的情况，其实这个不分不是简单地用哪个字都可以，而是并没有真的弄明白它们在太极拳修为中各自的内涵真义，不清楚它们是不能乱用的。有些人写文章，经常写成"沾粘连随"，结果四个字两个都用错了。我们说的粘（zhān）不是沾，一定是这个粘（zhān），我们说的黏一定不是粘（nián）是黏，所以说是"粘连黏随"或者是"粘黏连随"。很多人把王宗岳《太极拳论》"人刚我柔谓之走，我顺人背谓之粘"中的"粘"读成nián，这是一种误读。把它写成"我顺人背谓之黏"可以不可以呢？我认为没有绝对的对错，因为现在已经找不到原文了，都是手抄本，究竟王宗岳原文当时是怎么写的，现在没有确定的说法，有待考证。

从我所传承的太极内功，特别是我手中由徐岱山师爷传下来的这本《太极拳谱》中是"我顺人背谓之粘"，当然，其他一些版本也有"我顺人背谓之黏"。为什么我们传承的是"我顺人背谓之粘"，也有说"我顺人背谓之黏"，我认为也说得通，因为粘和黏两字之间是有内在联系的，一个是体一个是用。粘是把两个黏性物体粘到了一起，但它一定是黏的物体才能粘上，所以它必须不能离开黏，黏是粘的前提，是它必要的前提、要素，离开了黏就没有粘。所以，从黏来讲，是物体本身的性质；从粘来说，是把两个不同的、有黏性的物体粘合成了一，合成了一体。

从这个角度说，粘或者是黏都说得通。从我所传承的太极内功的角度解释什么是"我顺人背谓之粘"，这只是我对王宗岳《太极拳论》这句论述的理解。当然，我的理解是源于在太极阴阳学说基础上、在拳修过程中所体现出的"我顺人背谓之粘"。

人与我

理解"我顺人背谓之粘"的粘字，很重要的一点是要对"我顺人背"这四个字有一个清晰的解读和明确的认知。"我顺人背"包含了两组概念，一组是我和人、一组是顺和背。什么是我、什么是人，很多人分不清楚这两个字的真义内涵是什么。能分清楚何为我、何为人，才能够理解《太极拳论》的"人刚我柔谓之走，我顺人背谓之粘"中的人和我、我和人。只有搞明白什么是我、什么是人，我们才能理解何为粘。

怎么理解这个我？这个我指的是自己、我、个体，这个我指的就是每一个个体的自己，这才是我，不是别人。《说文解字》中说："我，施身自谓也"，很明确地告诉我们，就是指每一个个体的我，是对自己的称谓。这是从"我"的字意上来讲。

中国的汉字有形、声、意，从字形上说，"我"字是由两部分组成的，左边是手，右边是戈。远古时候的

"我"要去跟野兽搏斗，为了生存需要手拿兵器，手握兵器的人就是"我"。这个汉字很明确地指出来，手和戈，手握兵器形成了"我"。这个我很具象、很形象，表现出来一个单个的自己，这是"我"字的真实含义。

什么是人呢？人与我有什么区别？每一个我都是人类群体中的一员，但是这个人不是指个体的我，是指在宇宙万物中、在天地之间存在着的宇宙三才——天地人其中的人才。宇宙间的人才指的是有头脑、有智慧、既有身又有心这样一种有灵性的高级生物，他们是万物之灵，所以称之为人。为什么人是天地人三才中的一才？因为人本是合天地人之道的。老祖宗告诉我们，人字一撇一捺、一个阴一个阳，而且阴阳是合而一的，这才是人。人字的结构一个阴一个阳、一个外一个内、一个高一个低、一个长一个短，它们合在一起形成了人。因此说，如果要成为这个人，就必须高低、长短、内外相合，合一之后才成为真正的人。

我和人之间最大的区别、必须要分清楚的内涵是什么？当这个我能够阴和阳、长和短、大和小、有和无合起来，合成了"一"，才是人。但是，现在的这个我是不是就符合一阴一阳、一内一外这样一个完整的人呢？不一定。所以，要把这个我改造成真正的天地人三才的人，就需要对既有的这个我进行改造，对这个我动手术，最终我才能够真正成人。

这个我属于有，而人没有自己，属于无。所以我有自己的私心，但作为人来说是无私的，正因为有我，所以我考虑问题的时候，总是要考虑利我、利己，而真正的人则是利他的，所以我和人尽管同属于一类，但是他们各自有着完全不同的内涵真义。对于我来说是自我、自己，都是"自"；对于人来说，因为他无己而利他，人才能够像天地一样无私。《道德经》第五章说："天地不仁，以万物为刍狗"，为什么老子讲天地无情，因为它没有自己，不会用自己的喜好、自己的憎恶去对待所有的客观事物。它不分这个那个，它只是遵循着道，该刮风就刮风，该下雨就下雨。它绝不会因为今天我跟张姓的好，今天就给张姓的多下点雨；现在我对姓李的不感兴趣了，就不给姓李的阳光雨露。它没有分别心、无心。但是我却不一样，我有私、有自己的想法、有自己的好恶，所以我总是按照自己的分别心对待他人、对待宇宙中其他万物。

因此，修为的一个重要内容，就是通过有为的功法，遵循、运用着太极阴阳学说，对"我"进行改造。也就是说，这个我要成为人。我们把合道的人称为贤人、有智慧的人、圣人、真人，所以对于人其实有着很高的标准和要求。

正因为如此，需要在我和人之间进行一种变化，怎么变呢？——无我而成人。不是有我吗？现在就是要无我才能成人，所有的修为都是遵照这个主旨，要把利己的、有的这个我，把他有而回无。只有当我无了，我才真的成为人，成了这个一撇一捺、一阴一阳，阴阳相合的完整的真人。我们修为的主旨很明确，要很清楚分别我和人，什么才是我、什么才是人的内涵真义。只有把握住人和我不同的内涵，才能让自己成为一个合道的人，对这个我进行重塑、改造，把有回无。

通过王宗岳的这句"我顺人背谓之粘"提出的我和人的概念，先要分清楚、要清醒认知的概念就是：什么是我、什么是人。整个太极内功的修为就是把握住无我而成人这个核心主体要求。所以，我们修为不是别的，不是强化这个手握兵器的我，而是要放下戈，要把我无掉。无了戈最终也就无了我，我才能成为一个真正的合道之人。

顺与背（逆）

明确认知了什么是我、什么是人，接下来我们的修为就要遵循着"无我才能成人"这个核心主体的要求。通过具体的修为，真正让我能够无我而成人。王宗岳在《太极拳论》中很明确地给我们提出来，在修为中要把握住的两个关键：顺、背。

如何理解顺、背这两个关键呢？顺和背是完全相反的意思。我们说顺水行舟还是逆水而行，这是方向完全相反的两种状态。我们在有而修无、成人的过程中，要把握顺和逆两者之间内在的关系。如何能够由顺而逆、由逆而顺，这是修为过程中一个很重要的法门。

顺水、逆水是完全不同的、是相反的。当船顺水而行的时候没有阻力，很轻松，顺水而为就能够走得很轻快、很轻松。逆水行舟，就会有很大的阻力，困难重重，所以说它们是两种完全不同的状态，也有两种完全不一样的结果。

究竟怎么在太极内功的修为中把握和理解顺和逆呢？顺和逆，是我们人生中每时每刻都会遇上的两种完全不同的生活、生命状态，有的时候做什么事都很顺畅，有的时候又阻力重重，所以人的一生中无非就是在解决一个顺、一个逆的问题。因此，通过拳的修为，把握我们自己身心中的顺逆，在我们自己的身心中得到实修实证，我们就把握、提升了自己的一种能力。在我们的生活、生命中，无论是顺还是逆，这个能力能够让我们保持自己的完整——成为一个阴阳相合的完整的人。所以说，修为就是通过拳的修习，悟出由我成人本原的大道。

在具体的修习中，顺和逆、顺和背是一个意思，怎么去体现？它们之间是一种什么样的关系呢？"顺则凡，逆则仙"，这是我们古人对于人生的一种哲学概括。什么是我顺呢？就是要按照我自己的想法、我自己的意愿、我自己的计划，顺顺利利地达成我自己的愿望、满足我自己的需要。我们都把这个看作是顺。但是这种顺、我顺，是有问题的，我们看似好像是顺，是我自己的想法、我自己的考量、我自己的打算、我自己的以为，处处都有我自己的范围，但是它符合不符合天地之间运行的大道、是否遵循符合事物发展的本原呢？未必，而且往往是相反的。偶尔也许是符合的，但是就像经常说的守株待兔一样，一只兔子撞到树上是偶然不是必然。可是如果每个人都按照自己的想法去设计自己的人生、设计自己所有的行为，看似是顺了，但是这种顺恰恰是不符合天地之道、不符合事物本原运行规律的，是自以为是的。

因此，我们要把这个我变成人，成为真人，就要把这个我无掉，无掉我所设计的这些想法。我所有的自以为是、我自己的这些小算盘、小心思、小想法，这些都应该无掉。无掉以后，才真的能够看到、感知到、把握到天地运行的大道，掌握并遵循事物运行的本原规律。佛教讲般般放下，就是把这个自我从我的想法、我的打算统统放下。放下了这个我，才真正能够成人。

恰恰我们的修为是要与这个我所谓的顺要逆着来、逆着走。也就是说在修为过程中，我们要和"我"告别，要和我所谓的顺反着来。所以老子说"反者道之动"，就是指我们凡人的这个"我"是需要跟它相反着来的，也就是说要逆。逆则成人，跟这个我逆着走，才能成为真正的人。我们说所谓的神仙、仙人，就是跟"我"相逆以后而成的。我们称其为仙，因为他已经完全不是那个我了，已经从凡人的我中得到了解脱、解放。如此看修为的路径就很清楚了，就是要逆着这个我的逆而成人。

顺和背两者的关系已经很清楚，当这个我顺着来以后，实际上这个顺顺了我以后它逆了天、逆了事物的本原规律，其实质是背、是逆。当我们和它相逆、反过来之后，才真的合了天地之道、真的合了事物发展的本原规律、才是真正的大顺。所以，逆和顺之间所谓的顺是逆、所谓的逆才是真正的顺。

在修为过程中，逆和顺最后是顺则逆、逆则顺，顺即逆、逆即顺，顺和逆两者合到了一上。也就是说我们在日常生活中、在生命的运行中，不会因为顺和逆让自己产生分别心。顺，是阴阳合一的我；逆，依然也是阴阳合一的我这个人。所以，顺和逆作为一种客观的变化，对于我成人以后的这个本体来说，它们是合一的，也就是说无顺无逆。只有这样，我们该怎么样就怎么样，才真的能够顺遂天地之间的大道规律。

因此，在修为过程中要牢牢地把握住我和人，通过太极内功的修为，把我和人由无我而成人，把我由有而回无，有无相生而后生出一个真正的人。

在把这两个对立的东西合在一起的过程中，我们要把现在的顺着的我逆着来、背着走，最后真的能够成为一个完整的真人。这个过程是一种什么样的动态变化呢？我和人是有而回无，无而生出一个无我的我，生成一个有，有了这个真人。顺逆两者要发生一个完全相反相成的相互变转。这个过程依然是顺逆合而一体的，因为事物的本原就是有顺有逆，没有永远的顺，也不会有永远的背。它们是一体的两面，这两个面合到一起的时候，实际上合成一个动态的粘。这个粘，其本义告诉我们，把不同的、对立的、完全相反的两个部分合二而一，黏合成一体，即是粘。

"我顺人背谓之粘"这简单几个字把我们太极内功修为真正的内涵真义明确地指了出来。我们的修为就要牢牢地把握住"我顺人背谓之粘"这个主旨去展开和进行。

这两句话为什么是密不可分的？如果说"人刚我柔谓之走"核心在于走，其结果是能走。我和人、人和我，运用刚和柔，最后达到能走的结果。走是走开，走是化、化解、化开，走是动、动起来。通过刚和柔的修为达到能走、走化的境地，进入能走化的修为层面。"我顺人背谓之粘"，就是在修为中，把"我"成为无我而成人，"顺则凡，逆则仙"，顺和逆的修为，它们对立又统一，其结果是粘。粘是两个部分粘在了一起，但它们是一体的，相互之间是分而合的。

因此，如果说"人刚我柔谓之走"的"走"是化、是开，那么"我顺人背谓之粘"的"粘"是顺背之合。"走""粘"这两者都是在我们动起来之后的结果，一个是分、是开，一个是合。如果说走是动的话，合就是相对的静，是合了。王宗岳在《太极拳论》中指出"动之则分，静之则合"，说明动分静合是紧密结合相互呼应的。"人刚我柔谓之走"体现着动之则分具体修为的内容，静之则合对应着"我顺人背谓之粘"，也就是一动一静、一分一合。实际上这两句拳论就是一动一静、一开一合的具体修为过程。

所以说，太极拳内功的修为无出于一动一静、一开一合，从桩功开始就是体会动和静的内涵真义。我们练无极桩、浑圆桩，是练静出动势，身心俱静，意、气要动起来，外要静、内要动。有形的身和无形的心都要静下来，但是这个静一定要静出一个动来。

我们这里讲的静，不是常人理解的不动。太极内功所言之静是真动，真动才会静。外显静，内隐动。什么是动呢？动就是真静。什么是静呢？静就是真动。静中出来的动是真动，动中出来的静是真静。这两句拳论体现了一动一静，其实都是在用刚和柔、顺和背修为我和人。无我而成人的过程中，把动和静通过开与合的修为，合二而一了。也正是这种修为，把本来的我有而回无。也就是刚才我们说的，我们的修为要牢牢地把握住无我，无我才能成为合道之人。

我们一定要遵循太极阴阳学说，去认知拳修过程中所有从理论到功法每一个阶段的具体的修为的内容，牢牢把握太极阴阳学这一拳修的理论基础，也是我们认知宇宙万物本原规律的有为的、根本的方法。通过修为，真正认识、把握"我和人""无和有"，以及它们之间相反相成的内在变化规律。

（互动）

（一）

学员：老师，想要请教一个问题。老师刚刚说"以柔克刚"跟"舍己"，我想请教工作上会遇到的状况。在工作上，对方是什么意思我可以很清楚地感受到，但有的时候对方会很咄咄逼人或者是很刚硬，可是我在工作上并不能真的就顺着对方的意愿达到他想要目的的时候，请问老师有没有什么建议，从以柔克刚的角度做出适当的应对？

李老师：你提的这个问题经常在日常工作、生活中出现，这并不奇怪。

内功的修为实际上是解决人生的一个根本问题。把柔和刚用在自己的身上得到真正的认知，真正把握柔和刚之间的内在转化关系，我们就掌握了一把钥匙。在为人处世的过程中、在和任何人打交道时，我们都能够用这把钥匙以柔克刚。

我们说柔弱胜刚强，并不是说柔弱就是软弱、就是没有原则。柔弱只是表现在外面，而我们的内在一定要通过柔，柔出一个坚刚的内在。但是，柔中我们还要有一个刚在里面做主宰，做到柔中有刚、刚柔相济、刚柔合一往往很难。我们要么是柔、要么就是刚，这两者总是不能"无过不及"，也就是刚和柔要做到"随屈就伸"。

怎么体现呢？在日常生活、工作中，遇上各种各样的人和事的时候，我们一定要遵照着"外示柔软以迎敌，内含坚刚而不施"。内和外有一个重要的原则，外柔内刚此两者要同出。如果没有内里的刚，我们的柔就变成软弱可欺，所以这时候一定是一个柔一个刚、一个内一个外，我们要记住此两者同出。

怎么同出呢？就是"随屈就伸"。屈是向内、屈是柔；伸是向外、是刚。此两者恰恰是反着的，也就是说，不管对方如何，我们总是以柔去面对，但是柔中要出一个刚。柔只是表现出来的有形的外在，是对方看得见摸得着的，但是难在柔里面要展示出的原则——刚。当屈是柔，我们展示的柔里面还要伸，要有一个无形的、内在的、含蓄的刚，让对手真的知道我不只是柔，我的柔内里是有原则的，是刚性的柔。所以这个时候，刚柔两者是合一的。

　　一个人经过修为以后，表现出的是一个谦谦君子，是谦虚、和蔼可亲的人，但是在谦谦、和蔼的内里一定要能够展示出来刚毅的原则，神圣不可侵犯的气势。这个气势主宰着我们的柔，是柔其外、刚其内，刚柔相合。这也是我们做人的原则。

　　只有把住这一点，外示柔软、舍己从人，我们才能够真的在面对任何外在的变化时不失我们的原则、不失我们做人的底线，才真的能够面对所有外在变化又不失原则，任何人都无法把我们的柔变成柔弱可欺。我们要本着这一原则去行事。

　　记住一个原则：以柔来对待任何人。不管对方怎么样，我要表现出来的是柔、是虚，但是柔要柔出里面坚强、坚刚的原则。这样面对对手的时候，他所面对的是一个柔中有刚的、谦虚和蔼但又是神圣不可侵犯的人，他将无计可施。面对这样一个对手，他只有心悦诚服。我们的修为就是要进入这个境界。

　　通过内功的修为，在刚和柔、内和外的问题上，让自己形成"人刚我柔谓之走"这样一个做人的原则。

学员A：谢谢老师，我觉得老师提醒的这个"同出"，可能是我柔出的刚，柔中有刚，但是老师提醒的这个原则，也许对方没有感受这个柔中坚硬的部分，所以可能只是我以为我做了，但是对方没有感受到。同出这件事，是要让对方感受到。谢谢老师的提醒。

李老师：对，是这样的。尽管一个内一个外，但是我们不是没有内，是要人感觉到我的外一定有一个内。我们展示的是一个完整的我，刚柔相济、内外合一的我。外要让对方感知到，同时也让他从我们的外在感知到我里面那个坚刚的内在主宰，这是我们应该守住的做人的原则。

学员B：李老师，我想就刚才提到的这个问题再补充一句，我们在展示自己内在的原则和坚刚的时候，有四个字特别有用：无欲则刚。也就是当我们展示我的原则和坚刚的时候，我是不带利己的私欲的，只是说这件事情应该怎么做，所以我坚持这个原则，我在谦柔的同时也要坚持我的原则。这四个字我觉得能够帮助我们展示这个内在的刚。

李老师：说得非常好。这就是我刚才提到的"无我"，要想外柔内刚，在人和我的问题上，我们要把我的想法、我的欲望、我以为的意识无掉。无掉这个才真的能够让柔的柔了，又柔出一个内在的原则之刚，那个刚就是这样出来的，不是离开柔的刚，而是无欲则刚。为什么王宗岳讲"人刚我柔谓之走"，就是我们能够把我走无、无掉这个我，也就是无我、无了我的想法、无了我的欲望、无了我的以为，那才真的能够该怎么样就怎么样。那个刚就刚在该快则快、该大则大、该小则小、该慢则慢，这就体现了真正的内在之刚。在这个主宰下，我们外面的柔才真的能够柔出我们所要的结果来。

王宗岳这篇《太极拳论》非常经典，希望大家回去以后都认真去阅读和理解每一句话、每一个字。多一字不行、少一字不行，真的非常经典，希望大家反复去消化和理解它。当然我们不是只从练拳的角度去理解它，其实它也告诉我们一种人生哲学，告诉我们应该如何为人处世，如何让我们成为真的独立守神、独立不改的完整的我。

（二）

学员：李老师好！这两次课听到的关于"人、我""刚、柔"还有"走和粘"，请问，我感觉要把两个对立的东西合成"一"，假如说我们在任何情形下，不仅是人、我两方面的规律，它还会有第三方，除了我之外，还有另外两个方向，它们之间也有相互的转化，这时候我应该怎么处理这个细微的东西，和仅仅是对立的两者的对立统一，这有区别吗？它们三者之间细微的关系能讲一下吗？

李老师： 不知道我是不是真的理解了你说的这个问题。我按照我的理解先回答。我们说宇宙万物会表现出各种各样的表象，但是这些所表现出来的现象，最终归纳无出一个阴一个阳，永远是两个对立的东西。而且这两个对立的东西、两种对立的力量一个阴一个阳，并不是说阴就是纯阴、阳就是纯阳，而是阴中有阳、阳中有阴。但是本质来说不管它分的有多少，"虽变化万端，而理为一贯"，也就是我们在修为过程中要透过现象抓它的本质。我们用"一"去看待所有的变化，无出于一分为二。我们知道有一个正就有一个反、有一个前就会有一个后、有个多一定会有一个少，我们抓住了"一"这把钥匙，一个刚和柔、一个顺和逆，最后我们发现回无了。它们一合起来合出一个刚柔相济、合出一个顺逆共存，合出一种合一的状态。

因此，我们就能够把自己修成这样一个顺中能逆、逆中有顺、顺逆互变，刚中有柔、柔中含刚、刚柔相济、积柔成刚，这样一种体，这个体是一，我们就是要修为出这么一种状态。这种状态对于刚和柔、顺和逆来说，是无刚无柔、无顺无逆。但是这个无不能是什么都没有，它是刚柔相济、柔中刚刚中柔、既不是刚也不是柔、既有柔又有刚这么一种一体的状态。在顺逆的修为过程中，我们要在逆中能够找到顺，因为逆中的发展一定是物极必反，我们能够预判到在逆中存在着一颗顺的种子，那么即使身处逆境也能去改变它，这才是真正的顺。所以，不管怎么样分，最后都会合到一上，从一我们能够找到对立的两者互相之间内在的变转关系。

你刚才提的这个问题，不知道我的理解对不对，或者你可以举一个具体的例子，我们可以再行分析。

学员A： 听了您的讲解，我明白了。如果说具体例子的话，当有对立双方的时候，我总是能够感到您讲的对立的双方，不管是刚和柔、动和静、人和我，总是要统一到"一"上。具体的例子我就说，如果是三方，若要拿走两方的话，怎么能让它们回到"一"上。

李老师： 很简单，不管外面有我和其他两方，还是我和他们，还是我和我之外的一切，无出是一个我和之外，外有几方于我而言都是一方，我为一方，另外的我和第三方，我之外的第二方、第三方、第四方，甚至无数方，实际上都是一方，一个是我、一个是人，只有这么两方。在这里面，当我面对的不管是我之外的一方还是三方，我们只要把握住一个法门，就能够以一应万。什么法门呢？我根本不去管外面是几方，它是一方或者是三方，或者是多方，我都能在"一"上入手，就是无我。我对待一方是无我，对待两方是无我、对待三方也是无我，对待无数方依然还是无我，所以"大道至简"，只掌握一体，这个一体就是无我之体，就以一应万了。在你的眼中就只有两方，就是我和我之外。当把我无了以后，我和那个无之外合一了，最后就是一方了，由两方变成一方，其中两方一个是我、一个是我之外，不管我之外是多少方，无非是两方。当这个"我"无了以后，用这个无的我去应对所有的外方，以一应万。所以，我们的修为很简单，我们根本不去管它是一二三四五六七八九十还是万，我们就抓住一个，从修为无我入手，最后归一。这就是我们修为的关键。

第四章

透过万变而求一理

动急则急应，动缓则缓随。虽变
化万端，而理为一以贯之。

　　研读王宗岳的《太极拳论》，其论述是层层递进、次第清晰。开篇讲述《太极拳论》立论的理论依据，及其展示和阐释的核心理论的内涵真义："太极者，无极而生，阴阳之母也。动之则分，静之则合。无过不及，随屈就伸"。在第一层的基础上告诉我们，"人刚我柔谓之走，我顺人背谓之粘"。王宗岳进一步从太极阴阳之理的角度提出了"人和我""刚和柔""顺和背""粘和走"几个概念。接下来两句"动急则急应，动缓则缓随。虽变化万端，而理为一贯"，作为第二层内容进一步阐述，并提出了动急、缓随的概念。

一、透过变化的表象抓住内在动因

　　"动急则急应，动缓则缓随"这两句话提出的急缓、应随四个字，我们要牢牢抓住，去感知它们在《太极拳论》中的内涵真义是什么，特别是急和缓，这是变化过程中出现的两种完全不同的现象，表现出来的变化——一个急、一个缓，它们是完全不同、相互对立的。

急应缓随

在这句话中，王宗岳告诉我们急要急什么？要应上急；缓是随，是急应、缓随。这句话的核心，应要做到急、随要做到缓。要想把握急应缓随、应急随缓的话，很重要的是对"应"和"随"两个字的内涵真义有完全的认知、理解。只有对"应"和"随"有了充分的完整的理解和认知，我们在修为过程中才能够做到急则应、缓则随。

"应"字的内涵真义是什么？"随"字的内涵真义又是什么？在我们修为的过程中，什么才是应的体现？"随"应该随什么？怎么随？

我们先说"应"。在《以拳证道》一书中有一章专门论述——"何谓应"，我们运用《以拳证道·理法篇》中对于应的认知，来具体解读王宗岳这段拳论中"应"是怎么体现的，体现的是什么。应，是对外界事物的反应。我们之所以要修为，就是要修为出一种能力——应该如何去应对宇宙万事万物的变化。也就是说，我们要有这样一种能力，在宇宙万物的不断变化中能够从容应对，能够正确处理和应付。这种能力是需要我们通过修为才能得到的，是一个人能力的真正体现。

我们知道，宇宙万物无时无刻、无时无处不在发生着变化，而且这些变化不以人的意志为转移，是客观存在的，它该怎么变就会怎么变，人类无法操控让它变或是不让它变。宇宙万物无端万变，我们要做的就是面对万般变化如何从容、正确、更好地去应变、应对，这也是我们修为的一个核心目标。通过我们的不断修为，是可以实现和达到这一主旨要求的。

要想从容应对宇宙万事万物的变化，我们必须对"应"有本质的认知。我们日常所看到、所听到、所感知到的宇宙万物之所以会变化，根本原因是其内在存在着主宰其从生到死全过程的一种神秘的力量。我们所感知、所看到的这些外在的变化，无论急或者是缓，无论是大还是小、多还是少……其实都是事物的表面现象。主宰着这种变化的是一种神奇的内在力量，因为这种力量主宰的是内在的变化，因此才使得事物产生了外在的各种各样的表象的变化。

面对所看到、感到、听到的所有这些变化的时候，我们如何透过这些表象认识事物内在的变化，真正能够认知、把握它所主宰的变化，这才是抓住了事物的本原。只有掌握了事物内在的变化、掌握了内在的这种有主宰作用的力量，才能够把握事物的变化规律，才能够从容、正确地应对一切变化。

问题是主宰事物内在变化的神秘力量，我们眼睛看不到、耳朵听不到、鼻子闻不到，触之不得。我们所能够看到的、听到的、闻到的又都是表面的表象，也就是说依靠我们自己的感官，只能感受到事物外在的变化，无法感知和应对事物内在的主宰的变化。

感知事物内在变化

如何才能感知到、认识到、把握住这些表象之下的内在主宰呢？对于事物内在的变化，从太极阴阳学说的角度面对各种事物变化的时候，我们认知到它的内在主宰是因为有两种对立的力量、对立的因素。这两种对立的因素之间发生着各种各样或者是分或者是合的变化，从而引发事物外在的各种表现和万般变化。我们修为的关键就是要透过外在的变化直达事物的内在本质，去认知、把握这两种内在对立的力量是如何相生相变的。只有把握它内在的两种对立的力量互相变化、互相作用，我们才能够全面地认知事物变化的本质和本原。然而，我们要把握事物内在的本原的变化、内变的话，仅通过外在的表象，我们的感官是无法实现的。怎么才能正确地把握它，就要用我们内在的另外一套系统去感知事物内在变化，这是关键。

我们所说的"动急则急应"，这个应变不是指有形的身体对事物外在变化的应变，这是我们太极内功修为和其他包括外家功夫修为的最大的区别所在。其他很多的修为方法练的所有的反应、应对、应变是指在身体的力量和速度，与外在所面对的事物发生变化时如何去应对、反应。但我们恰恰不是，我们所谓的应变是直达事物内部的本原，外在看到的所有的变化都只是表象。主宰着这种变化的根本原因在内不在外，是在内的看不见摸不着的两种对立的力量之间的相互作用，导致产生了外在变化的结果。所以我们的修为是要向内走，向内求，向事物发生变化的根源、规律去入手。

要想认知、把握事物内在的这种本原的主宰事物变化的话，唯一的途径就是要靠我们自己内在的变化，才能够感知到外在的事物，以及它们内在主宰着变化的那个相互产生作用的根本。依靠我们外在有形的身体的感官，所能够感到的都是外在的种种变化是表象，无法抵达事物内在的本原。只有依靠我们自己内里的、主宰我们变化的内在因素，才能打开事物变化之门，才能够真的认知和把握住事物内在变化的根本原因，因此说，需要靠我们自己内在的变化。

二、认知身心的应变状态

我们自己内在的变化是什么呢？每个人都有外在有形之身和内在无形之心，也就是说，要用我们内在之心的感应，用心的应变才能感知到、觉知到事物看不见摸不着的内在的变化，所以需要用心去"应"。

王宗岳《太极拳论》中的"动急则急应"的这个"应"实际上指的是内、心，是用内、用心去感应、去反应、去应对，而不是用有形的身去感应、去反应。这个应是心应、内应，这就需要我们必须清楚、正确地认知和把握。"动急则急应"这个急是急在内应上，内里要非常灵敏、迅速、正确地直达事物内在的本原变化。这句话很明确地告诉我们，"急应"是急在内、急在心。

接下来，"动缓则缓随"又提出了一个缓、一个随。刚才我们说应是心的应、内心的反应、内心的感应、内心的觉应。那么随呢？王宗岳告诉我们，随是缓随，而不是急随，是急应、缓随。这里很清楚地告诉我们，在修为过程中要把握住应急、随缓。

我们说急是应，应是内应；而缓是随，随着一定要缓。那么缓是缓在哪里呢？既然应是内应，那缓随是什么呢？是外随。"动急则急应，动缓则缓随"，王宗岳这两句拳论，"应"对应的是内、"随"对应的是外，也就是说应、随实际上是告诉我们一内一外的两种应变状态，内要应，外就要随。如果说这个内指的是我们内心的话，则外指的就是我们外在的有形之身。"动急则急应，动缓则缓随"这句话实际上告诉我们，在修为的过程中，内和外、身和心应该做到一种什么样的应变，应该把握到一种什么样的、最合适的、最应该的状态。王宗岳不只说了一个方面，还告诉我们一个内一个外、一个身一个心两方面。

内外、心身的不同而合

这也是告诉我们急和缓、应和随、内和外、心和身，各个相对立的两个部分，如何才能够完美地合一、合到一个主旨上来、合到一个要点上来。合到这一点上，才让我们在面对宇宙万事万物复杂无端的万变过程中能够从容、正确地应对，才能够从容、正确地随机应变。

其实，我们要修的应变的能力，就体现在能够做到急和缓、应和随、内和外、身和心，它们不同而合，该急的要急，同时该缓的一定要缓，一定要做到急在内、缓在外。拳论也告诉我们，"内固精神，外示安逸"，一定是外柔内刚，外要柔软，内要坚刚。如何使一个人两个对立的部分，一内一外，有形之身、无形之心，能够达到完整的、完美的、统一的状态，从容正确地应对万事万物无端的变化？必须要做到"动急则急应，动缓则缓随"。

我们太极内功的修为不是只修为一个方面，不是只要无形的心、不要有形的身，而是要身心合一，完美统一。

但是对于身和心、内和外，我们的修为又要有一个分、要不同而合，有主次之分，以内为主，以内主外，以心主身。对于身和心、内和外来说，我们在内功修为过程中，要牢牢体现急去应、缓去随，离开这个主旨要求就违背了王宗岳所说的"本是舍己从人"，在修为过程中就容易误入歧途，就会"差之毫厘，谬之千里"了。

王宗岳在"本是"的基础上，通过"动急则急应，动缓则缓随"这两句拳论，从太极阴阳之理，完整、详细地告诉我们应该如何做到内和外、身和心的不同而合、完美统一，就是要做到——应是心之应，随是身之随。

身和心，心之应、身之随，在修为过程中我们要把它具象化，心的反应在意，身则反应在外在的有形之身体。应是用什么去应呢？无形之意；随是随什么呢？身，用形。也就是说，意应、形随。

《太极拳经》中关于应和随、内和外、心和身、意和形在修为过程中具体的步骤——以心行意、以意导气、以气运身，给我们讲得非常清楚了，心、意、气、身各司其职，节节运作。心来行意，意由心行，心只管行意，意要导气，气来运身。我们所看到的所有这些外在的变化、所有的动，其内在的主宰就是以心行意、以意导气、以气运身，而不是身体自己运自己。我们这个身只能是身随意动、被气运、被意领。也就是说，我们身体所有的变化和动作，都是以心行意、以意导气、以气运身的结果。所有这些外在的动作、变化，其内在核心都是心、意、气所表现出来的形态、行动。

因此，内功修为就要牢牢地把握住如何以心行意、以意导气、以气运身。它们是各自相互作用、互相关联，谁也离不开谁，是同的。心和意、意和气、气和形完美统一以后才表现出来外在所有的变化，我们在修为过程中要牢牢把握住。

意领形随气催

我们说，人就像一棵大树，分成上中下三盘。这上中下三盘，也叫树梢、树干、树根，即根、中、梢三个部分。这棵树可以体现出意、气、形之间的关系——领、随、催。这个关系是什么呢？这是我们的前辈提炼出来的。上中下三个部分，体现在意、气、形三个方面，谁来领呢？意要领；谁随呢？形要随。也就是形随着意，意领着形，形往哪儿去？是被意领着走，意在前、在先，形在后。这样我们来检查一下，当我们一动的时候，意是不是在前，形是不是随后，能不能分清楚。每一次举手投足是不是形随着意在走、意领着形在走。

很多人练了几十年太极拳，却没有搞清楚前和后、意和形，谁领谁随，一动就是有形身体的表现。我们是意不领形不随，意不先领形就不能随动，形的每一动都是在意领的前提下，形追着意走、意领着形动。

形随动的内在动力不是形本身，而是意导着气、气催着形在动。也就是说，领、随、催，是意领、形随、气催。意、形、气三者之间不可混淆，缺一不可，三者完整地合一到变化和运动的过程中，这才是《太极拳经》中所说"一动无有不动"。"一动无有不动"指的是意、气、形三者一动全动，意不动形就不随。形要随气就得动，气催着形走，意领着形随，三者的关系是一动无有不动，是不同而合。在这个过程中，谁居先呢？是谁领着、谁主宰着呢？是意。所以"动急则急应"指的是心和意，以心行意去"应"。

缓随急应

在意领的情况下，这个形自己的随是"勿自伸缩"，是形自己不乱动，是被意领着动。因此，它是缓的，形是慢的，意是快的；形是松的，意是紧的。形和意这两者是不同而合，是对立的统一。

我们太极拳内功修为，包括所有拳架的动作，为什么一定要这么慢、这么缓？为什么一定要在缓慢的过程中寻求动作的变化？从表象看，我们太极内功所表现出来的外在，是缓的，是缓缓随着。但这并不等于缓就是慢，慢慢吞吞不能够做出急速的、快速的、正确的反应。缓是缓在外、缓在形上，我们看见的是缓，因为它是随，它自己不动，而实际上我们所说的缓中有一个内在的急应在主宰着。这种缓是内在的，有一个随时随机可变、随时可出一个急应的内在的主宰。所以，太极修为不是慢慢吞吞被动挨打，一直是缓缓慢慢，是缓出来的一个内急。正是因为这个内急，才使得我们缓随的形能够随机应变、随即应变，才能够做到以慢制快、以静制动，才能够真的做到缓随急应。在面对外界事物变化的时候，我们能够以内在的急应使得我们外在的有形之身做到迅雷不及掩耳，该出的时候绝不含糊、绝不犹豫。因为这个身体的不自动，在意、气的引领和催动下自然而为，所以它才能够做到该急的时候急、该缓的时候缓，该快的时候快、该慢的时候慢，才能够做到"无过不及，随屈就伸"。

随意而为

我们通过这种修为训练，以心意和身形运出来内里的气，以气运身，这个气又是由意导出来的，意有多快，意到气就到，气到形就随着到。它慢吗？绝对不慢，不但不慢，它还可以做到快的时候能够迅雷不及掩耳。为什么？因为身体反应再快也快不过意、气，意到气到身就到，身要多快就有多快。身随着气的运行，能够在意的引领下做出快速、正确的反应，能够做到随势而为、随机应变。

我们通过内功的修为打造了这样一个能够行意导气的内心，也打造了这样一个有形之身，在意领、气催的情况下能够自然而然地随意而为。这样的心和身完美地合起来、内外合一的时候，就合出来一个能够急应缓随、真的能够对所有外在事物的变化从容正确应对，应变出一个完整的我。王宗岳的这句"动急则急应，动缓则缓随"，它的内涵真义我个人认为就在于此。我们能够做到急应、缓随，做到有形的身体不自动、不主动、不妄动，这样的身体能够随机而动，又能够听命于我们的心意指挥，在气的催动下真的能够做到有感即应，才真的能够做到"因敌变化示神奇"，才能够做到我们所有的变化不期然而然、莫知至而至。不是我们身体自作主张的变化，而是能够让我们自己的心意透过所有外在变化的表象，深刻地感知到事物内在变化的本原规律。

我们根据事物变化的规律发出一个以事物内在变化的意为领我之意，拳论上也说"有意无意是真意"，这个意是要以心行意、以意导气、以气催形，意领、气催、形随。是什么样的意来领呢？不是离开了事物内在的本原之意，不是你自以为是的我之意，而是无了我的意，把我的意和外在事物变化的内在之意，能够有无相生、合二而一。以事物内在的变化之意、本原之意为我之意，这两个意无了我之意，有了事物本原之意的话，"有意无意"，无我意有真意，才真正是领着我们导气运身、形随意领而动的那个真意。因为我们急应的是事物内在的变化，我们根本不受事物外在所表现出来的表象的迷惑，直达事物的本原。所以，透过现象直达本原，才能够做出正确的反应，才真的能做到急应缓随。

虚形实意

要做到这一点，就得让我们自己的身和心、意和形两者之间能够达到完美的统一，要让形能够随意而为。我们第一阶段的修为为什么从无极桩功开始，就是修为形和意两者之间的内在关系，修为它们之间虚实的变转，有形之身实而虚之、无形之意虚而实之。要虚这个形、实这个意，这个形才能够真正做到急应缓随，才能够真正做到身体永远是随意而为。

因此，我们就是要通过太极内功有为之法的修为，一步一步让自己的心、意、气、形能够进入"动急则急应，动缓则缓随"，以心行意、以意导气、以气运身，意领、气催、形随，不同而合、相合而一，能够随时完整如一地去应变，修成这样一个真实的我。这个我才是真的急应缓随，内和外、身和心相合的完整的我。

这个修为的过程中，应是内应，也就是所有事物的变化在内不在外，它所产生的生存、发展各种的变化，其根源都是内在的变化。当外在不能出现表象的时候，内在主宰的变化已经在起这种变化作用了。事物外在的表象还没有表现出来的时候，如果我们能够感知和把握事物内在的变化，那么我们就能把所有的变化的趋势和规律牢牢地把握和认知，就能够从容面对，甚至预测事物下一步的走向，就能够调整我们应该如何去领、应该如何去催、应该如何去随。

特别是在修为过程中，当我们能够把握住自己的意、气、形的内在运行的变化，我们也一样能够由表及里、由外而内把握和感知主宰我们内在变化的规律。因为所有外在有形的身体表现出来的反应和变化，其实在它做出外在反应之前内里已经产生了改变，也就是我们人生由生到老、到病、到死的过程中，无论是健康还是疾病，其实所表现出来的病象，在这之前其内在已经发生了变化，只是我们没有这个能力透过表象把握自己内在的主宰我们外在变化的力量。如此我们就能够及时调整自己，能够做到急应缓随，能够让我们调整好自己以便根据发展趋势在萌芽状态就把问题解决掉，所以我们的修为是抓住内在变化的本原。

那么我们的内修是修什么呢？我们每天都要内视、内察、内观自己，去感知自己表象之下内在的各种变化的苗头。当我们有了这个能力的时候，才真正能把握自己生命运行的轨迹，才能掌控、知道自己的真实状况是什么、未来可能出现什么样的问题，现在要如何去调整、解决它。这才是真正在运行过程中，通过我们有为的修为实现对万事万物变化的从容应对，更主要的是对我们自己的生老病死、所有内在变化的运行发展规律都能够有正确的掌握。这就是我们修为的核心目标，我们要牢牢把握住这个方向，通过有为的功法修为，提高我们的应变能力。我们只有能够应对自身的各种表象变化，才有能力去应对宇宙万事万物的发展变化，能够随机应变、正确应对。

这是从太极内功修为的角度对王宗岳《太极拳论》中的"动急则急应，动缓则缓随"两句话的理解和认知。

在第二层意思中，在急应、缓随的基础上，王宗岳高度概括出下一句话，"虽变化万端，而理为一以贯之"，一个是万、一个是一，万是变、一是理，万变和一理。所以《太极拳论》紧紧地遵循着太极阴阳学说，把对立、相反的两个部分以及它们之间内在的主宰关系揭示给我们，让我们去认知它、把握它。

三、太极内功"一"之理

王宗岳从万变谈到一理。什么是万变？就是我们所面对、赖以生存的宇宙世界，万事万物总是在不断地发生着各种各样的变化，而且这些变化是无端的，是不以人的意志为转移的，是客观存在的。

但是，我们说所有万变，更主要的是要透过万变把握住其中不变之理——一理。只要把握住万变中的这个"一"，能够从理上把握住这个"一"的话，就能够透过事物变化的外在表象，把握住事物万变的内在本原。

也即是说，不管事物外在的变化好或者不好、快或者慢、大或者小、多或者少，这些都是外在的。不管它怎么表现，王宗岳用太极阴阳学说告诉我们，不要管其外在的万变，不要被万变的表象所迷惑，所有的内在变化都存在一个不变之理。也就是说，变的是"万"，不变的是"一"，把握住这个"一"就掌握了事物发生变化的道、理，就能够透过万变的表象，认清事物变化的本原规律。

这里王宗岳还告诉我们，不管事物怎么变化，一定都遵循一个规律——任何事物都遵循的、不变的、内在的主宰。这个内在的主宰一定是其内在有两个对立的东西、有两种对立的力量，它们相互作用发生各种变化，而所有事物的变化一定有一个主宰着这种变化的内在的根本规律，即"一"的状态、不变的状态。这个不变一定是一个阴、一个阳，正是它们的变化才产生了外在的各种看得到的表象的变化。事物的内在一定存在着一个阴一个阳，而这两者是阴不离阳、阳不离阴，阴和阳两者又是对立的统一。正因为它们这种对立统一的关系，谁也离不开谁，又相互发生着变化，才使得事物根据它内在的阴阳两种对立的力量的冲和而产生了事物外在表象的变化。

王宗岳很清楚地告诉我们，太极内功修为的就是这一理，求的就是这个"一"。万变不离其一，求的就是一，修的也是一，我们要得一，不需去管这个"万"。即是说所有变化，不管是快还是慢、是大还是小，我们所看到的这些表象的变化里面，始终有个不变的一在主宰着这些变。所有表现出来的万变，离开一就成了盲动、乱动，就一定违背了事物发展变化规律，必然要受到惩罚。所以说，我们只要抓住一，在变化中始终以一为主宰，就能做到"虽变化万端，而理为一以贯之"。

我们经常说，做任何事情，要始终如一。我们还常说"一贯……"，"这个人一贯做好事、一贯做善事"，什么是一贯呢？就是"一"这个贯，离开"一"就没有了"贯"，所以我们必须要找到"一"、抓住"一"。

一是不变的主宰

我们太极内功的修为就是修"一"之功，一是不变的。老子《道德经》五千言，给我们阐释了这个大道的品质。一阴一阳谓之道，也就是两个对立的事物的内在的本原。阴和阳到底是遵循着怎么样不变的主宰，又怎样产生出各种各样的万变了？老子说这个问题不好说，为了阐释清楚，他运用假借的手法，假借几于道、近乎于道的能让我们真实感受和感知到的生活中的这样一个事物，用它来诠说，以便让我们能够理解事物内在确有一个不变的主宰的"一"。老子最推崇的是水，"上善若水"，他认为水几于道。为什么呢？因为水万变。我们常看到水总是弯弯曲曲、曲曲折折，小溪汇成江河，奔腾入海，表面看水流变化万端，但是不管怎么变，它里面有一个不变的主宰主宰着这个变，它里面不变的主宰就是一。什么是水的一呢？这个主宰着重要的不变的一，就是高下相倾。水总是要由高处向低处流，所以只要是有高有低水就会流动，它逢高就低去动，而不会倒流。不管水怎么变，一定遵循着这个不变的规律。

掌握了水由高到低的变化规律，我们就能运用这个规律去利用它、治理它，能够让水有利于人类的生存和发展，避免它可能会产生的各种灾患。所以，从大禹治水到都江堰水利工程，人们都是在遵循、利用着水的内在规律去认识水的万变、把握其变化的内在主宰，从而有利于我们生存、生产和发展，而不是违背它的规律、违背它内在不变的这个一。我们掌握了水这个唯一的内在主宰，就能够把握住水的变化，才可能有办法、有能力根据这个一对万变的水进行治理。所以老子以水来告诉我们，任何事物的变化其理都有一个一贯。

舍万得一

我们太极内功的修为就是要舍万得一，直达事物内在变化的本原。所以在《太极拳论》第一部分的第二层，短短几句话说得非常明确，告诉我们这样几个内在的对立的概念，让我们去寻求它们内在的、合一的、主宰着这种变化的本原。王宗岳提出了人和我、刚和柔、顺和背、走和粘，进而又提出了急和缓、应和随，在这个基础上他高度概括提炼出来"万"和"一"的关系，告诉我们不管人和我、不管刚和柔、不管顺和背等万端变化，我们要把握的是其中不变之唯一之理。第二层的意思已经很清楚，王宗岳最后非常明确地指出来，太极内功修为的核心，就是透过万变求一贯之理。

第五章 太极内功修为的目标——阶及神明

由着熟而渐悟懂劲，由懂劲而阶及神明。然非用力之久，不能豁然贯通焉！

王宗岳从拳道的角度告诉我们，要尊崇一个什么样的拳道、拳理进行修为。《太极拳论》第一部分的最后一层意思告诉我们，太极内功修为在阐释"本是"的基础上，"由着熟而渐悟懂劲，由懂劲而阶及神明"。这句话王宗岳在"本是"的基础上非常清晰地高度概括了太极内功修为的主旨，同时指明了修为的目标和方向，也明确地告诉我们什么是"阶及神明"，告诉我们"由懂劲而阶及神明"就是修为的最高目标，也是修为的最终阶段和结果。

一、拳修的路径和方法

怎么才能够实现这个目标、争取获得这一结果呢？王宗岳并没有把结果直接给出来，而是把修为的路径明确、清晰地呈现在我们面前，即"由着熟而渐悟懂劲"。也就是说我们要达到神明必须先进入懂劲这个阶段，进入神明圣堂的入门之坎就在懂劲。懂劲也就是我们能否进入神明圣堂的一个分水岭。如何才能懂劲？"由着熟而渐悟懂劲"，也就是要着熟。王宗岳的这句拳论，可以说字字珠玑、字字千金，每一个字都至关重要，必须要逐字研读。

我们说神明是我们拳修追求的方向和目标，也是太极内功修为的果实、结果。如何才能达到它呢？对此需要我们反向求、倒着想。我们追求的是这个方向、目标，追求的结果是神明，这就要求我们对神明有清晰的认知。

何谓神明

神明是目标和方向，那么什么是神明呢？我们只有清楚地知道了神明的真义内涵，才能够认准我们的目标和方向，才能够向着这个方向一步一步地努力，持之以恒，才能豁然贯通，拾级而上。所以，我们对神明必须要有清醒的认知。

在《以拳证道》一书中，我阐释过关于"神"。什么是神呢？不可知、不可测谓之神，就是神是不可知的。我们知了不可知，就是神。作为普通人，所谓知都是能够看得见摸得着的有形的、实的东西，因为是有形的真实存在，我们能够看明白它，它是圆的方的、是大的小的，我们能够看到、能够感受到这个真实的存在。所以我们生活在这个空间中，可以说都是本能，这并不神。普通的人都能够认清我们所看到的存在，无论是形状、颜色、大小、多少、快慢，还是我们都能有所区别、有所认知，这是人之本能，并不奇怪。当然，每个人在这方面的能力有高有低，但是这都是其本身所具备的能力。

我们说的神是指见那个不可见、知那个不可知、闻那个不可闻、触那个不可触，也就是普通人所看不见的、认不清的，你都能够看见、都能够认清。我们肉眼看不见的，你能够做到心见；我们的耳朵听不到的，你能够用你自己的内心感知到它内在那个真实的存在。这才是神，神能见那个不可见、知那个不可知、闻那个不可闻。也就是说，你只有能够见到事物内部存在的真实，才能够与普通人用自身感官所能够见、所能够知相比产生一个质的飞跃，才可以说你接近、进入了神。

任何一个事物的变化都有一个过程。我们在生活、事业中出现的各种各样复杂的状况，你能看到，别人也都能看到。但是你能够透过现象看到这个事物所呈现的表象下的内在本质，能够把握住事物内在主宰其变化的真实的本原，你就能够掌握事物发展的规律，就成了神，所以我们应该对这个神有清醒的认知。其实太极内功的修为就是要让我们通过有为的功法，最终让我们能够真的把握住自己内在生命的本原。当我们拥有这个能力，真的认知到主宰自己命运的内在的这个本原的力量、内在的规律，就能够把握住自己生存、发展、变化的内在主宰，从而让自己把握住自己的命运，使自己的人生更圆满。

当我们通过修为具备了这个能力的时候，实际上已经具备了认知、观察、把握宇宙万事万物生存、发展、变化的规律和本原的能力，我们就能够透过现象直达本质，而不会被事物的表象所困扰，而陷入迷茫。

当然，我们的修为要进入这个境界不是外求，因为我们人本身和天地宇宙万物是同道同源的。我们通过自己的小宇宙、通过自己的身心、通过自己的内和外，可以把握和认知到它们之间内在的、必然的联系和相互变化的主宰。通过对自我修为的认知以后，实际上我们是掌握了一种认知宇宙万物的基本能力。所以，我们进入神了，但这个神并不神秘，并不是远在天边，并不是存在于我们所顶礼膜拜的外界，其实这个神就在我们自身。也可以说，我们通过自己的修为，特别是通过太极内功有为功法的修为，就能够让我们自己由凡入仙，由普通进入神的境界。

然而，这个神并不是说我们高高在上，我们依然还是普通的人，依然该什么样还是什么样，该多高还是多高，但是却已经拥有洞察自己、洞察外界事物内在主宰的本原规律的能力。所以说，我们这个神不是归隐于深山老林里面的神仙，这个神就在我们自己这儿。我们修为的一个目标就是让自己成为神。

如何阶及神明

目标、方向已经明了，但王宗岳不只是给我们指明了修为的目标和方向，更主要的是告诉我们，如何才能够达至目标"阶及神明"——懂劲，只有懂劲才能阶及神明。同时告诉我们，要想懂劲，就要先进入第一个阶段：着熟。

"懂劲而阶及神明"，前文说了神由不可知而知，我们知不可知、见不可见了，神了。进入到这里以后才真正地明了，为什么？因为进入神以后，我们真的能够明心见性。这个明指什么呢？心知肚明，是对自己有了一个清醒、完整的认知和了解。对可见的外界，我们都是靠眼睛去看见，我们要见那个不可见的、眼睛所看不见的内在的那个主宰的话，凭借眼睛是不行的，需要靠心，也就是说这个明是心明，内心的明。

我们的老祖宗创造了汉字"明"，非常高明。每一个汉字其实已把它本原的内在真义淋漓尽致地展示了出来。我们说"明"这个字，日月为明，一个日一个月相合而一才是明。日月相合是什么？日是太阳，月是月亮，一个白一个黑，白天、黑夜，一黑一白，完全对立的两种状态。白，我们看得见，太阳见得着，眼睛也能看见；黑，我们也能看见，但是如果这两者合起来以后，日月同辉，合到一个状态下，到底是什么，凭借眼睛看不见了，只有心见，所以心见才是明。这也揭示了宇宙万物的本原，既不是黑也不是白，而是既有黑又有白，是对立的两部分合二而一的状态。

怎么样才是真的明白了呢？就是内外合一、表里合一，看得见的和看不见的合在一起，合出来一个虽有而无、虽无而有、有无相生。虽然这两个东西都是真实的存在，但是它们合起来以后合到一个说不清的、用文字和语言无法描述的、只可心领神会的存在，我们去感受它的真实，所以这个明是指在这样的状态下的一种真实感受。

其实我们太极内功的修为，修的既不是黑也不是白，而是既有黑又有白，也就是说既不是阴也不是阳、既有阴又有阳。从无极桩功开始，我们的修为既不是松也不是紧，是松紧两者合一。我们不是不要松，但是不是一味要松；我们也不是不要紧，不是仅仅要紧。

什么是太极内功所求的真松、真紧呢？什么才是明白了松紧的真意，也就是说我们的真松是松里含有紧，真紧是紧中要出一个松来呢？松中有紧、紧中有松，松松紧紧、紧紧松松，这两者谁也离不开谁，合出来这么一种状态就是真正明了，说明你真的明了松和紧。

因此，我们所有的修为过程都是在求得这样一种一黑一白、一阴一阳、一虚一实两者完全对立的不一样的状态，它们合出来的那个滋味、那个味道就是我们要找的。

实际上，我们追求的神明不只是我们拳修的一个目标，也是我们人生、生活、工作中所应该遵循的原则和方向。我们民族文化精髓就在于神明，就在于这一阴一阳两个分得很清楚的一黑一白，但是又是合二而一的客观存在。在这种文化之精髓的主宰下，诞生出来的我们所有文化的分支，包括戏曲、文学、艺术、文字、饮食、武学等，一旦离开了这个主旨，就违背了我们民族文化的核心、灵魂。

我经常以炒菜为例，我们说要合，是把两个完全不一样的味道、不同的两种元素、两种材料，通过有为之法合在了一上，最后成了一个味儿，酸的和甜的合出来一个味道，酸甜口儿。有没有酸？有酸；有没有甜？有甜。但是，合出来的味儿却既不是酸也不是甜，就合出来这么一个味道，其实我们要的就是这个味道。

在我们的生活、生命中，在我们的人生中，实际上我们都在朝着这样一个方向和目标、沿着我们生命的轨迹在不断努力着，以品尝我们生命、生活每一个节点上的不同而合合出的这一味，找到这么一种真味，这才是我们要追求的"一"。所以说，神明的明，是需要在我们的修为过程中，把不同的两个部分合二而一，合出的才是真的明。

通过无极桩功、浑圆桩功，我们必须分清楚体现出的日和月、一黑一白。分清楚了一个阴一个阳、一个日一个月、一个黑一个白、一个内一个外、一个实一个虚，清楚了有形的身为外、为实，无形的心为内、为虚，才能够明白我们既不是就要这个有形的身体，而忽略主宰着我们一身的那个内在的无形之心，也不是离开有形的身体去探求、寻求那个无形的心。

太极内功修为所追求的神明的明的境界，就是把身和心、内和外、虚和实完美地统一到一个点上。既要身也要心，我们要的是身心合一，这才是我们修为的主旨，才是真的明。

怎么才能在修为中真的做到把有形的身、无形的心，一个内一个外、一个实一个虚不同的两者合在一起，从而进入明的境界中来呢？修为的路径很清楚——由懂劲阶及神明。这就关系到怎么才能懂劲。在《以拳证道》一书中，《何谓劲》一文，对劲进行了详细的阐释。懂劲，就是进入神明而明的必由之路。如果不懂劲，就根本谈不上神明。

懂劲的劲是两个部分的相合。王宗岳的《太极拳论》告诉我们阴阳相济方为懂劲。也就是说，能把内里一个黑一个白、一个阴一个阳合起来，就是懂劲。这个懂劲就像我们所说的明一样，我们把明的真义内涵从理上阐释了，这个懂劲的关键是劲，把这个要明的理变成真实的真感实悟的内在体用，才是真的用。

也就是说，所谓懂劲是在身上让这个明得到落实，把这个劲在人身上、在我们的人生中运用出来，才是真正的懂了劲。对阴和阳、黑和白、内外、虚和实，修炼到把它们真的合了一以后，合出一的那个味道，变成我们身心真实的体悟，并且能够把它展示出来、运用出来，这才是真的懂劲了。

懂了是不是就是神明了呢？这只是迈过了神明圣殿的门槛。要想由懂劲进入神明，还要经过王宗岳告诉我们的"阶及"，才能登堂入室、拾级而上。由懂劲到神明还有一个相当长的阶段，虽然懂劲了，这个劲是阴阳相济，明本身就是阴和阳相合二而一的最高境界和结果。为什么还说懂劲因为阶及才能够进入神明，即是说神明这个境界表现出来的是一种不期然而然、莫知至而至呢？不用判断、不用思索、不用设计，自然而然地流露，是该怎么样就怎么样，这样才是达到了我们说的道法自然的状态，"自然"二字就是神明最本质的状态。这个自然的状态就是回到事物的本原，该进该退、该大该小、该有该无、是快还是慢，等等，都是该怎么就怎么样，它只遵循自己本原的状态而发生着各种各样的变化，这才是自然。它没有自我，没有自我的设计，没有自以为是的想法，而是按照本原的状态和规律，该怎么样就怎么样，这才是神明。

所以，懂了劲以后，还需要"阶及"，从自身来说，神明是懂劲的具体的用。如果体是懂劲的话，用就是神明，体用合一。只有在用中、在万变中，我们"虽变化万端，而理为一以贯之"，这个"一"就是懂劲，不管它怎么变，那个懂劲的内在的主宰是始终如一保持不变的。我们虽然在自己的身上体会到了懂劲，能够做到内外相合、形意合一、身心一统，有的无了、无的有了、虚的实了、实的虚了，虚实变转能够"为一以贯"，我们还要将这种状态运用在各种事物复杂的变化中，还要保持住这种状态不变、保持它本原根本的不变。只有保持了这种不变，才真的能够在面对各种复杂的万变时始终如一，从容面对。因为我们内里有一个懂劲的主宰，有一个阴阳相济相合的完整如一的内在根本。拿住了这个一、这个根本，去应对万变时，才能够自如，才能够随机应变。

二、知规矩：修为的第一个阶段

神明是在万变过程中，我们能始终如一保持住的这个不变的状态，这就是懂劲后阶及神明的真义。由懂劲到神明，是由懂劲阶及神明，我们怎么才能够懂劲呢？王宗岳给我们指得非常明确、清楚：从着熟开始，一个阶段一个阶段地修为。

何谓着熟

什么是着熟？熟，比较好理解，我们能够很熟练、能够很熟悉。即是说，我们能够熟练地去把握住、去运用它。要熟在哪儿？熟在着。"着"字是多音字，一个是读zhe，看着、沿着、接着；一个是读zhāo，绝着、妙着、着数；也读zhuó，沉着、着落、执着；还读zháo，着急、着迷、着慌。我们经常说"着落"，这个"着"里面含着两层意思，我们要区分出来"招"和"着"这两者之间的不同。"招"是外在的形式，是招数、招式，一招一式，是看得见的、可以比画的，是外在有形的状态，我们说这个招是指招式、形式，外在的形式。

　　《太极拳论》中王宗岳为什么用这个"着"（zhuó），就是要把我们太极内功的懂劲，先分出来一个黑一个白、一个阴一个阳、一个虚一个实。我们在分清楚的过程中，不是仅仅练有形的形式的招式，是通过有形的招式去感知对于内和外、虚和实、有和无是否能分清楚。着这两个部分完全对立，一个看得见的部分、一个看不见的部分，一个是实一个是虚，我们要分清楚，达到有着落、落实了。所以这个"着落"不是在有形的招式上下功夫，要着落，也就是要把握所有内在，阴阳相济方为懂劲。一阴一阳具体体现出来的是一个动一个静、一个虚一个实、一个有一个无、一个形一个意、一个内一个外，这个"着"分得很清楚了。

　　在这个基础上，进一步分清虚实，同时还要"总此一虚实"。就是虚和实两者要合一，它们要发生变转，虚的要实了、实的要虚了。我们能不能变转，能不能把它们合到一上去，搞明白了这一点，我们已经开始向这个"着落"去落实、去进军、去修为了。我们就是这样一层一层、一步一步地做，而不是仅停留在一个外形的招式练习上。这是非常非常关键的，我们说这个着熟很熟悉，但却容易产生误解，甚至是"差之毫厘，谬之千里"。很多人就把着熟单纯地理解为是招式的熟练。

也有很多人说：拳打千遍理自明。其实我要说，如果理不明的话、不遵理而打而为的话，拳打万遍理也明不了，因为你强化的只是外在的招式，而我们是要通过外把内在的阴和阳、虚和实及它们内里的、相互之间的变转关系，在修为的过程中遵照着这个阴阳之理、虚实之理，有着落地去落实它。所以说，"着熟而渐悟懂劲"，也就是由着熟到懂劲，这个过程不是一下就能由着熟达到懂劲。王宗岳很明确地告诉我们，由着熟到懂劲修为的过程、路径是渐悟的，不是一蹴而就的。

我们不得不对王宗岳产生由衷的敬意，产生敬畏之心、敬仰之心。王宗岳确实了不起，他不只是太极内功的理论家，他的文章字字句句真的是字字千金、字字珠玑、一字千钧，用词非常恰当精确，多一字不行、少一字不对。着熟、懂劲、神明，短短这几个字，就从境界、成果、目标、方向，清楚地给我们指明了修为的三个阶段。我们只有找到了正确的方向、找准了目标，才能够拾级而上，才有可能进入神明的境界，结出丰硕的果实。

三、守规矩：迈入懂劲之门

由懂劲到神明是阶及，是一步一步地向前迈进，一层一层地上台阶。在面对每一个外在事物的变化中，我们都要用懂得的不变去应对事物的万变，也就是老子所说的"为道日损，为学日益"。当"为道日损"之后，剩下的就是为学多去实践、多去见习、多去运用，如此才能够真的在懂劲以后有可能进入神明的境界。所以，王宗岳用了"阶及"。

如何才能够迈入懂劲这个门槛，登上这个台阶呢？王宗岳又很清晰地告诉我们，是渐悟。什么是悟呢？就是觉知、觉悟。但是我们说真正的觉是觉知到事物内在的本原的真相。

杨氏太极拳老谱中，很明确地指出太极内功是"知觉运动"，要由知到觉，真正觉了才是悟了、明了，才是真知。真知是真觉而悟的结果。怎么才能觉？从哪里入手呢？真正的觉而悟是自觉，真正的觉是自我对于"我"有了清醒的觉知。自觉就是觉自，就是真的知己了。认清了自己，知道我自己是什么样的一个状态，知道我自己的先天是什么状态，如何在我先天的状态下，运用后天的努力打造出一个相对圆满的我。

上天打造人类的时候人人各不相同，每个人都有自己的秉性，每个人都有自己特殊的状态。这个世界上没有完全相同的两个人，如果有也是克隆的、人造的。我们要找不同，就是要找到我自己处于一种什么样的真实状态。所以对自己的觉，是要认清楚自己的长和短，认清自己真实的内和外。只有对自己有一个清醒的觉知，才能够做到扬长避短、取长补短，才能够通过我们后天的努力、有为的修炼，让自己趋于相对的圆满。我们的先天都是不圆满的，上天打造人类的时候就有长有短，各不相同。但是我们都在向着圆满、完整的状态努力，其前提是要能够做到知己，要清醒地了解和认知自己。也就是真的觉，要达到悟，通过觉自、自觉来悟。

知 己

怎么才能够自觉，对自己有一个清醒的认知呢？这不能急于求成，因为世界上最难的事是知己。了解自己太难了，我们都误以为很了解自己，认为我自己还能不了解自己吗？我们在人生旅途中，更多的是向外求，总想了解我之外的对象、总想去了解他人，实际上忽略了对自己的了解。杨氏太极拳老谱《固有分明法》篇章中做了明确而具体的解读："先求自己知觉运动得之于身，自能知人；要先求知人，恐失于自己。不可不知此理也。"不从"知己"入手，也不会"知彼"。要先求知己，不能知己焉能知人？所以我们绝大多数的人，特别是没有经过修为的人，大多是糊里糊涂地活着，因为他们不能真的做到知己。

王宗岳在《太极拳论》中已经给我们指明了太极内功修为的一个关键——知己之功，就是对自己有清醒的认知。要想知己，何其难矣。知身、知形容易，我们看得见摸得着，对它的了解相对来说要容易得多，我们能够真实地感知到它的大小、长短、轻重，等等，因此能够对它有一个外在的认知。最难的知己是知心，因为它无形、无象，是最本原的，看不见摸不着，我们也难以把握住自己的内心。

层层觉知

我们怎么才能够对自己有真的觉知？对自我觉知真的难，是要一层一层地认知的。我们要了解自己内心的状态，先要知道真正的心的本原是什么。本原本是虚空的身

147

体，我们的心本应该是最虚空的状态，而我们现在离这个本原的心的状态甚远。就像一个盒子里面堆满了各种各样的杂物，我们的心被充填得满满的。不管是贪欲、是各种喜怒哀乐，还是无止境的欲望、恐惧、困惑，等等，它们占据了我们的内心。我们要把它清空不是轻而易举的事，这是一个渐进的过程，要一层一层减损。修为的法门已经给我们指示得很清楚：渐，就是层层分，一层一层地去掉，也就是老子《道德经》第四十八章所说的："为学日益，为道日损，损之又损，以至于无为。"损之又损，就是一层一层去损，把我们的心腾空，而只有把最上层的给拿掉，下面一层才会露出来，把下一层拿掉，再下一层又露出来，这样一层一层地损，最后才能够全体通透，回到本原状态。我们才知道自己本原的状态原来是这样的，一个剔透通灵的虚空的真实，所以说需要一层一层地渐悟，层层损、层层悟。

　　这是由着熟到懂劲必须要经过的渐悟的过程，只有在渐渐的过程中领悟，我们才一步一步、一层一层能够真的进到懂劲这个阶段，迈上这个台阶。

　　我们所有的修为、所有的修炼修学，就是两个法门：一个是渐悟、一个是顿悟。跟渐悟相比，顿悟是不需经过后天的修为，不论次第、不加修为而登堂入室。我们说这些是真人、圣人。有没有？有，在人类历史上不乏有顿悟之人，但是可以说少之又少，像黄帝、老子，像太极拳的祖师张三丰，等等，他们相比我们来说就是顿悟之人。但是绝大多数的普通人，不具备顿悟的这种特质，不属于这一类人。因此要想达至这个目标、向这个境界进军的话，我们就需要一步一步、一层一层按照渐悟的过程认真修为，才能够拾级而上。顿悟之人是神明，他们给我们指出了修为的路径，告诉我们应该通过渐悟的过程，最后真的能达到神明境界。他们是由上向下看，我们是由下向上看，一个一个台阶、一层一层地修为。

在我们太极内功修为的过程中，任何急功近利、投机取巧，任何想不经过努力、不下大功夫，凭走捷径就能够达到这个境界、迈入神圣殿堂，都是痴人说梦，是绝不可能的。

王宗岳非常清楚地告诉我们修为的三个台阶：着熟、懂劲、神明。神明是我们追求的最高境界，是我们的方向、结果，是我们的终极目标，要达到这个目标就要经过着熟和懂劲两个阶段。由着熟到懂劲、由懂劲到神明，即是告诉我们在修为的路途中，要经过渐悟和阶及。王宗岳不但给我们指明了方向，而且把修为的路径、台阶和整个修为过程中应该遵循着什么样的修为原则，都很清楚地给我们摆在了这里。

四、脱规矩：阶及神明

每一个太极内功的修为者，想要拾级而上，唯有遵循王宗岳给我们指明的着熟、渐悟、懂劲的路径，一步一步向前迈进，最终才有可能拾级而上，登堂入室。

具体到着熟、懂劲、神明三个阶段，在实际修为的过程中，我们要理解它，这是对规矩的认知，是规矩的三个层次。着熟阶段是知规矩，懂劲阶段是守规矩，到了神明阶段就是脱规矩了，但又是合规矩的。所以，这三个阶段对应着规矩的三个层次：一是要知规矩，二是要守规矩，三是要脱规矩而合规矩。

规　矩

规矩是什么？规是圆、矩是方，一个圆一个方。我们说没有规矩不成方圆，没有方圆也不成规矩。其实，规矩是告诉我们圆和方两者一个曲一个直、一个圆一个方，它们之间相对来说存在着内在关系的这种状态就是规矩。这个规矩是什么？方不离开圆、圆不离开方，这是其本原的、内在的主宰，是不变的、相对的一种状态，没有方圆就不成规矩。所有具体的规矩，其本质都是圆和方、方和圆，它们互为其根、互生互变。

我们在生活中、人生中面临着各种各样的人类所制定的规矩，其实都是遵循着方和圆两者之间要遵循的那个法则。对于这个规矩我们先要知规矩，也就是所有的事情，都是由一个圆一个方而成。我们所说的规矩，从太极文化阴阳学说的角度理解，所体现的这个"规"和"矩"，规在外、矩在内；规在前、矩在后，这也是它们之间要遵循的一种内在的关系。也就是说，外圆内要方，这是我们太极内功修为的一项关键的规定，即外圆内方。具体的体现是什么呢？外要非常柔和，但是内里一定有一种刚毅的内在的支撑和主宰。这两者合起来，我们就知道它的规矩是什么了。

我们太极内功修为，就是把自己知道的规矩、把我所有的外要让它柔弱似水，让它非常的柔，但是在我柔的内里、无形的内在要有刚正不阿的内在的支撑。我们在无极桩功、浑圆桩功的修为过程中，就是要把自己修为出这样一种合规矩的状态。

我们说，外柔外要松，内刚内要紧。什么是外、什么是内？先要分清有形的身和无形的心。有形的身体我们叫形，是外；无形的心所产生的意我们说是内。形和意、身和心、外和内，我们就是要站出外柔内刚、外松内紧此两者同在的状态，这个状态就是我们守规矩、知规矩的那个"知"，是不是知道、明白了，应该是这种状态。所以我们首先得要知。

　　在修为过程中，光知还不行。我们说外柔内刚、外松内紧，外示安逸、内固精神，说起来很容易，但是要能够守住它，让它变成我们的一种真知的话，必须要通过具体的修为。在桩功的修为过程中真的让自己体会到：柔中有刚、刚柔相济，松中有紧、松紧适中。守住了这个外圆内方、外柔内刚、外松内紧，不同而合，守住了这个滋味，就叫守住了规矩。能够做到内外相合，有形的实体虚掉了，无形的神、意、气真实了，而且它们能够统合而一，最后合出来一个不是外是外、内是内，而是内外合一、虚实相合、松紧共存合一的状态和味道的话，我们就守住了这个味道，就是真知而守，也就是懂劲了。懂劲这个阶段就是知规矩，而且能够守住这个规矩。能够守住这个规矩就是真的懂了，懂了就真知了。

　　所以说，着熟是知规矩阶段，懂劲是守规矩阶段。我们的修为不单纯是为了守住这个规矩的不变，而是为了运用这个规矩。在面对外界任何事物的变化中，我们不但能够守住这个规矩，而且还要将规矩为我所用，将其用在能够充分发挥我自己的特长、我自己的特点，能够发挥我自己的能动作用上。也就是当我们要想将自己发挥到极致，展示自己内在的特质、特点，充分发挥自己内在作用的因素时，如果能够运用它的话，我们在规矩的范围内，就能够把它运用得淋漓尽致，从而把自我的这部分得以充分的利用和展示。

假如我们不经过修为，没有这个状态，一般情况下，一说守规矩，这个规矩就会把自己束缚住，让我们没有了自我。可是我们每个个体都有长有短，都有自己优势的部分，而且这优势一定要在人生有限的生命运行过程中得到充分的展示和运用，那才是真正的我。我能够把自己的特长、长处充分地运用、发挥出来，唯此才对得起自己，才真的让自己成为一个独立的、真正地能够把握"我"的独立的人。可是很多人往往一强调自我、发挥自我主观能动作用的时候，便容易为所欲为、随心所欲，就会脱离规矩的约束，这种自以为的自我发挥、脱离了规矩后的发挥，试想一下将是一种什么状态？为所欲为，必定受到惩罚，必定被规矩所排斥。

因此，我们既要充分发挥自我，又要在规矩的范围内，在合规矩的状况下把自我的特质、自我的特长淋漓尽致地表现出来，这就是既要不受规矩的约束来充分表现自我、运用发挥自我，同时还不能脱离规矩的范围，虽然充分表现了自我的特长，但还是合规矩的，仍然没离开规矩。所以这一阶段，脱规矩、合规矩就进入神明的阶段。

我们说，依此规矩到神明阶段，就是老子《道德经》

中所说的"有无相生"，一个有一个无，虽然无了规矩但还是有规矩，有规矩而不被规矩所束缚住。被规矩束缚住的话，将不能充分展现自我内在的特质。《道德经》第一章告诉我们："常无，欲以观其妙；常有，欲以观其徼。"一个有一个无，既有又无。常有观其徼，徼是什么？圈、边、边界。规矩是什么？规矩就是徼，要有圈、要有边界，不能出圈。常有，一定总是有，在为人处世过程中，心里总要有一个约束自我的徼、一个边界。出了边、出了圈，就会受到惩罚，就会走向失败。

我们要有这个圈而不出这个圈，圈里面是什么？圈里面是无。有圈，圈里面又是空、是无，正因为这个广大的无，我们才能大有作为，在这个圈里面我们能够为所欲为、随心所欲，那就是常无观其妙的境界。有了圈，在圈里面我们可以充分发挥，发挥出自己人生最大的美妙。所以一个是有、一个是无，无中生有，有无相生。

太极内功的修为，既修为这个有徼的规矩，又让我们自己在这个规矩的范围里面做到不逾矩，即是在规矩的范围内充分发挥、展示、运用那个最美妙的自我，这就是《太极拳论》所说的"由着熟而渐悟懂劲，由懂劲而阶及神明"，就是知规矩、守规矩，最后进入脱规矩、合规矩的修为阶段。太极内功的修为要遵照着王宗岳提出的这三个阶段，一步一步、踏踏实实地拾级而上、登堂入室。

王宗岳不仅非常概括地告诉我们修为的方向、路径和修为的过程，还告诉我们："然非用力之久，不能豁然贯通焉"。这句话是一个长者、智者、圣贤之人非常倾心地对我们后学、后人的谆谆教诲。我们要想拾级而上，就要下真功夫。"用力之久"的这个用力，不是指用身体之力，而是说要下功夫。功夫下在哪儿？下在要知、要行，要知行合一。

在明理的基础上，有了正确的方向，我们还要经过自己的努力向着这个方向不断攀登，还要经过时间的考验，三合一以后，最后才能阶及神明，才能够豁然贯通，才能够直达我们的修为之顶。

⬚ 互 动 ⬚

学生A：请问老师，怎么理解、体悟"动急则急应，动缓则缓随"？是不是内在有一个急之意，能够灵动地随机应变，外在有一个缓行，能够缓行急应？再有，是否可以理解为由于能够体察事物内在运行之规律，该怎么变就能怎么变，能感知表现之苗头，所以有由内而外展示出的从容，即能外示安逸；但是由于实时体察，感知事物变化之规律，与变转之机，所以内固精神？如果一个人感觉到自己小肚子冰凉、脑门发热，意识到自己可能有重病的苗头，抓紧时间练功，调理身体，也是有效果的吧？

李老师：很好，这里我说一下我的理解。

第一个问题是关于"动急则急应，动缓则缓随"。A同学说内在有一个急之意，能够灵动地随机应变，外在有一个缓行，能够缓行急应，是否与外示安逸、内固精神同理。就这个问题，我的回答非常简单：完全相同，同理。也就是说，"动急则急应、动缓则缓随"，这个急应、缓随具体到太极内功的修为，所体现出来的就是"外示安逸、内固精神"，它是"动急则急应、动缓则缓随"的一种真实展示。

A同学理解得非常对，没有问题，是同理。

她接着说是否可以理解为由于能够体察事物内在运行之规律，因此该怎么变就能怎么变，能感知表现之苗头，所以有由内而外展示出的从容，即能外示安逸，但是由于实时体察，感知事物变化之规律与变转之机，所以内固精神。

这样一个合乎外松内紧的我，是透过无极桩功、浑圆桩功等太极桩功的修为去实践、靠近的，非常正确。A同学说得非常完整，完全认可。

为什么我们能够做到外示安逸、内固精神呢？就是因为我们能够感知到事物内在变化的苗头，能够把握它运行的规律。我们对事物内在的运行规律能够有真实把握，同时在它出现变转的苗头时就已经感知到的话，我们就会是从容不迫的，一定是不慌不忙、一定是外示安逸的，因为我们已经掌握了事物内在变化的根本。

当我们掌握了这个变化，时时、处处能体察和感知这个变化的规律和变转之机，就能把握时机，就能内固精神。外面表现的是安逸，内里面抓住了变化的苗头，要紧紧抓住它不放。抓住了这个苗头，就能够遵循着内里苗头变转的规律和变转之机，就能够预测和把握事物发展的未来趋势。因此，我们才能做到外示安逸、内固精神。

A同学说是不是通过无极桩功、浑圆桩功，在太极修习过程中去实践，就能不断地去靠近它？对的，其实我们修为太极，从无极桩功到浑圆桩功，到我们所有太极桩功的功法修为，都是一层一层渐进的。如我们讲"由着熟而渐悟懂劲，由懂劲而阶及神明"，一步一步地渐悟，一步一个台阶，通过我们的实修实证，不断去靠近目标、不断接近其内在的真实，就能够做到外示安逸、内固精神。面对任何复杂变化的时候，我们对事物的把握展示出来的外在的从容不迫和大无畏的精神，一定是自然而然、自由独立的。

A同学的第二个问题就更具体一些了，她说：通过桩功实践，如果有一个人意识到自己小肚子冰凉，中焦堵塞不通，脑门发热，这个人如果知道变化之苗头，进而来修为自己，回到中正安舒、万变不离其一的状态。这个她说得很具体、很现实。

其实我们从无极桩功开始，修为的是知己，知己就是自己的内变。刚才B同学也说了一个很重要的结论，就是形松意紧。我们的外形是松的、是柔的，内在的意、气是紧的。所谓紧的外在是静的、不动的，内在一定是动的。我们所有的苗头都是动静之机。机是什么？是苗头。在《以拳证道》一书中，对于这个"机"也有比较清楚的阐述。机，是两个丝。丝是两个武士穿着战袍，那种紧身的战袍。戈，是武器，藏在衣服里面的武器，不露出来，称为机，即苗头。也就是说把握住苗头，就把握了动静之机。

A同学说的对，但是更主要的什么？当一个人出现小肚子冰凉、中焦不通、脑门发热的状况，这时就不仅仅是苗头了，它已经外现出来这种状态。我们的修为是要在小肚子没有冰凉之前、没有中焦不通之前、脑门发热之前，此时一定出现了某些苗头，我们要去捕捉那个苗头，抓住那个机。而那个机不是我们想抓就能抓住的，那是经过太极修为之后，渐渐地一层一层地，越来越由外入内、越来越细微，因为那个苗头完全是在静中的动，是没有发生之前的状态，是需要一种用自己心灵的感受才能够觉知的。我们就看那个苗头，那才是真正的机。抓住了那个苗头，就不会出现小肚子发凉、脑门发热的状况。当凉和热出来了，上热下凉，这种状态出现之前，我们要捕捉它。

从无极桩功开始，我们就要一层一层地向内里更深一层去捕捉、去感知苗头，也就会精度越来越高。层层分，像素越高分得越清，我们向内走，就越能够抓住更本原的东西。

桩功实际上是在修为过程中一层一层向更细微、更内里走，去捕捉其小无内的苗头，以修为出把握真正的机的能力。

第六章
太极内功修为的
核心主旨

虚领顶劲，气沉丹田，不偏
不倚，忽隐忽现。

　　《太极拳论》第二部分"虚领顶劲，气沉丹田。不偏不倚，忽隐忽现。左重则左虚，右重则右杳。仰之则弥高，俯之则弥深。进之则愈长，退之则愈促。一羽不能加，蝇虫不能落。人不知我，我独知人。英雄所向无敌，盖由此而及也"。这里王宗岳是从拳修的角度告诉我们，在具体修为中应该把握住"本是"的真义内涵。也就是说，我们在具体修为中，在明了"本是"道理的基础上，要牢牢地把这一部分所阐释的太极拳内功修为的"本是"，在实修实证中认真地进行具体的落实，这也是我们修为的核心主旨。

　　这一部分，我将它分三层意思。第一层即第一句话"虚领顶劲，气沉丹田。不偏不倚，忽隐忽现"。第二层是"左重则左虚，右重则右杳。仰之则弥高，俯之则弥深"，是在理解第一层意思的基础上，进一步讲解第二层的内涵真义。第三层"一羽不能加，蝇虫不能落。人不知我，我独知人。英雄所向无敌，盖由此而及也"。接下来我们将层层递进、逐字逐句地讲解这一部分内容的真意。

一、虚领顶劲，气沉丹田

王宗岳首先提出"虚领顶劲，气沉丹田"，为什么他把这句话作为这一部分的开始？就是告诉我们，从拳术、拳学的角度，太极内功修为在具体实修实证过程中的核心主旨就在于"虚领顶劲，气沉丹田"。

在太极内功具体拳修过程中，须臾不离这个主旨，修什么、以什么为主旨修、修出什么样的状态、修的最终结果是什么。我们练太极拳、修为太极内功，不管练了多少年、不管是跟谁练、不管师傅有多大的名气，其入门标准具体表现在什么地方？衡量的尺度王宗岳已经在"虚领顶劲，气沉丹田"这句话里给我们指明了。我们通过修为能够让自己真正做到"虚领顶劲"，同时"气沉丹田"，那么好了，入门了，太极内功的修为我们就有所得了。

离开了"虚领顶劲，气沉丹田"的修为，就不是我们太极拳或者说太极拳真内功的修为。尺子只有一把，就是王宗岳说的"虚领顶劲，气沉丹田"。因此，我们要对这八个字的内涵真义有正确、明晰的认知。王宗岳在这里指出来我们拳修应如何去把握和具体体现。

王宗岳《太极拳论》中这八个字的内涵真义，我们如何去理解它、有没有标准？有，就是能不能够遵循太极阴阳学说的这个理，去理解、阐释、解读这八个字。

其实，我们修为不单纯是对这八个字的理解，而是通过对王宗岳《太极拳论》内涵真义的解读，最终让自己真正把握住太极阴阳学说这把万能的钥匙。在我们的一生中，每当遇上解不开的困惑、迈不过去的坎儿及各种各样的困难时，运用这把钥匙去打开所有的锁，可以说无往不胜。因此，通过对王宗岳《太极拳论》的解读，最终是要掌握这把金钥匙。那么如何用这把钥匙去解读"虚领顶劲，气沉丹田"，把握它的内涵真义？

"虚领顶劲，气沉丹田"这八个字，首先提出并阐释了劲和气。虚领顶的是劲，沉丹田的是气，这是太极内功具体修为中很重要的两个核心要素。我们太极拳内功修为，其中一项重要的内容就是要懂劲，要能够把我们的内劲焕发出来，把我们的内气打通。"虚领顶劲，气沉丹田"，就在于劲和气两方面，这是需要我们通过修为必须要把握住的。不懂劲等于太极内功没有入门，要想懂劲必须得让我们的内气能够一气周流、运行不殆。

我们要怎么才能修出这个劲？出来这个劲是果，我们要去抓因，是什么因才能结出内劲这个果。王宗岳一针见血地指出来这个劲是领出来的，必须是领出来这个劲。我们要想结这个果，就要去找因，因这个领而结出内劲之果。

那么怎么领？领什么？我们在讲太极桩功时讲了身体要分三盘、九节、十八个部位，从无极桩功开始就要分。为什么分三？因为三生万物，"道生一，一生二、二生三，三生万物"，三是一个事物完整的过程。我们要想把握一个事物的整体，必须从三个点去认知这个事物。把握住这三个点，就把握住了事物的全貌。

根、中、梢

这一二三，即根、中、梢，我们用一棵大树来作比喻，就是树根、树干、树梢三部分，这才是一棵有生命力的完整的大树。万事万物皆如此，都是要分出这个三来。不是我要不要分、我想不想分，它不以人的意志为转移，事物客观存在的本原真相就是一二三。

我们不只是在拳修中要分出来根、中、梢，在我们人的一生中也分出三个点，如果要把我们这一生走得圆满、画出一个圆满的句号，就必须清醒地认识到自己人生中的三个要点、三个要素。把握住这三个要素，就把握住了我们人生圆满运行的轨迹，依然是三分法——一二三。

人生要分出哪三个要点、哪三个要素呢？一是从哪儿开始，也就是起点，这是一个点；第二个点是终点，要往哪儿去。这两个点要很明确地知道，也就是说你必须得清楚从哪儿来、要向哪儿去。

　　这两个点不是说一劳永逸、一成不变的，每时每刻都要分清一个起点、一个终点。我现在在哪儿、下一步应该到哪儿、应该去完成一个什么目标，我们必须要很清楚。

　　在这个清晰的过程中，这只是两个点，一个起点、一个终点。一二三的三是什么？三生万物，这个三是由起点到终点，我应该走过什么样的路程，是中间所要经过的点——过程。也就是说，我们人生要知道我从哪儿开始，我应该向什么方向进军，同时必须知道我怎么样才能够过去，通过什么样的路径才能够由这一点达到彼岸、终点。所以是三分法分一二三，人生如此，需要我们具备能够分清的能力。

　　任何事物都如此，每一天也都是这样，每天都有一个新的起点，所以为什么曾子说"吾日三省吾身"。我常跟家人讲，每天早晨醒来后不要急于起床，一个是从养生的角度，我们由躺着的状态到坐起来的状态，特别是由刚睡醒的状态到起床的状态，当发生转变的时候，我们要逢转必沉，这是练太极拳的一个重要的要求。就是我们发生转折的时候，先沉稳下来，让自己静下来，然后再动。而不是急急忙忙地就起来，应先让自己进入一个沉静的状态，要从这里开始，这才是我的起点。当我们沉静下来以后干什么？不是静而不思，这个时候知止而后有定，定而后能静，静下来以后能虑能得。虑什么？想一想今天我应该朝向什么样的方向，应该完成什么样的目标。想明白、想清楚了吗？当我们想明白、想清楚了，就要从这里开始向着目标一步一步去完成它，也就是说这一天的主旨不能离开这个目标，是以这个目标为方向，去寻求、努力走好自己这一天中所要走过的路。那么我这一天所做的所有的事情、所能够前行的过程都是为了完成这个主旨目标。那么，这一天绝对不会虚度。

当你定了目标，突然间出现情况了呢？是的，我们说过程不是一成不变的，我们要随机应变。当整个形势和环境发生新变化的时候，我们要随之而变。但是不管怎么变，依然都是三分。尽管今天出现了新的情况，需要我们定一个新的目标，我依然还是要选择，要完成那个新的目标，依然还要寻求什么样新的路径。所以，在变中总有一个不变的法则，我们修为的是这个不变的法则，牢牢地把握住这个三，从起始到终止及过程。

太极内功的修为我分出来了根、中、梢，这是通过我们自己的身心分出来的三个部分。通过这三个部分的不同而找准它们内在相互之间变转的关系，进而把三个要素合到一条完整的运动轨迹上来，我们就能够牢牢地把握住认知一个事物全貌的钥匙。

根、中、梢三要素各司其职，一是领、二是随、三是催，我们叫领、随、催。这三个要素，各自的职责不能混淆，要各尽其责，各守其职。谁领呢？梢领；谁随呢？中随；谁催呢？根催。领、随、催，根、中、梢，各司其职。

在我们太极内功的修为中，根、中、梢的具体体现是什么？在太极内功具体修为过程中，要分出来意、气、形三个要素，我们把这三个要素形容成根、中、梢。那么梢是什么呢？梢是意。根是谁呢？根是气，从根本上讲，就在于这一气。有气则生，无气则死。我们所有的变化、内在本原的作用，都在于这一气。一气周流，一气能够运转起来，才能让我们产生各种各样表现各不相同的表象，完成各种各样的动作。

意是领、是梢；根是气，气是催。也就是说前面是意，后面是气，一个领、一个催，这两者分出来一个上一个下、一个前一个后，梢和根，一前一后，意和气息两者互相之间的职责是前边要用意领，后面是用气催。

在动功学习过程中要分清楚一个前一个后，前是意领，后是气催。那么谁是随呢？中即形，形随。所以这三者之间，意领、气催、形随，根、中、梢，意、气、形，它们内在分出了这三个要素，其内在的关系是意领、形随、气催，这是法则，是我们修为必须遵守的。

虚 领

"虚领顶劲"，这个劲是靠领出来的。我们说太极内功强调的就是意的修为，所以领一定是意领。意领是一种什么状态呢？因为意是虚的，是看不见摸不着的，所以真正的意领是虚领。

拳修中领分虚领和实领，分意领和形领，一个虚一个实。举例说，家长领着自己的孩子，爷爷领着小孙女，牵着她的手领着她走，这个领是实领，是用手直接去牵领她。而拳修中我们的领不是用实的手去实领，是靠虚的意去意领，所以说这个领要领着我走，领我这只手往前走，不是有一只实的手来牵领我，而是在我之前有一个虚的意领着我走，也就是说这时我这个形、这只手是被意引领着走，我有形的身体随着无形的意随意而走。因此说意领形随，是随着意走。

形要能够随着意走，意是虚的，能够领着我的形走的话，这个意又是虚而实的，是虚的意，但是这个意是真实的，因为它能够真实地领着我走。虽然它看不见摸不着，但是它出现了一个真实的结果，真的能领着我有形的身体随意而为了。所以这个虚领是虚而实，是让虚意得到了真实的落实。它的具体作用，就是引领着我随意而走。

如果我身体的意实了，虚的意领着我实的形，能够让我的形随意而走，那么我这个形该怎么办呢？形本身是实的，看得见摸得着的。我们说要让虚的意能领着它走的话，它被虚的意实领，其中一个重要的条件，就是实形要实而虚之，就是它自己必须无力、不用力，它不能自作主张，它必须没有自己的想法，它必须能够老老实实地被虚的意真实地领动，它必须不丢不顶。只有这样这个实的意怎么领它就怎么走、领到哪儿它就走到哪儿，它没有自我。所以，我们必须要把这个有形的实的身体实而虚之，有而回无。

也就是说"虚领"两个字，虽然仅仅是两个字，但是里面包含了非常重要的内容，是虚实发生了变转，即是形和意两者发生了虚的意要实领的虚而实、实的形要能够被意虚领的实而虚。王宗岳的"虚领"两个字，里面包含了很丰富、很重要的虚实变转的内涵真义。我们在读《太极拳论》的时候，要从字的表意上运用太极阴阳学说之理去分析和剖析它所体现出来的真义内涵。但如果只停留在字面意思的理解，很容易产生"差之毫厘，谬之千里"的"多误"。只有运用太极内功、太极阴阳学说这把尺子去解析，我们才能透过"虚领"两个字的表意，直达其真义内涵。这里王宗岳是想告诉我们真正的虚领，就是虚的意要在前，虚而实，领出一个真实的结果。

具体修为中怎么修才能做到这一点呢？实的形要虚

掉。我们从无极桩功开始到浑圆桩功，其中一个重要的主旨修为，就是把有的形要有而回无，实的形、看得见摸得着的形要实而虚之。

分清虚实

我们要运用太极阴阳学说去分清什么是我们所要阐释的虚的真实状态和实的真实状态。杨澄甫大师有一句很重要的拳论，"虚实宜分清"，强调以分清虚实为第一要义。若分不清什么是真虚、什么是真实的话，必然会"差之毫厘，谬之千里"，走向反面。

王宗岳这句"虚领顶劲，气沉丹田"一个重要的前提——真的虚，我们理解了吗？对此我们很容易产生一些误解，经常会把虚认为是什么都没有，是虚无。但是，这是常人的理解。他们认为，凡是看得见摸得着的，就是实；看不见摸不着的，就是虚。但是从太极阴阳学说的角度去认知虚实的话跟我们常人的思维、理解往往是相悖的，看得见摸得着的是实也是虚，它的虚实不以眼睛看得见看不见、手摸得着摸不着作为分水岭、作为尺度。

什么是我们所说的虚实呢？我们有形的身体是实的，但是这实的身体能不能也是虚的呢？我们修为的核心，对于虚实的修为就是要做到这一点，有形的实体身体是真实的，但是它是实而虚的。如果说实的就是实的、实的不能虚，虚的就是虚的、虚的不能实的话，那就不必练太极了。

下那么大功夫，花了那么大的精力，练出了跟常人习惯完全不一样、完全符合太极阴阳学说的一个新的我，这个新的我是虚实合一的。也就是对于虚实要有一个新的理解，我们不再认为实的就是实的，虚的就是虚的，但是我们需要在自己的实修实证中得到真实的落实，就是把这个实的摸得着的身体能够虚了。那么要把实的身体虚了，不是想当然、不是停留在理论上，它是一种真实的反应，它既是真实也是真虚。它是一种什么样的状态呢？对此拳论也给我们讲得很清楚了，特别是李亦畬的《五字诀》，对于虚实有非常明确的认知。

《五字诀》告诉我们，"虚非全然无力"，不是虚的没有了。不是全然无力是什么呢？"气势要有腾挪"，就是虚出一种腾挪的气势来，就是当我们有形的身体实的真正虚的时候，真虚的话就能够真实出腾挪的气势，而不是虚的什么都没有，是我不用力了，但是一定虚出来一个气势的腾挪。这才是真虚，也就是有形的身体实而虚之了。看得见的有形的身体真虚了，看不见的内在的气势真实了。这才是我们修为的真虚和真实。

我们是外要柔、外要虚，内要刚、内要实。虽然我

173

们有形的身体不用力，实而虚了、软了、柔了，看似柔弱了，但是我们能够柔出来一个内在的刚、能够虚出来一种内在的真实的腾挪之意和气势来。我们战胜一切困难，靠的就是那个内在的气势。

我们看到，有的人膀大腰圆、五大三粗、肌肉发达，但实际上外强中干，充其量只能做一个打手。而我们要成为一个逢山开路、遇水搭桥，在人生旅途中遇到各种险滩、困难的时候，都能够从容地面对的人。那不是靠谁胳膊粗、靠谁胳膊的力量大，而是靠我们内在的这种勇往直前、无往而不胜的气势的腾挪。这才是我们修为的核心主旨。

因此，我们说"虚领"两个字看似简单，但是王宗岳在这里面内含了非常丰富的太极阴阳学说之理。特别是虚实变转，虚实宜分清，让我们在修为过程中重新运用虚实使自己的身心全新地符合太极阴阳学说之理，重塑一个新的我。

我们说虚领，虚非全然无力，要有腾挪之势。那么实呢，什么才是真实？"实非全然占煞"，这个实不是表面上的膀大腰圆、五大三粗，凶神恶煞一般，因此实不在外。太极内功所要求得的这个真实，非全然占煞，而是告诉我们"实非全然占煞，精神贵在专注"。即实在精神上，实在内在的精神，也就是精气神，不是外表的筋骨皮、不是外表所展现出来的力量和速度，那些都是表象。

概而言之，在太极内功修为中，要牢牢把握住虚领顶劲这个"虚领"，就要对虚和实有真实的、本原的理解，运用太极内功的太极阴阳学说去理解虚实，我们要想一想什么是真实，真实是真虚。只有这个实、这个虚，才是"虚领"虚的真意，只有用它来领，才能领出一个实，才能够领出腾挪的气势，才能够领出专注的精神。所领不是别的，看似是领着形走，形是虚了，但是虚的形里面，虚出了一个真实。那个虚的意领出一个内在的真实，即腾挪的气势、专注的精神。形是在意领虚和实之间有而回无的一种表象。

为什么拳论中说"在内不在外，在虚不在实"，这个"虚领"领出的那个真实是什么，表象是意领着形走、形随了，但随出来一个内在的真实，就是气势的腾挪、精神的专注。如果领了半天就领出一个形来，没有能够通过这个形随领出一个内在的精神的专注、气势的腾挪的话，依然不是王宗岳所说的"虚领顶劲"的虚领。

懂　劲

我们说"虚领"是因，领出一个顶劲。没有问题。前文也讲到，"由着熟而渐悟懂劲，由懂劲而阶及神明"，是修为的三个阶段。所以说懂劲的那个劲，是我们修为太极内功的一个门槛。不懂劲你就是在门外徘徊，要进入室内、迈进门，分水岭就在于懂劲。

要想懂劲，重要的就是要对力有完全相反的认知，力不是劲、劲不是力，两者不是一回事，需要分清楚。

劲的表象是什么？劲是对立的一个阴一个阳，是由两个对立的东西合一合出来的，是冲出来的。老子说的"负阴而抱阳"，一个阴一个阳，两者相冲，向一块儿合，合出来的结果，我们名之曰劲。注意，它不是力。力是什么？力是有形的，是可以量的，是有形有象、有方向的，向前就是向前，向后就是向后；力有大小，大力就是大力，小力就是小力，这两者没法合。当向前的时候它就是向前，向后的时候它就是向后，说把前后两个力合在一起，也没办法合。但是劲就不一样了，劲是结果，就是在前和后、上和下、高和低，两者相合的过程中所产生的一种能量，我们谓之劲。所以只要是分出来对立的两个部分，把它们向一起相合的话就合出来劲，相合的结果就是劲。

这个劲就是虚和实两者在虚的向实的进军、实的向虚的转换的过程中合出的，虚和实两者虽然是对立的，但不是虚的是虚、实的是实，是虚的向实和实的向虚处走。

劲的特点很明显，力有大有小、有前有后，用一点少一点。而劲则不是，劲是合出来的结果。只要你一合它就有，所以它是取之不尽用之不竭的，关键看你会不会合。分清楚虚实两个对立的部分，只要往一块合就有劲，这个劲是有真力。为什么它是真力，因为它取之不尽用之不竭，随取随用。需要用的时候，说来就来说有就有，只要分成两部分往一起合，一合就出来了。所以不是去锻炼，去用你强有力的胳膊、用自己的身体去做这些变化，在任何地方只要分出两个部分，往一块一合就合出来一个劲来。《道德经》第四十二章中老子告诉我们，它是"负阴而抱阳，冲气以为和"，这样的一个结果就是劲。

老子把它比喻成天和地，分出一个天一个地、一个上一个下、一个高一个低。天地之间犹如一个大风箱、大橐龠，这两者互相之间发生合一的作用后，一开合好似风箱，动而愈出。只要一动它就有，只要这两者来回一分合它就有了；所以它取之不尽，说无就无，说有就有。所以，这个劲我们必须要分清，它不同于力，是虚领顶出来的劲，这个劲必须经过虚领，在分清虚实以后的变化，那一定是得劲了。

那么领出一个什么样的劲？顶劲。这个"顶"字很有意，可以从两个方面进行解读，一个是有形的顶，头顶，也就是百会的位置，最高点是顶。这是有形的。我们所说的虚领顶劲，跟这个有形的顶有关系，无极桩功、浑圆桩

功中告诉大家百会穴要有一个提顶之意，其中一个意思提
的就是这顶。它是一个有形的位置，看得见摸得着。

　　但是如果我们从太极阴阳学说的角度去理解其所有的
内涵真义的时候，都有虚实两解，没有例外。我们所说的
提顶，既是指有形的百会，是这个具体的形上的位置，没
有问题，提。同时还要对顶的内涵真义有更广泛的认知。
这个顶是什么呢？这个顶指的是最边缘、最顶端、最高
点、最外端。这个顶指的是最高的那个地方，那个顶点。
如果从这个角度去理解顶的话，就不只是指百会穴这个顶
了，它指的是我们身体所有最外端的点，都是顶。我们说
人身体的这个顶在形上只有一个顶——百会。而从一上
讲，从虚的顶去理解，有无数个顶。因为我们说一个顶、
有数的顶、有限的顶，是线性的，我们太极求的体是浑圆
一体，是一个球体，那么到底有多少个顶点呢？数不清的
顶点，无数个顶。这个顶，是我们太极内功通过实的顶要
去寻求的那个虚的、无限的、无数个顶的内涵真义。

　　对于这个顶，我们依然需要用太极阴阳学说之理这把
钥匙，在"虚领顶劲"虚领的前提下，对这个顶的真义内
涵有清晰的认知。虚领顶劲很关键，但是这个劲冠名于顶
的话，这个顶就不一般了，就需要我们高度重视、认知它
的重要性。

　　"虚领顶劲"四个字互为因果关系，"虚领"为因、

"顶劲"为果，也就是说"顶劲"是"虚领"的结果。那么什么是"顶劲"？我们说"顶"和"劲"是两层含义，先说"顶"字，从两个角度来看，人身在实的顶上、在有形的实体的顶上分为三顶：一是百会，头顶位置；二是腰顶，命门处；三是指顶，指尖为顶。也就是说，我们有形的人身分有三个实顶，这三个实顶都在具体形体的真实的位置上，它们是有形的，看得见摸得着。

顶，除了实顶以外，还有虚的顶。如果说实顶是有形之身上具体位置的话，虚的顶就是意上对于顶的一种真实的滋味和感觉。意的这个顶，我们通过太极桩功就是要把自己修炼成一个浑圆状态的完整的太极球体，一个圆球。这个顶是指球的中心到球的外围即到圆周的这个位置、这个边界、这个徼，我们说这是它的顶。也就是说，一个球到它的最顶端，就是到了这个球的边缘了。老子说"常有，欲观其徼；常无，欲观其妙"，这个徼就是球的最外端、边界。这些地方我们叫顶，球的顶端。这个顶不是实的，不像我们所说实的身体上的百会、腰（命门）、指尖三个顶是真实存在，看得见摸得着；而它是我们通过意的修为所真实感受出来的这样一种真实的体悟、一种滋味。到这个边儿，我们称这个边界为顶，球的顶、球的最外端。

球的顶是虚意上的顶，它最大的特点是没有，是完整的、合一的，是不分上下左右、是全无定向的。它有多少个顶呢？在球的最外端有无数个顶。所以对于顶的理解，分有虚实两顶。我们要深刻地认识这个顶，从太极思维、虚实的角度对这个顶之意、内涵真义有真切的理解。

王宗岳说的"虚领顶劲"的顶，可以说是虚实共存，既指我们有形身体的顶，更以无形的全方位、全无定向的虚意所产生的顶为核心、为主宰，是通过有形的那个顶去寻求无形的这个顶的真实的感悟。

为什么"虚领"要领一个"顶劲"呢？太极内功所言所求得的这个劲，包括《太极拳论》中王宗岳告诉我们的"由着熟而渐悟懂劲，由懂劲而阶及神明"，"懂劲"的这个劲到底是什么？这个劲最大的特点，可以说所求得的这个劲必顶，顶才能够有真的太极的内劲。这个内劲是顶出来的，劲的产生源于顶，离开了顶就没有了这个劲。所以"顶劲"这个词也是互为因果的，谁也离不开谁。没有了顶也就没有了劲，没有了劲就不会有顶、不会有真实的顶。所以它们是一种分而合、互为因果的内在关系。

劲与气

我们先说对"劲"的理解。劲和力完全不同，劲是以气化力，是气力相合。劲是气和力合出来的，气运力、气化力才产生了劲。作为一个完整的球体、一个充了气的球体，这个球体因充气而膨胀，因气的充盈而产生了内劲。气遍周身，就是气到达了这个完整球体的各个部分。只有气才能够把这个球体充盈成一个完整体，浑圆成一个完整体。

当一个球体因为充了气而膨胀起来、充盈起来，这个球就有劲了。当我们拍这个球的时候，球会产生反弹的力的作用，不管足球、排球、篮球，等等，这个球都是因为充气以后才产生的这种弹性的力。我们在拍这个球的时候，即当有一个力去触及这个球的时候，一定会有一个跟它相反的力，球因为充了气所产生的这种弹力，就是劲。正因为球充满了气，也就是说气达到了球的所有边界，把球充盈成一个完整体，才产生了这个劲。

如果因气而有劲，那么泄了气这个球就瘪了。瘪了的球无论再怎样拍它，它也不会再有弹性的反应，因为泄了气它就没有了劲。因此，可以说充满了气的球才有了劲、才有了完整的劲。当我们触及球的任意点的时候，整个球体都会产生弹性的变化。也就是说，它是一动无有不动，是整体的反应。所以劲是气充盈产生的一种弹力。我们必须从这个角度去理解，太极的内劲就是顶劲。

这种顶劲的三个特点，是顶劲具体表现出来的劲的特殊性。第一，全无定向。我们说力有定向，向前就是向前，向后就是向后。但是劲不一样，因为劲是气的充盈，因此它充满了球的完整的全体，所以它没有定向。这是它的一个重要的特点。第二，弹性作用。在全无定向的基础上，劲会产生相反的弹力作用，给它一个触动，它就会有一个相反的作用，它就会在球的内在因内气鼓荡而产生弹性作用。第三，不出边儿。它不会跑到球体外面来，它只作用在球的顶端而不出去，它有微、有边界，劲永远是在微内反应和作用。

简而言之，太极拳的内劲和力的一个最大的区别：力是向敌人发出去，劲是力不向敌发，而是向内走，在球体的内部产生相互的作用、变化。这个劲的特征是气在球体中的鼓荡和变化所产生的结果。即是说，这种劲离不开顶，所以顶劲才是太极的内劲。王宗岳讲的"虚领顶劲"很清楚地告诉我们，太极内劲的一个重要特点，是顶出来的，到球的最边缘、达到了最顶点，但是有微、不出圈。

这个劲要不要变化？它是可变的，但是不管怎么变，它是不变的变，是变的不变。这是内劲的又一个重要特点——可变性。但是它是始终如一不变的，它不像力，力有大有小，有前有后，有方向、有作用点。劲不是，劲是无而有，可大可小，但是无大无小；可前可后，但是没有方向。它变不变？变。它总是遵循着一个不变的原则去变。这里有两个条件，一个是气的鼓荡而产生变化。一个是不管怎么变，它大而有微，小依然还有微，总是在里边不出去。它总是遵循着这个法则。它的大是其大无外，却总是有徼，"常有，欲观其徼"，我们所有的内气的运行，都是在这个徼里面走。离开了这个边界、离开了这个徼，它就像一个泄了气的皮球，就不完整了。所以它可以变，不变的是永远有徼，它是徼内之变。这个徼可大可小，其大无外、其小无内，正是因为在徼里面变，不管徼大还是小，它都会有这种变化，所以"常无，欲观其妙"，它永远是完整体、永远是合一的状态，是浑圆一体的状态。

"虚领"与"顶劲"互为因果，这个"顶劲"是虚领出来的，因为这个劲产生的根本原因是气的鼓荡，离开了气的鼓荡，就不可能有这个顶劲。

怎么才能够产生气的鼓荡呢？我们说关键不在气，而在意。气是靠意领出来的，太极内气是以心行意、以意导气、以气在徼中进行鼓荡和变化。

关于意和气的关系，杨澄甫在《太极拳术十要》中很清楚地给我们指出来。意和气互为因果关系，气是行意的结果，是意动的结果。他告诉我们"意之所至，气即至焉"，意到气到。也就是说，气是意变的产物。因此，在意不在气，气是结果。只要抓住了意的流动，气即至焉，气就会到。

所以说，产生的这个内气是虚领出来的。虚是什么？

意为虚，虚的意通过以意导气，意领气到，虚的意领出来一个真实的气的鼓荡。这才是虚领的真意。"虚领"和"顶劲"，以虚之意引领出气息鼓荡、内气的鼓荡，产生了达于四围的内劲，这才是虚领顶劲的真义内涵。

"虚领顶劲"还有一个说法叫作"虚灵顶劲"。到底是"虚领顶劲"，还是"虚灵顶劲"？《太极拳论》原书是虚领顶劲，徐师爷留下来的《太极拳谱》中是"须领顶劲"。当然，也有拳谱上出现了"虚灵顶劲"，到底应该是哪个，我个人认为应该是"虚领顶劲"。虚灵也可以，不能说虚灵顶劲就是出现了什么原则性的问题，我认为它们之间的区别是：虚领顶劲的"虚领"是顶劲之因，产生了一个顶劲的结果；虚灵顶劲是说这个顶劲的特点是虚灵的，也就是说顶劲所表现出来的特征是"虚灵"的，"虚灵"的这个顶劲是靠意的虚领所得到的一个结果。所以"虚领"和"虚灵"，一个说，顶劲是怎么来的；一个说，这个顶劲本身是虚灵的、是变化万端的，是无形无象的。从这个角度讲，无可无不可，都是围绕着顶劲从不同的角度来阐释其与顶劲的关系。

先天之气与后天之气

王宗岳这段拳论中的"气沉丹田"四个字的内涵真

义到底是什么？我们说这四个字缺一不可，它们完整地表现了太极内功修为的一个重要的主旨和法则。"气沉"和"丹田"四个字各司其职，各有自己的内涵真义。我们只有在解读每个字的内涵真义的基础上，才能完整地理解王宗岳所说的"气沉丹田"四个字本身的真义内涵。

一谈到"气"，人们就会产生很大的困惑，因为气这个概念无论从太极内涵的角度，或是中国汉字文化的角度，气字会出现完全不一样的范畴。我们中医也讲气，通常我们所说调阴阳就是调阴阳二气的平衡。

气字有两重完全不同的内涵真义。一个是先天之气、一个是后天之气。气分了两部分，一部分是先天的元气，一部分是后天之气。先天元气，我们称之为真气，虽然也是气，但是为了区分先无后天，我们的祖先把先天的真气用"炁"（qì）字表达，虽然发音也是qì，但是内涵不一样了。先天之气称为真气，后天之气即是氣，这就需要我们说到气的时候，要分清楚它究竟是指先天之气还是后天之气。如果不能把握住先天之气、后天之气及它们内涵真义的不同，我们在太极内功的修为中就很难把握住太极内气的运行，从而无法达到阴阳相济方为懂劲。

先天之气和后天之气到底有什么不同？我们说后天之气在天地之间，是天地赋予的，包括我们人在内的宇宙万物的精华的能量，都是后天之气。那么什么是先天之气呢？先天之气是我们的本元之气，当我们成人的那一刻，就具有了先天的元气，本元之气。这个元气是我们本身具足、先天就有的。它最大的特征是用一点少一点，是取之有尽、用之有竭，它是虽有而无，看不见摸不着，化验也没有、解剖也没有，它是一种生命的本元、本质。

先天之气是生命的本元。生命依赖它而存在，人的生、老、病、死，就是因为先天之气用完了、枯竭了，人自然要衰老、生命自然行将结束。所以说，不管我们活多长久，生命终是有限的。长寿是我们的愿望和追求，但是生命一定是有限的、有范围的，正因为它有范围，所以我们说要尽其天年，就是它有限制，每个人都有自己的天年。因此，这个先天之气，人类本身具有的元气、真气，是无法取之不尽、用之不竭的，也是后天无法补充的。这是它的第一个特点。

先天之气的第二个特点，它是以元精的状态储存的，在我们的体内它以元精的状态存在，因此要想获得这个气，要由精化气，而精本身是有限的，用一点少一点。既然它是有限的，我们能够做到的是尽其天年度百岁乃去，这是我们追求的目标，所谓的长寿就是尽其天年。要想做到这一点，只有两条路可走，第一条既然它是有限的，我们不要过多过早地消耗它，无原则地浪费它，尽量延长它的使用寿命。第二个要做到的，既然它是由精化气，我们就要在化上做文章。所以尽其天年是把先天的元精在生命运行中充分、完全地运化出来，使之化为我们生命的真气，用于支撑我们生命的存在。

　　那么什么是后天之气？后天之气就是天地之间赋予万物的精华的能量。如果先天之气是无的话，这种精华能量相对的就是有，它可以是有形的，我们能够感知到它的存在，如老子《道德经》第五章所云："虚而不屈，动而愈出。"这种气是后天之气，具体表现为呼吸之气，表现在饮食中，如吃米饭，吃下去的是米粒，但实际上吸收的是米中的精华——米气。我们食的是米，服的是气。服食的这个气，经过我们体内的运化，形成一种运化的能量。吃下去的米，我们把气吸收以后，米就随着代谢排泄出去了。包括我们喝的水，其实吸收的是水中之气，依然是气。当我们充分把喝的水里面的那部分气为我所用以后，剩下的就经过我们的代谢排泄出去了。我们呼吸的是气，吃饭吃的是米气，喝水喝的是气……所以我们所需要的后天的气，就是天地所赋予的、给予生命支撑的能量。与先天之气比较，它是无穷无尽的，是天地无私地奉献给万物的，它是永恒的。所以老子说它是"虚而不屈，动而愈出"的。

　　后天之气与先天之气之间存在什么样的内在联系呢？我们生命的根本就在于真气，真气耗竭以后生命即结束。

真气从哪儿来？由元精化而来，炼精化气。既然要炼这个精、化这个气，精要化成气需要能量、需要火、需要烧柴，把精水像口锅一样烧起来，水火既济，把它由精炼化成气。只有把精炼化成气，真气才能形成我们生命的本体。我们需要火、需要能量，就要从后天之气中来补充、来汲取，从而为我们所用，这两者缺一不可。离开了后天之气，缺少能量的燃烧，这元精化元气火不足、能量不够，则精化气就化得不充足。真气不足，很重要的一个原因是我们化气的动力不足。

如何才能够把后天之气补充为我们炼精化气中的能量呢？这就需要我们把后天之气经过我们内在的运化，使后天之气能够转化成为我们所用的动能、能量。所以说，先天之气和后天之气存在着先后运化的关系。要想真气足，就要由精而化；要想由精能够充分地化出真气来，就要把后天之气运化成自己体内的强大的旺盛的能量。

我们要尽其天年度百岁乃去，甚至是120岁，怎么做到呢？炼精化气。要合理地、高效地去开发和运用它，同时最好把我们的精全用完。现在很多人的生命过早逝去，身体内还有一大半的精没来得及化。我们经常看到诸如此类的报道，一些精英，五六十岁生命就结束了，其实他生命本原的元精，能够支撑其使用100年至120年，可是用了短短几十年，这元精还没用完、没化完，那气就没有了，生命也就结束了。

松与紧

"气沉丹田"这个气，我们说既指先天的真气，也离不开后天之气，这个气关键要在"沉"字上做文章。王宗岳在这句拳论中告诉我们"气沉丹田"，为什么在这个地方用了一个"沉"字？他想表达什么样的内涵真义？如果不能把"沉"字的内涵真义理解清楚的话，我们就无法理解"虚领顶劲，气沉丹田"全部的真义内涵。

什么才是"沉"字的真义呢？我们说，沉是一个结果，是一种滋味、一种味道，但是这种味道是真实的，是虚而实的。"沉"是什么样的结果呢？是松和紧，这个沉是松出来的结果。怎么理解？我们所求的松，是太极内功需要我们松。

太极内功所言的松与常人所理解的松有本质的区别。我们所说的松是能够松出紧的松，如果松不出紧来，这个松就是懈，松懈，松中无紧必懈。常人的理解松就是松、紧就是紧，而太极内功认为，松与紧是合二而一的。太极所说的紧是松中的紧、松是紧中的松，松不离紧、紧不离松，松是对紧而言、紧是对松而言，它们两个谁也离不开谁，但又是完全对立的。我们通过松其形、紧其意，就紧出来一个沉的滋味、味道。所以，沉是松和紧对立统一的结果。

这个形彻底的松，就会松出来一个内在的主宰着它、支撑着它、左右着它的无形的内紧之意，把两者凝聚起来，让它们松而不懈，这就是松中出来一个内紧。松出来内紧以后，就会明显感觉到有形的实体被内紧之意提着，感觉提出了一个沉，提出一个身形身体的沉。因为有形的身体受到地球引力的作用，它一定是有重量的。当完全把我们有形的身体松掉以后，松出来一个不加一毫外在之力的大地赋予的纯粹的重力。这重力是大地赋予我们这个有形身体的，大地赋予的重力是多少就是多少。这个重力如果没有紧的意提着，它就懈掉了。当我们用紧的意把它提着的时候，所提出来的这个重就是沉。

如果这个重不提起来，重就是重滞，重落下了、落死了、僵滞在这儿了。当我们能够把这个重提起来的时候，它还是那个重，我们会感觉到它很沉，而且这个沉是灵活可动、可变的。所以说，这个沉是松出来的沉，是松出来的内紧。

同时，我们说沉除了是松出来的结果，也是空出来的结果。我们有形的身体要有而回无，实而虚之，让有形的身体全体透空，让自己回到本原的状态，这是太极内功修为、特别是太极桩功修为中一个重要的核心要求，就是站空自己。但是站空不是目的，还要空出来一个不空的真实。当我们能够在空中空出真实的不空来，那个就是沉。我们能够品到那个不空的滋味，这沉就是在空中空出来一个不空的滋味，或者说那个滋味、那个味道就是沉的味道。

有形的身体要靠无形的意、内紧的意提起这个完全松落的身体，一提一落、一松一紧，便提出来一个沉。在无极桩功中对于腹部这个位置来说，有一个重要的意的要求，就是腹部要空，但是要空而实。为什么这个地方要空而实呢？腹部这个位置是我们人身的气机所在。练真气，炼精化气就是在这里完成的，所以它是空的。

我们说当百会上提的时候，其实提起来的是肩，通过百会一提把肩给悬提起来。百会提的是肩，肩提的是胯，胯提的是膝，膝提的是踝，于是就节节把我们整个人给提起来了。同时，提中不只是提，我们提的是落，因为我的胯挂在肩上。肩一提胯，提的是落胯。膝又挂在了胯上，当胯提膝的时候，提起来一个落膝，膝是向下落的。同理，我们的踝挂在膝上，当膝提踝的时候，踝挂在膝上，被膝所提，也就是提出来一个落踝。这样层层提、节节提、层层落、节节落，最后落出来一个沉。这个沉，因为是一节一节地提，就整体地把我们提起来了。

中心与重心

人之中在虚中线上，这个中在下丹田，人之中心、有形的中心就在下丹田。不管我们的个子是高还是矮，中都在脐下三指的位置。同时，这也是我们的重心所在。我们人有两心：一个中心、一个重心。重心和中心是静之而合，它们是相合在一起的。当我们节节提起来的时候，为什么把沉提在下丹田呢？因为这里中重相合，我们身体重心的那个点就在这儿。通过我们的上提之意，下落之后把人整体提起来，提的是中重相合。中重相合就在下丹田，也就是我们的腹部。腹部本来是空的，提出来一个中重相合的意念的真实，这个意念的真实就是沉。只是要提出来的重就是出沉、就是沉，所以我们说这个沉是空而实的结果。也就是说完全是松中出紧、空而不空，才能产生出沉的意念的真实。

我们都知道，气沉的"沉"是一种结果。当我们在提落之间产生了松和紧、提和落相互作用的时候，它们在动态中所产生的变化就像在球体中，球的中心既是重心又是中心，是中重相合的那个点。我们意念由那个点气遍四梢，所以气、劲达四围，便产生内气的鼓荡。在人的身体形成一个球体的状态下，产生这种鼓荡的作用，才会出来这个沉。这种沉我们称之为气沉，因为它具有气的特性。

气既可向上升腾，又可向下沉坠。所以说向上升腾是像气一样，气总是要向上升的；但同时它又可向下落，所以说这个气是沉的。它既具有了气的特征，又具有沉的特性。

在太极内功修为和其他门类的武术中，都提到了轻和重相合、上提和下落相合，而后合出来一个沉厚，沉厚又不失轻灵、轻灵不乏沉厚。它是一种什么状态呢？我们经常用两个字来形容它："熊鹰"。熊鹰合一。熊非常沉厚，鹰非常敏捷，熊是下落，鹰在高空飞翔、悬浮。如果把它们合成一体的话，就不是熊是熊、鹰是鹰，而是既是熊又是鹰，这种状态就是气沉。气是轻，沉是厚，气向上浮、沉向下落，所以合出来才是气沉，它是两种完全不同的状态的合一，是合出来的，合出来轻灵与厚重、稳固与灵敏相统一的一个点、一种状态。太极内功的修为，桩功修为就是修这种气沉合一、熊鹰合一的状态，这才是王宗岳《太极拳论》所言气沉的真义内涵。

气沉表现在哪里？丹田，下丹田。人身体有三个丹田：上丹田、中丹田、下丹田。我们习惯说的丹田指的是下丹田，为什么指这个地方呢？一说"意守丹田"，主要是指下丹田，因为它既是我们人有形之中的那一点，又是重的那一点；既是中心又是重心，是中重相合。两者合到这一点上，在腹部的位置合出来一个"丹"。这个丹是横竖相交，是对立的两个部分相交出来的一个点。

它对立的两个部分是什么呢？一个松一个紧，这两者是对立的。一个空一个不空是对立的，一个提一个落是对立的。我们用一横一竖来表示它的话就展示出一个"田"。田是横和竖相交出来的，内里相交的这一点就是"丹"，这一点恰恰就是我们中重相合的一点。因此说气沉丹田，指的是我们找到的那一点是在中重相合的这一点上。作为有形之身，我们只要用意念把握住了这一点，就既把握住了中又把握住了重，也就把握住了我们全面的完整的身体。

气沉合出来一个点，合出来一种意念的自觉，这种自觉的那个点的味道就在这里。如果我们身体全体透空、全是空的话，就会空出来一个不空的点。也就是说，当我们全身全空了，实的虚了、有的无了，空了以后空出一个不空的点。这一点既是中也是重，也就是我们所说的丹田。气沉就沉在这一点上，我们说站桩就是站点，就要站出这一点。这一点是既提又落、既松又紧、既轻又重，它的属性是沉。

我们以不倒翁为例。不倒翁内里是空的，但是它空而不空，里面有一个重球，所以说空出来一个真实的重。中重相合，它才能够不倒，因为两个对立的东西合到了一点上，它才能够左右逢源，触之即旋，因为它是一个球。要从这个点上去理解"气沉丹田"四个字的真义，最终落实到把气沉通过"虚领顶劲"沉于丹这一点上。

拳论告诉我们，"拿住丹田练内功，哼哈二气妙无穷"，内功修炼的本质就是让我们牢牢地把握、拿住丹田去修炼。拿住丹田练内功，王宗岳把它概括为"虚领顶劲，气沉丹田"八个字的修为法要。我们要努力去理解王宗岳《太极拳论》中这八个字的内涵真义，遵守着这八个字的内涵真义，去拿住丹田练内功，从而让我们真正把握自己内在生命运行的真谛。

《太极拳论》第二部分告诉我们，"本是舍己从人"，在"本是"这个大的范畴，怎么样才能够达到"舍己从人"，在修为中把握住什么样具体的理念和功法，我们就能够做到"本是"，而避免"多误"。

二、建立太极思维体系

王宗岳在"虚领顶劲，气沉丹田"论述的基础上告诉我们，"不偏不倚，忽隐忽现"。很多拳修者在解读这句拳论的时候会有疑问：到底不偏是对的，还是偏是对的？不偏不倚这个偏和倚有什么关系？到底是隐好还是现好？到底是隐对还是现对？产生这些疑问并不奇怪，这充分说明要从根本上树立太极思维，就是要在修为太极拳、太极内功的过程中，运用太极内功思维来理解太极内功修为过程中所遇到的理法或功法上的各种各样的问题。如果我们没有树立起正确的太极内功思维，还用常人的思维，往往不能正确理解。在错误思维的指导下，我们就会舍近求远，出现"多误"。

怎么树立正确的太极思维呢？我想继续强调的是，太极内功修为归根结底修为的目的是什么？很多人说练习太极内功、太极拳，是为了健康、为了长寿、为了解决身体的问题，为了掌握一项防身技击的技能等，这些都没有问题。但从根本上来说，修为太极内功最终的目的其实很明确，就是要重新打造一个自我，重塑一个新的我。运用太极阴阳学说，通过太极内功的有为功法对自己进行改造、改变，这种改造、改变应该是彻底告别原来的我，彻底告别昨天的我，脱胎换骨、重新成为一个符合太极阴阳学说、合太极阴阳之道的崭新的我。这样的我不但能够健康长寿，在面对各种复杂、困惑的环境和变化时都能从容面对，因为从根本上说，这是一个崭新的我。

改变习惯　改变人生

我们通过太极内功的修为，从改变习惯入手改变自己的格局、改变自己的人生。我们说习惯主要是两个方面，一个是思维习惯，一个是行为习惯，但是要改变自己的行为习惯，比如说我们的太极内功要改变自身用力的习惯，把常人做任何事情都要用自己的有形身体肌肉的力改变成不用力，把用力的习惯改变成用意的习惯。这是改变行为习惯。可是我们的行为习惯很难改变，要想改变我们的行为习惯，就要从改变思维习惯入手。

　　要建立一个跟常人思维习惯不一样的新的习惯体系，这个新的习惯体系就是太极思维习惯。我们现在不能用太极思维来处理在修为中遇到的认识问题和行为问题，其根本原因是我们没有建立起一个新的太极思维体系，还在严守着违背太极思维体系的常人的思维体系。在修为太极内功的过程中，依然用常人思维去认知太极内功修为中所出现的问题，我们想不明白、理解不了，甚至得出相反的结论，难怪我们会"差之毫厘，谬之千里"。

　　很多太极拳爱好者，"每见数年纯功不能自运化者，率皆自为人制"，其实都是自己的原因。我们总猜忌：我练功的功法是好还是坏？是不是那个功法好这个功法不好？是不是应该拳打千遍理自明？其实很多问题的根本原因，不在你打千遍、打万遍，而在于你从根本上就没有建立起完整的太极思维体系，还是习惯性地用常人的思维去面对太极内功修为中出现的问题，这丝毫不奇怪。

　　因此，我们要建立起太极思维体系。太极思维体系构建方面最具代表性的人物就是老子，我们从老子的思维特点中就可以把握和了解太极思维体系的核心主旨。

逆向思维

老子思维体系最大的特点是逆向思维，这也是太极思维体系的特点。所谓逆向思维，就是和我们常人的思维习惯完全相反。如果我们把常人的思维习惯叫作顺向思维的话，老子思维，也就是太极思维，是反着来、反着想。常人都认为应该大有作为，当我们认为我们就是要有作为的时候，老子却告诫人们无为而为、无为而治。

一说到老子的无为思想，一些人就给老子扣上一顶大帽子，说老子不作为，什么事都不做，坐享其成。我要说：不是。正是因为老子看到芸芸众生都在忙忙碌碌，为"为"而为的时候，老子发现所有人的"为"都存在一个问题，都是以自己以为的"为"去"为"。这个为到底符合不符合客观事物发展的规律他不管，他认为我这样就是为，最终为出一个违反天地之道、倒行逆施的为。其实很多时候我们受到惩罚，都是因为我们人类拿自己的、违背了天地根本规律的"以为"，急功近利地去创造所谓的新世界。这反而违背了宇宙万物发展的规律，遭到了天地之道的惩罚和警告。所以，老子告诉我们，要与常人的思想、思维习惯反着来。

在逆向思维指导的基础上，老子告诉我们，柔弱胜刚强。常人的习惯一定是认为刚强就会打败柔弱，我刚就能够战胜你的弱、我强就能够打败你的弱。也就是王宗岳《太极拳论》下一部分告诉我们的，"有力打无力，手慢让手快"，这是常人的思维习惯，可是老子却发现，其实事物存在另外一面，不是用更刚强去战胜刚强，而恰恰相反，柔弱才真的能够战胜那个刚强。

借喻思维

老子想告诉我们、想讲清楚"柔弱胜刚强"，但是他发现道本身是说不清的，"道可道，非常道"，你说出来就不是了。怎么办？在逆向思维的基础上，老子创生出了一个新的思维方式——借喻思维，就在我们的生活中、在我们的身边，去寻求让我们能够理解的、能够看得见摸得着而且又基于道、近乎于道的事物来诠说这个道、诠说事物发展的内在本原。他用的最多的是水，因为水柔弱，又无形，在圆形的容器里它就是圆的，在方形的容器里它就是方的，所以它是柔弱的，且水利万物而不争。正因为这么高尚的品德，水才能够永存永生，才能够成为宇宙万物内在本原的能量。离开了水就没有了生命，再强大的事物，在水的面前都会被水所打败。

太极思维就是这样，不是把自己的肌肉练得如何刚强，而是把我们练得像水一样，练那种强大的内在的生命动力。要建立我们的思维习惯，就是要借老子的思维习惯来建立、理解和把握我们的太极思维习惯，让我们建立起这样一套太极思维体系去看待万事万物变化、去看待我们在太极内功修为过程中所遇到的问题。可以说这是一把万能的金钥匙，所有的困难都会在这个思维体系面前迎刃而解。

"反者道之动"，反着来、反着想，也就是在我们太极内功的修为中要分阴阳合太极，太极是阴阳之合。一个阴一个阳两种对立的力量是不一样的。我们要用太极思维去想，阴阳虽然是可分的，但是谁也离不开谁，阴不离阳、阳不离阴。我们所说的分阴阳，并不是分出的阴就是阴、阳就是阳，而是分出一个不可分离的阴和阳。

三、运用太极思维解读
"不偏不倚，忽隐忽现"

形成这样一种思维方式，在面临太极内功修为中所出现的各种现象和问题的时候，就能够得到正确的认知和理解。我们用这个思维体系、用太极内功的思想去分析理解

"不偏不倚、忽隐忽现"，就能够理解王宗岳这句拳论的内涵真义是什么了。

不偏不倚

王宗岳告诉我们要"不偏不倚"，怎么理解这个"偏"和"倚"，实际上他说"不偏"的时候，就告诉我们所有事物的真实不是不偏，而是偏。不偏是一种原则、是一个方向，偏才是真正体现事物本质的真实。我们用太极思维体系去理解"偏"，先就要想到这个"不偏"是对"偏"而言。没有了偏，就不可能有不偏。当然，我们追求的是不偏，但是我们在看待宇宙万物的时候，会发现偏才是时时处处存在着的真实。哪有不偏？什么是不偏呢？什么状态是不偏？只有一种状态："中"的状态。守中就不偏。

既然不偏是中，我们就需要对中有正确的理解。我在《以拳证道》一书的"何谓中"一文中，对中有比较详尽的论述。我们说中是实中，中是一种动态的瞬间平衡的状态，是动态变化中一个不变的原则。因为从事物的本质、本原来说，它是动的，没有片刻的不动，只不过它动得非常微小；另外它以中为标准处在不断进行动态调整的过程中，让人感受不到它的动，而实际上是随时随地、时时刻刻都在动。我们说这个中是在动中去调整趋于它的标准，因此，不偏是中、是一种理想的状态，偏才是真实的。

同样，什么是倚、什么是不倚呢？就是我们要成为一个不倚靠我之外他物的独立的我。但现实情况是我们生命中每时每刻都在倚靠着各种各样的事和物赖以生存，比如说我们往那儿一站，脚下就倚靠着大地。因此说，这个倚靠也是事物的一种状态，不倚不靠是我们想要追求的处中、守中的最佳的理想状态，是一种追求。最完美的、最佳的状态，就是不偏不倚的状态。

很多人在理解"不偏不倚"的时候，认为不偏就好，不偏不倚圆满了，偏不好、偏不对，不偏才对；倚不对，不倚才对。这种思想认识恰恰又是在用常人的思维习惯去看待偏和不偏、倚和不倚。从太极思维来看，偏和不偏、倚和不倚，没有好坏之分，它们是同一体的两个方面。我们所追求的圆满就是偏不偏，由偏和不偏才构成我们圆满的人生轨迹。我们的人生是在由偏向不偏进军的过程中，把偏不偏向一去合而成为合一的一种状态，我们说这就是处中了。

太极内功修为不是修为不偏，也不是修为偏，不是说偏不好，离开了偏的不偏就好，不是的。我们修为的是偏不偏，也就是说偏和不偏、倚和不倚，关键在"不"上。王宗岳的"不偏不倚"是告诉我们，我们的意、我们的修为点，既不是在偏，也不是在不偏，而是在"不"上下功夫。只有抓住了不，我们经过由偏向不偏修为的过程完善自己，以"中"为原则，在动态变化中去寻求不变的这个点，把偏和不偏向一去合，从而合出来一个偏和不偏。如果说不偏是我们修为的目标和追求的话，那因偏而向不偏进军，才有了丰富人生的过程，通过自己的修为和努力，让自己由偏向不偏靠近。如果没有一个由偏向不偏的过程，就是不偏，所有的事物都圆满了，就没有了追求、没有在动中前进和变化，那也就没有了生命、没有了宇宙万物的存在。

我们要站在"不"上，功夫要下在"不"上。王宗岳说"不偏不倚"，也是告诉我们偏和不偏两者之间相反相成的关系。在具体修为过程中，既不是要不偏，也不是就是偏，而是在"不"上寻求由偏向不偏的改变。我所传承的太极内功的修为，从无极桩功开始，我们的意应该抓在"不"上，应该把功夫下在"不"上，去理解这个"不"。"不"是什么？反。老子告诉我们"反者道之动"，因为生命的本原是动的，所以要反，总是反着走。

我们从这个角度建立了太极思维体系以后，再去理解偏不偏，理解不偏不倚，就会得出全新的认知。我们用这个认知修为太极内功，就有了一个明确的理论认知和正确的指导，就不会"差之毫厘，谬之千里"。

　　"不倚"，但我们现在没有离开倚。人活在世上，就是在互相倚靠。你既要倚靠别人、别人也在倚靠你；你脚下倚靠着大地，反过来大地也倚靠着你，两者是相互的。倚靠是真实的，我们不可能不跟大地发生关系，这是一种真实的存在。那么怎么理解这个不倚呢？也就是说我和大地是分不开的，是不可分离的，在常人的理解中，不能分离就是要倚。我们用太极思维来理解"倚"，虽然阴和阳两者不能分离，但并不是说它们不能发生变化，不是说阴就是阴、阳就是阳，不能再变了。也就是说，我和大地的关系不是只有这一种不能离开的关系，我们要在不离的状况下寻求达到不倚的结果。

　　当我们处理所有的关系时，常人的思维习惯，要不然就是倚靠，要不然就是老死不相往来、互相之间没有关系，这是完全违背太极思维的。我们生活在宇宙中，与宇宙万物互相之间你离不开我、我离不开你，不发生关系是不可能的。我们所说的独立，不是离开以后老死不相往来、没有关系。我们怎么才能够分离得开呢？父子之间能够分离吗？血缘就已经决定了他们谁也离不开谁。但是这种倚靠和离不开，并非完全依靠而不能独立。我们需要子女跟我们有密切的关系，但必须让子女成为独立的存在。子女不是依靠父母坐享其成，他们要靠自己的努力而独立生活，但这不等于与父母之间没有任何关系。

同样，当父母老了倚靠儿女也是靠不住的。如果父母一切都靠在儿女的身上，依靠他们来养活，那就不会快乐，并不能享受到那种老有所乐、老有所为的生活。当然，父母需要儿女的孝顺，需要儿女的帮助和照顾，但是父母应该是独立的，是不倚不靠的，这样才能老有所乐、老有所为、老有所养，这就是父母与子女既不倚不靠又互不分离的密切关系。通过太极内功修为，要建立起王宗岳所说的"不偏不倚"这样一种时时处中、守中的状态，这才是《太极拳论》中"不偏不倚"的内涵真义。王宗岳不是告诉我们哪个好、哪个不好，而是告诉我们修为是修偏不偏、倚不倚，既承认我们有偏，又要看到我们通过由偏向不偏进军，来修为、完善自己，最后修为出一个独立不改、独立守神的我，从而重新打造一个偏不偏、倚不倚，能够时时处处守中的全新的我，一个独立的、自由的、自在的、自然的、圆满的我。

不偏不倚既然是一种理想的状态，那在太极内功修为的过程中，就要用这种状态来改变我们有偏有倚的真实现状。那什么样的状态就是不偏不倚的状态呢？宇宙万物中，只有一种状态是不偏不倚的，在太极内功修为中，我们要以这种状态作为一种模式、作为一种标准来完善和改造自己。

处处守中

这种状态是什么呢？是球，是圆球。宇宙万物最理想、最圆满的、不偏不倚的状态，就是球形的状态，球永远是不偏不倚的。在处中、守中的过程中不断向中来调整的动态平衡就是不偏不倚。谁能够做到处处守中，在调整过程中还能守中，这才是真正的不偏不倚。

我们多次用球来讲太极内功修为的核心主旨，从浑圆桩功开始分阴阳、合太极，合出来一个五圈成球，最后合出来一个球。因为只有球的状态，才是真正守中、处中的状态，才是不偏不倚的状态，才是最圆满、最理想的状态。

在太极内功修为中，所有的功法都是为了让自己朝着这样一个圆满的球来修为，具体有为的功法体系就是这样形成的。我们所有功法的修为都是向着球这个目标进行修为、改造，向这个球进军，我们处处不离开球。球就是太极，阴阳一合，合出来这样一个太极球，所以它是最圆满的，因为它处处守中。

杨班侯的《乱环诀》告诉我们，"能得枢纽环中窍，自然动静互为根"。也就是说，它有一个根，还有一个环，球的中心永远是处在中的状态。不管环怎么变、怎么动，处处不离中。所以我们说不偏不倚，实际上时时处处都是守中的状态，这个球不管怎么变，那个中是不变的，球可以大、可以小，不管它怎么变化，都是这个中在主宰着所有的变化，这个中主宰了变中不变而处中的状态。

球为什么能够处处守中呢？因为球有一个不变的中心。球是空的，而且空出来一个不空的中心。这个球最大的特点是中心和重心两心相合，球心既是它的中心又是它的重心，所以它才能够不偏不倚。不管球怎么转、怎么动，都不会偏离这个中。所以它是守中的，无论千变万化，它里面有一个不变的中。

同时，球又是不倚的，它跟大地相合，是一点接触，而且这一点是随时可变的，这一点总是合中心、重心。发落点对即成功，是两个点：一个是中的一点、一个是环上的一点，这两者总是相合相吸，谁也不离开谁，是分而合的。正因为这样，球才能够触之即旋，给它一个力，为了保持住它的中重相合，它就要转。但不管它怎么变，怎样触之即旋，它总是有一点可以接触，因此，它对大地、对万物来说，是既倚靠又不倚靠，是变动不居的，是灵动的。虽然它与大地或它物有着密不可分的关系，但是它又是独立的，不受它物的左右，因此它不是制动不动，它是灵变灵动。

我们的修为不在形，而是在意。我们不是从形上去修为球，而是在意上去打造一个具备了球的真实的感觉、状态。所以在意不在形。形是外在的表现，意是形之内的主宰，我们通过太极内功修为体系，把自己修成一个具有球的圆满、不倚不靠、独立守神的独立的我。

太极内功修为的无极桩功，我们和大地不可能不发生关系，我们不可能离开大地，我们既要跟大地不离不弃，又要在不离不弃的过程中修为出不倚不靠的状态。无极桩功要求我们脚下要虚领着，意既不在左脚也不在右脚，要在中上去寻求那个真意，也就是在两只实的脚的涌泉穴之间找到一点，这一点是我们的意要守住的点。意守住了这一点，我们的两脚就出现了虚空轻灵、不倚不靠。这个状态就是趋近于球，虽然我们有一只左脚、一只右脚，但双脚是虚的，只有守住的这一点是实的，而这一点又不在实处，是在虚空处。从无极桩功开始，我们就要把虚的这一点站真实了，寻求不倚不靠的真义。

概言之，不倚不靠就要做到中重相合，在无极桩功、浑圆桩功修为的过程中，把我们的中心和重心合成一个点，合到一起，它们是不同而合，一个是空的、虚的，一个是真的、实的，但是真实的这个重是合在虚空的中的。我们所谓的不偏，是指重和中两者合到了一上，而且它永远垂直于大地，所以它不偏。

我们在站桩的时候就要把这个点站出真实的感觉，找到一种真实的味道，这样才能够修为出不偏的真实的状态，才能够从意的修为上真实地体会到什么是不偏、什么是不倚。

忽隐忽现

王宗岳所讲的"不偏不倚"就是一种球的状况，所以，我们在修为过程中，要遵守不偏不倚这个原则，去寻求、去实证球的状态。在不偏不倚的基础上，王宗岳又进一步告诉我们要落到"忽隐忽现"上。

现在我们用太极思维来认识"隐和现"的真义所在。我们要明确，看得见的不一定表现的是其真实，它表现出来的往往是与内藏相反的东西，跟内藏那个真实完全不一样。所以我们说这个内藏和外显两者是一回事，它们是一内一外，是谁也离不开谁的。也就是说，"现"可以是藏的，也可以是不藏的；藏的也可以是现的。我们用太极思维去理解的话，就不会把隐的当成是看不见的、把现的当作看得见的。太极内功修为恰恰要把内在看不见的那个隐让它显出来，让我们透过表象真实地感知到它的存在，感知到它内在的真实状况。

例如动和静，我们往往是看表现出来的动或静。比如，我这只手现在表现出来的是动，但实际上我的手不是动而是静。因为我的手是有一个内意在领着动，是意动，手是随动，所以手是静，是不动。其外在表现出来的动，实际上表现的是不动之动。那个内在的、本质的不动，常人思维用肉眼是感知不到、看不到的。我们只有用太极内功形成的太极思维"动之则分"，在这个变化过程中，它体现的是动和不动，其动和不动两者同时存在。

我们说现和藏是一，既有现又有藏，而不是现是现、藏是藏，因为现的是外在的动，藏的是里面主宰外动的不动。所以王宗岳在"忽隐忽现"这句拳论中告诉我们，应该形成一个太极思维体系去看待隐和现，去理解隐和现的内涵真义。它们是一，隐就是现，现就是隐，隐现是合一的。

对王宗岳《太极拳论》中的每一句话的理解，既要读懂它字面的意思，例如"忽现"的现，可以把它叫作现，这是文字本义所体现出来的，但是还要读懂文字后面所表达的、隐藏在内的只可意会不好言说的那部分含义，这部分含义就是隐。可以说，王宗岳《太极拳论》中的每句话都有现和隐的含义，都有文字的直接表述和隐藏在文字后面的内在真义。所以读王宗岳的《太极拳论》，不能仅仅停留在字面上去领会，对文字内在的、隐藏在里面的内涵真义必须由表及里去认知。王宗岳的《太极拳论》，是太极内功修为的一个非常关键的法门，要通过深入阅读《太极拳论》，在实修实证中建立起太极思维。

太极思维的表现形式

太极思维的主要表现形式，一个即是分合思维，也就是分阴阳、合太极。分一个阴一个阳，同时两者又是不可分离的，阴不离阳、阳不离阴，它们永远相伴相随，相反相成。我们修为不偏不倚，并不是说不偏就是不偏、不倚就是不倚。当说到不偏的时候，实际上要分清一个阴一个阳，两个对立的东西同时存在。实际上这不偏是偏而不偏，偏是相对不偏而言。用合太极的思维去认识偏和不偏，就会知道它们是谁也离不开谁的相反相成的一对矛盾体，两者是同时存在。

同样，倚是真实的情况，我们在地球上，就跟地球发生着关系。在每天的生活中，不管是和自己的家人，还是跟同事，还是在社会上，与发生关系和作用的万事万物互相之间谁也离不开谁，所以倚是真实的。但是要把自己修为出一个不倚的状态，修成一个独立守神、独立不改的我，就要把两个相反相成的东西合到一个太极上。合太极就不倚了。

要特别强调的是，太极是一个球。只有形成这样一个球它才是倚而不倚。你说倚不倚？它会倚，但是它落不死，为什么？它是一个点，这一点是中重相合，是两个对立的东西合到一个点上，因此这个点看似是倚，实际它是不倚的，它是可以流动的，是触之即旋的。

在防身技击与人交手时，我和对手发生相互关系，就会有相互倚的存在，但是太极内功修为要做到不倚。什么是不倚呢？倚而不倚，才是内功所要修为出来的真意。修为的是一点，当和对手相接的时候依然是一点。所以有句拳谚，"四梢空接手，接手点上走"，接手以后，接手的不是面，而是一个点，点就是真正的不偏不倚。

我们人从出生的那一天起，每时、每刻都在朝着与生相反的方向前进，这是客观规律谁也改变不了。我们要认识它、遵循它，而不是去改变它，我们改变不了自然本原的规律。虽然我们改变不了这一规律的方向，但是能够调整和改变它的进程，能够从我做起，在逆向思维的指导下反求诸己。随着向相反的方向不断地往前走，可以做到的是放慢自己的脚步，调整自己的身形、调整自己的身心，我们在这个进程中要把握好自己的节奏。因为每一天都是在向相反方向前进，就需要在每一天的过程中放慢自己的脚步，保持自己的平静心态，享受每一时的变化，细品生活中的那种滋味。

太极内功修为，就是运用逆向思维在修为过程中让自己静下来，真正进入立身中正安舒、静心凝神、呼吸自然、周身松通，细细体悟《太极拳论》所表达的太极逆向思维。

　　太极思维的另一个表现形式是混沌思维。王宗岳的《太极拳论》用文字表述出来的只是它的外表之意，其文字内在、内含的那个真实的部分是无法用语言文字表述的，它只可意会不可言传。我们太极内功修为需要借助文字的表述，运用太极内功思维认真地去挖掘、体悟那无法说清的部分，去领悟、把握其可意会不可言传的真义内涵。

　　说不清的这部分，它既不在黑也不在白，既不在松也不在紧，修为所求的是混沌的那一面。混沌的那一面是说不清的，说它是松还是紧？它是松中的紧；说它紧还是松？它是紧中的松。只说紧好说，只说松也好说，而把松和紧合在一起就难以说清楚了。因为合出来的是一种只可意会的混沌状态，太极内功修为要求的就是这个状态，最终要修为出这样一种混沌的状态。这是真实的状态，在修为中要牢牢地把握住这种真实状态。抓住这个关键点，就能够逐步进入真太极内功的妙门。

隐和现

　　《太极拳论》每一句论述实际上都有无法用语言表述的那部分，可是那一部分又是大家要真实追求的。虽然说不清，但是要真的弄明白、真的抓到它的真感实证，对于我们修为来说能够产生真的觉知。

运用太极思维，需要强调"一"。王宗岳说"不偏不倚"，同时又说"忽隐忽现"，一个隐一个现，而且是忽隐忽现，对于《太极拳论》的这段论述，要透过文字的表象去读王宗岳所要表达的隐藏在内的内涵真义，一定要运用太极思维，抓住这三个方面，用太极思维去理解什么是隐、什么是现，用分合思维、逆向思维、混沌思维去解读"忽隐忽现"，隐和现到底想说什么，什么才是隐和现的真义内涵。

从字面上理解"隐"和"现"很简单，隐就是在里面的、看不见摸不着的。现，就是表现出来的，看得见的摸得着的部分。王宗岳所说的隐和现是不是就是常人所理解的隐和现？王宗岳想要表达的是不是就是停留在这个理解的范围呢？如果用常人的思维去理解隐和现的话，现是看得见摸得着的，隐是看不见摸不着的，比如心肝肺五脏六腑，就是隐，它们隐藏在有形身体的内部。这对不对呢？不能说不对，但这只是停留在常人思维的理解，就是对隐和现文字所表现出来的表面意思的理解。王宗岳的《太极拳论》体现的是太极思维，他所说的隐和现绝不是停留在文字上如常人表象的理解。

隐和现这两者指的是一内一外，这一内一外并不是指常人所说的看得见的叫外、看不见的就叫内。这里所说的内和外是两种完全对立的状态。隐和现用太极思维去理解的话，无非一个内一个外，它展示出来的状态是一刚一柔。太极内功修为所说的内和外，具体体现是柔和刚的状态。也就是说内和外这两种状态是完全相反、对立的。任何事物都存在着内和外、表和里，一个面总有对立的两部分，一个是表，一个就是里；一个叫里面，一个叫外面，两者是不可分的，如果运用分合的太极思维看待一种完整事物的话，要深刻地认识到内和外、里和表是不可分的一体的两面。要掌握这一事物的话，既要把握住它的里面，也要认清它的外面，这才是对一种事物完整的认知。

因此，隐和现就是一内一外，隐为内、现为外，内为刚、外为柔。分出一个内一个外是没有问题的，一个隐一个现也没有问题，但是这两者是对立的两种状态，一个状态是刚、一个状态是柔。刚和柔，是完全相反、完全不一样的两种状态。

对于隐和现，就太极思维和太极内功修为来说，内要含坚刚、外要示柔软，两者分得很清楚。隐，刚为隐；现为柔，表现出来的一定是柔。所以《太极拳论》也说，外示安逸、内固精神。精神要刚毅，是神圣不可摧的。外要示安逸，要柔和、要柔软。大家不能把刚和柔两者颠倒，隐和现就是内刚外柔。我们要通过具体的功法，把隐和现对应到内和外、刚和柔。大家在修为过程中就有了一个可把握的核心主旨，外要求柔软、内要含坚刚。

关于隐和现、内和外、刚和柔，杨氏太极拳老谱中专门有篇论述。《太极下乘武事解》中说得非常明确、非常经典，对王宗岳的隐和现、内和外，从刚和柔的角度进行了非常清晰的阐释。王宗岳的《太极拳论》从太极阴阳之理的角度给我们指明了方向，指出了应该达到的结果。

外操柔软　内含坚刚

如何遵理而修达到这个结果，王宗岳在《太极拳论》中不是就结果说结果，他给出了具体方法。比如，你现在在河岸边，想要到对岸去。对岸是什么，他讲得很清楚，但是怎么过去，是用竹筏子过去，还是游过去，他没有细讲。因为他遵循"功夫无息法自修"，你要找到自己修为的方法。目标很清楚，目的很明确，但是方法各异，"法自修"，要找到适合自己的方法。

我所传承的杨氏太极拳内功具体的修为方法是什么？怎么才能够做到"不偏不倚，忽隐忽现"，特别是能够得到内含坚刚、外示柔软？杨氏太极内功传承中对于具体的修为法门有专门的阐释，特别是《太极下乘武事解》中专门对刚和柔、内和外给我们做了明确的引领，"外操柔软，内含坚刚"。一外一内、一个柔软一个坚刚，毫不含糊。我们在修为过程中，要牢牢地把握住内和外，外要操柔软，在行住坐卧中所有表现出来的外操是柔软。外操柔软的同时，内里是什么？内含坚刚，坚刚在里面含着。所谓的外是表现出来的柔软，但是柔软的里面含着坚刚，是以内涵的坚刚在支撑着外面的柔软。虽然表现出来的很柔、很软，但是骨子里面有一股坚刚神圣不可欺，有一种内在的骨气。

　　这一内一外、一柔一刚，是一个隐和现，表现出来的是柔，但是柔中隐藏着坚刚。我们怎么能够得到外操柔软、内含坚刚，《太极下乘武事解》中也说得很清楚，"而求柔软之于外，久而久之，自得内之坚刚"，这句论述说明了具体的修为方法。怎么做到这一点呢？"求柔软之于外"，修炼的时候就求柔软至身外，久而久之自得内含的坚刚。也就是太极内功的修为，在柔软而不在坚刚。一个因一个果，坚刚是因为柔软而得的结果。经常说的太极内功修为的刚其内是怎么得的呢？柔其外，积柔而成刚。不是不要刚只要柔，也不是只要刚不要柔，是既要刚也要柔，但是刚是因为柔而得刚，是在柔不在刚。这个修为的法门要在柔中积出来那个内含之坚刚，隐的那个坚刚，久而久之内含的坚刚就自得了，也就是柔出来一个内在的刚。这里说的刚不是刚硬，一折就断，是有弹性的那种折不断、摧不垮、打不烂的坚刚，非常坚强、非常持久，是一种不可战胜的力量。

老子说"柔弱胜刚强"，柔中有刚、刚中有柔，刚柔一体。我们最常见的水，水具备了这种品质。水非常柔，又无形，但是水内含着巨大的生命能量，它非常坚强，没有任何力量能够摧垮水，能够阻挡住水的前进。正因为它看似柔弱，所以人们常说柔弱似水，但是它坚刚无比。所有的刚硬，都会被柔弱的水给摧垮。即使巨大的山石，也阻挡不住涓涓的细流。滴水能穿石，你说谁是真正的坚强？是柔弱的水。

杨氏太极拳老谱这段拳论说得很清楚，"非有心之坚刚，实有心之柔软也"。这不是有心之坚刚，是有心之柔软，把心意用在求柔软上，久而久之自得其坚刚。所以，在王宗岳《太极拳论》的指引下，杨氏太极拳老谱告诉了我们具体修为的方法和路径，沿着这条路去实修实证。舍此，再没有其他的法门。

在这个过程中，需要有心柔软，"非有心之坚刚，实有心之柔软也"。在柔软中求坚刚，要"内要含蓄坚刚而不外施，终柔软而迎敌"。问题是这个刚是在柔之内，刚柔是一体的，这个刚不能出到柔的外面来，外面总是柔的。难就难在这里。通常我们一遇上事情、遇上对手、遇上困难的时候，做不到以柔软而迎敌，特别是在跟对手交手的时候，遇上对手的来力、对手外在的刚、大力，我们就会以刚对刚、以力抗力。而杨氏太极拳老谱说得很清楚，要做到"以柔软而应坚刚"，使坚刚化无有也。永远需要以柔去克刚、以柔软去对坚刚，用你的柔软把他的坚刚给化无了。通常当我们遇上对手时，包括在处理万事万物过程中遇上复杂状况和困难的时候，往往就急了，就不管三七二十一了，而这个时候更需要保持住外示安逸、内固精神，要以柔软而应刚，内含坚刚而不施，稳住自己的劲，保持住自己清醒的状态。

我们太极的修为就要遵循这一点，要做到王宗岳所说的忽隐忽现、一内一外，内为隐外为现，内为刚外为柔，外现柔软、内含坚刚。在修为过程中就要做到积柔成刚。非有心之坚刚，而有心之柔软，久而久之越练越柔，柔又积出一个内在之刚。所以修炼太极内功的人对外永远是柔和的、平和的，一个真得太极内功的人往往表现出"三不"——不争、不怒，不惧。这也是忽隐忽现、外柔内刚、刚柔一体、积柔成刚的处事原则，要让自己像水一样，极其的柔，但是内里有一种非常刚毅的力量。

水利万物而不争，该怎么样就怎么样。我们所要做的是我怎么样能够保持住积柔成刚、外柔内刚、刚柔相济，保持住我自己的内外合一、刚柔一体。在任何困难面前、在应对任何复杂变化的时候，保持清醒独立不改的我，这样的我才是一个无往而不胜的我。

　　进一步深入理解王宗岳所说的忽隐忽现的"隐"和"现"的真义内涵，其更深一层的意思是隐和现所说的无非是一虚一实、一有一无。如果从常态思维去理解的话，虚和实，那个看得见摸得着的、有形的，就是实；看不见摸不着的、无形的，就是虚。看得见的有形的身体是实实在在的，是有，有形、有身体，有一个实的实体，看不见的无形的那部分就是虚。人的内心、人的意气无形无象，看不见摸不着，是虚。

　　如果用太极思维来理解王宗岳的"忽隐忽现"，隐和现除了有形的为现、表现出来的看得见摸得着的为实；无形的那部分为虚，是隐藏的。更主要的是，这个隐和现不是仅指有形的为现、无形的为虚，不是形上的隐和现。把这只手藏起来就叫隐，他不是从形上说隐和现。他所说的隐和现应该指的是"凡此皆是意，在意不在形"。比如说，大家看见了我这只手，手现在在这里，由现发生了一个根本的变化，我说现在它隐，现在这个手由现就变成了隐。大家很难理解，这明明就是在现嘛，怎么会是隐呢？关键就在于在意不在形，隐也好、现也好，根本就不是形上的隐和现，不是形上的有和无，而是意上的虚实变转。同样，形的不变、形没有隐和现这一说，但是里面的意却产生了两种状态，一种是现、一种是隐。隐和现的意的变化，完全是不一样的两种对立的滋味，这两种滋味在一只手上表现出来了两种味道、两种状态，这两种状态就是一个隐一个现。

我的手的隐和现是一种真实的滋味，是这只手，你眼睛虽然看不见，但是你确实能够感知、觉知到它的变化。我讲课的时候经常请同学们来体会找感觉，当你攥住我这只手的时候，现在你攥住了我这只手的状态，我说这叫现，因为你攥住了一只实的手，它是实的。你同样还是攥住这只手，味道变了，怎么变的呢？它虚了。所以，虚和实不在于形，手的虚实跟形没有关系，完全是内在的意的变化。而且这种意的变化，是可意会、可觉知的一种真实，不是停留在理论上的认知，而是能够产生一种真实的变化，我们称之为虚实变化。这种虚实变化，在这一只手上出现了两种完全不同的状态和味道，一个实、一个虚。因此，这样去理解王宗岳所说的隐和现，很关键的是在意不在形，不是形上的隐不隐、现不现，跟外形没有绝对对应的关系。

从太极思维角度去理解王宗岳的隐和现，就很清楚地知道了"凡此皆是意"，隐在意、现也在意，隐和现的意是它的虚实内变，所以太极内功也很明确地指出来，"变转虚实须留意"，就是虚或者是实，实为现、虚为隐，一虚一实、一隐一现，完全是意上的变化。

这种意上的变化不在形的表象上体现，而是在内里的觉知，是在内里的变化上体现。这种变化为什么是真实，因为它分出了虚和实，它由实变虚、由虚变实，变转虚实须留意的时候，这个意上的变化，动之则分，分出来了虚和实，在互相变化的过程中就产生了动，从这个动会感觉出来两者完全不同的、相反相成的状态。因此，这样去理解王宗岳所说的隐和现就很清楚了，在意不在形、在内不在外。动之则分，分什么？分意；意分什么？一虚一实。分清虚实以后，虚实一变转就产生了动，变动了、变化了，这个变化就会产生真实的内动，你一定能够真实地感觉到它里边不同的滋味、味道。我们说隐和现对应的是一虚一实、一无一有，就是说要做到内在的无形的意既实又虚，既虚又实；外在的有形的身体既实又虚，既虚又实。它们是虚实合一，是有无相生。

我们看到的这个实的身体，它是实的，但是它也是虚的，是一个有形的身体通过意的虚实变化它能够有而回无。虽然看似它还是有，但是它已经无了原来那个实的状态，变成虚的了。在太极内功修为中，隐和现体现在虚实变转、有无相生上。

正因为我们遵循着王宗岳的隐和现的真义内涵的虚实、有无，在修为过程中，就把握住了一个修为的法门，把有形的身体有而回无、实而虚之。从无极桩功、浑圆桩功，所有太极内功的桩功修为就是要遵循着这个法则，把有的要让它无，实的要让它虚。

真的变化是虚实内在的变转，在内不在外，不在形的变化，但是虚实内在的变转却体现在形上，是真实的变化。内在的意的虚实变转，主宰着有形的身体有无相生、虚实相变，实的可以虚了，有的可以回无，是因内变而产生了虚实、有无相生相变的外在的这样一个有形的身体。

经过这样的修为，我们这个身体不是实的就是实的、有的就是有的了，而是可以通过内在意的变化产生一种虽然身体看起来还是实的、还是有的，但是它可以产生两种完全对立的不同的状态的变化。打造出这样一个身体，才是有用的身体，既实又虚，既有又无，说实就实、说虚就虚，虚实变转、有无相生、变化莫测。当对方摸到我身体的时候，他感觉是实的，瞬间由于意的变化，虚实转换，他就由实而虚、有而无，他就落空了。

太极内功所修为的引进落空，在意不在形，不是像有些老师、有些同学理解的，说这是有形的身体。当对手来一个大的力，我一躲一闪让他落空了，这是形上的变化，不是太极真内功的体现。太极真内功的体现是忽隐忽现，是有无相生、虚实变转。同样一个身体我舍己给你，你摸到我的身体，这个身体外形上没有任何主动的变化，但是由于内在的实变虚了，使对手摁到一个虚空的身体上，对手才能落入深渊。当对手摸到我一个有形的但却是虚空的身体的时候，我以柔克刚，以我的柔和虚空把对方的有和坚刚化无为有，就引进落空了。我以虚来化了对方的实，对方的实就已经落到我的虚空中，由实变虚了，他的虚一点实都没有、完全被我化掉了。可是我的虚是实而能虚、虚而能实。当对手的实全部被我的虚化为乌有的时候，这个时候我确确实实能够虚实相变、虚实变转。同样还是这个虚的身体，马上内在就有一个内里之实。最后于对手而言，依然是以我的真实击对手的真虚。我是虚而有实，他是虚而无实；我用虚而化出来、转出来的实去击对手的不能实的、没有实的一个虚，四两拨千斤，以小能够搏大，以柔能够胜刚，以弱能够胜强。这是太极内功一虚一实、一有一无、一隐一现真实的内涵真义。

这种意义上的虚实变化，是意，在内不在外，但一定是体现在形上、运用在形上、展现在形上。因此，我们说在内不在外、在意不在形，不是只要内不要外、只要意不要形，而是内外合一、是虚实变转的。

意的虚实在身体上是如何在形不变的情况下产生出完全相反的两种状态、两种味道、两种滋味呢？关键在于不用力。是通过意的虚实变化，要能够做到意变形不变，在同样一个不变的形上产生出两种完全对立的不同的状态。

"用意不用力"，这五个字是太极内功修为的内在的核心主旨，是真假太极内功的分水岭。也可以说是杨氏太极内功所传承的真义的秘诀，也是杨氏太极拳内功修为最大的一个特点。因为不用有形的身体，让有形的身体实的虚了，变转虚实须留意，全是在意，不在这个形。

实的形怎么变成了形不变就变成了虚呢？就在于用力还是不用力。实的身体还要用力，就是实上实。能做到用意，抛开了这个力，实的身体就虚了。杨氏太极拳前辈杨澄甫有一篇著名的文章《太极拳术十要》，他从"十要"来谈太极内功修为的核心主体，分出来十大要素。其中第六要，专门谈的是用意不用力，关于"用意不用力"，他在文中阐释得非常精辟、透彻、完整，可以说是太极内功修为的纲领性的指导。王宗岳告诉我们的"不偏不倚，忽隐忽现"，隐和现、虚和实、有和无虚实变转、有无相生，关键就在于用意不用力。

对"用意不用力"，杨澄甫做了详尽的阐释："《太极拳论》云：此全是用意不用力。练太极拳，全身松开，不使有分毫之拙劲，以留滞于筋骨血脉之间以自缚束，然后能轻灵变化，圆转自如。"我们练太极内功，从无极桩功开始，就要彻底地周身松通，全身要松开，不使有分毫的拙劲滞留在筋骨血脉之间。如果不能松开，有拙劲残留在筋骨血脉之间，就会产生对自我的束缚。必须要能够让自己的身体摆脱这种束缚，才能够轻灵变化，圆转自如。

"或疑不用力何以能长力？"有人讲不用力我怎么

能长力呢？做任何事情的时候都不用力怎么能行呢？杨澄甫的答案很清楚，他运用中华传统医学的经络学说加以论证："或疑不用力何以能长力？盖人身之有经络，如地之有沟壑，沟壑不塞而水行，经络不闭则气通。"人的身体如同大地有众多沟壑，有了这些沟壑，下雨以后水很快就能够渗透下去、流下去了。人身体有经络，经络不闭塞气就通畅了。他继续说："如浑身僵劲满经络"，如果浑身用力，这个僵劲就是用力的结果，一用力就僵。"气血停滞，转动不灵"，这就是我们普遍存在的一个问题。他说："若不用力而用意，意之所至，气即至焉"，就是说用意不用力了，浑身的经络就能够气通了。为什么能通呢？因为用意，意一到气就到，"意之所至，气即至焉"，是在意不在气，不要管气，气是结果、是意动的结果。

他说"意之所至，气即至焉。如是气血流注，日日贯输，周流全身，无时停滞"，没有任何时候气血不能够畅通的；"久久练习"，日久坚持这样练的话，"则得真正内劲"，即是说太极内功只有遵循了"用意不用力"，气血流注，日日贯输，周流全身，无时停滞，久久练习，就一定会得到真正的内劲，生命的真动力，浑身充满使不完的劲。一个病入膏肓的人是没有劲的，劲和力的不同就在这儿。一个耄耋的老人，虽然他没有更大的力，但是他有内在使不完的劲，他的生命力是旺盛的。跟你比他没有你的力量大，但是他的内劲充足，因为他的气血流注畅顺，久久这样修为以后自得真正的内劲。

内劲的体现

杨澄甫说真正的内劲就体现在《太极拳论》中所说的"极柔软，然后能极坚刚也"，即柔软中有坚刚。虽然看似如无力之人，但是内里的那种坚刚、刚毅，确确实实起着强大的支撑作用，这就是内劲。内劲怎么来？用意不用力。

王宗岳说的隐和现，无非是一虚一实、一有一无，不在形、在意，在意的虚实变化、有无相生。意的虚实变化，在形不变的情况下怎么能产生这种真实的变化呢？形不用力，不用有形的身体之力，要用意。要用意在身体内产生一种虚实有无的变化。这种变化体现在身体上，身体就产生气血流注，能够日日贯输，最后得到真正的内劲。

在我所传承的杨氏太极内功的修为中，所要把握和遵循的就是一个法则：用意不用力。只要通过具体的功法的修为，把有形的身体实而虚、无形的意虚而实，虚实发生内变，就能够最后得到真实的内劲。

在对王宗岳所说的隐和现有了明确的理解和认知的基

础上，怎么去体现"忽"字的真意呢？他不只是说了隐和现。隐和现是要动起来、要变化，是"忽隐忽现"，只有对"忽"有了真实的理解，才能在这个基础上真正进一步理解王宗岳《太极拳论》中所说"忽隐忽现"到底想说的内涵真义。

《太极拳论》所说的"忽隐忽现"，隐和现这两者一个是表一个是里，一个是表现出来的一个是隐藏在内的。表现出来的是看得见摸得着的，凡是我们看得见摸得着的，触之可得的，都叫现、表现。在表现的里面一定还隐藏着看不见摸不着的内涵的真实，而且这个内涵的真实是主宰着看得见的表现出来的外在的部分。因此，只有先分清什么是表什么是里，我们才能更好地理解隐和现以及两者之间的内在关系。

隐和现此两者同在，谁也离不开谁。用太极思维去理解王宗岳所说的隐和现，隐就是现、现就是隐。外在的表现，表现的不是它自己，要运用它外在看得见的这部分，用它来表现看不见的内里的那个隐的真实。所以它是合一的，是谁也离不开谁的。

可是王宗岳所说的隐和现是"忽隐忽现"，我们就要问一问，王宗岳在这里谈一个"忽"字，为什么？怎么理解这个"忽"。为什么要用"忽"而不说有隐有现，也不说又隐又现，不说再隐再现，而是说"忽隐忽现"？从

"忽"字的结构看，"忽"字上头一个勿、底下加一个心，勿在心上、勿在心里。理解这个"忽"字就要从勿和心去理解，它是勿心。什么是勿呢？勿，不要、不在意、不管它、不用它，都可以说勿，勿念。勿在心上，就是说不动心、不用心。也就是说这个"忽"是不用心的一个结果，心不动才有忽。

从这个意义上来理解王宗岳所说忽隐忽现，隐和现都是不动心的结果、是不用心的展示。我们经常说不用心，就是不用自己的脑子、不用自己的想法，不是我想要现还是隐，不是我自己设计出我要怎么现、怎么隐，因此这个隐和现都不是人为的，是自然而然的。要从这个结果去理解，就是说忽是不用心、不动脑，是自然的流露，是该怎么样就怎么样，该隐的时候它会隐，该现的时候它会现。因为隐和现对立的两个部分是同时存在，不是隐完以后再现、现完以后再隐，现就是隐的结果，隐是现的内在，所以它们是一回事。因此，它们在自然流露出来的时候，总是隐和现同时存在，不用你想、不用你设计，有隐就有现、有现就有隐，无非有的时候它们是在变化中，但是此两者是同时存在的。

我们修为的时候，经常抓住自己的想法不放、拿自以为是的想法去规避和引领自己，想怎么样就怎么样，而做不到该怎么样就怎么样，做不到忽隐忽现、自自然然的原因是什么？是我们总是用自己的想法、总是用自己的内心所设计的自以为是来主导自己的言行。

所以，要修为忽隐忽现，用隐和现在忽中去体现的话，这句拳论告诉我们，就是隐或者是现都应该先修为出一个不动心，去掉自己的自以为是，无了自己的想法。那个隐和现就忽隐忽现出来了，即隐中有现、现中有隐，任何时候这两者都是同时存在。

王宗岳所说的"忽隐忽现"，从太极思维角度去理解，所有事物的变化，有隐有现，隐和现两者同时存在，隐离不开现、现离不开隐，这是它的本质和真实。王宗岳是想告诉我们，经过太极修为，忽隐忽现的结果是无隐无现，隐现合一，绝不是我们很多人理解的隐起来、现出来，这都是在表象上。

王宗岳在这里加上"忽隐忽现"以后，实际上这个"忽"告诉我们，隐现是合一的，就是有隐就有现、有现就有隐，因此无隐也无现、无现也无隐，它是有而无、无而有的关系。

无隐无现具体到太极内功修为中，会出现什么样的结局呢？最终的结局是不知至而至，不期然而然。来了就来了，它怎么来的我不知道，不是我设计的、我想的。它该来了，自己就来了，它是符合客观条件以后自然而然出现的结果。王宗岳在这里就告诉我们，要改变自己的思维习惯，改变自己的行为习惯，不要再自以为是，不要再用自己的想法去认知客观事物的本质和真实。只有无了自己的想法，没有自我的主张以后，才会有一种真实的内在引领你做到不知至而至、不期然而然。

如果没有建立起太极思维，就读不懂王宗岳的《太极拳论》，也就无法指导和引领自己在太极真内功的修为过程中能够拾级而上、登堂入室，就很容易"差之毫厘，谬之千里"，就背道而驰了。

拳打两不知

拳论说"拳打两不知"。拳练的是不知，而很多人都在练知。当然，在修为过程中，是由知向不知去进军，最终要归结到不知。两不知，就是我要出手的话，对方不知道，如果对方知道我要出手了，他就会有防备，他就可以有应对。我力大他就可以比我力还大，我手快他就有可能比我手更快，所以就是力大打力小、手快打手慢。这不是太极内功要修为的结果，太极内功恰恰是相反，不是力大打力小，是要以小搏大；不是手快打手慢，是要以静制动、以慢制快。所以它们完全是两股道、两个方向的修为。

要做到这一点的话，就是修为不用自己的想法，让一切自然而然。我有形的身体，能够做到随意而为，不知至而至、不期然而然。对手不知道我要出手，我怎么出手，我是快还是慢、是高还是低，对手不知。非得要做到对手不知，就是要修为不知。

怎么才能做到让对手不知呢？只有做到我自己也不知。我不知，他就不知；我要知道，我要设计，我要想这样做那样做的话，只要我一动念一有这个想法，我的身体被我自己的想法所指挥的话，对手就很容易知道了。要做到让对手根本就不可能知道，怎么办？我不知，我自己都不知，要做到我自己也不知只有一个办法，就是忽隐忽现，就是自然而为。就像水一样，没有想法。老子说，上善若水，柔弱似水，即是说像水一样。水除了柔弱以外，最大的一个特征是无我。水利万物而不争，它没有自己的想法、没有自己的主张，该流它就流，它只遵循着一个客观的规律，那就是道，高下相倾，逢高就低。这就是它的规律。因此，它没有自己的想法，这才是水。

我们修为也是一样，要想自己也不知的话就要像水一样：柔弱似水、无我、没有想法。没有了自己的想法，该怎么做、该怎么流，遵循着客观的自然规律而为，就能做到随机而动、顺势而出，就做到两不知了。这时候隐或者是现就是一，不是设计的，是该怎么样就怎么样。

我们来体会一下，我要出手的话，只要我一想出手，对方就知道了。因为我要出手，我要想办法，"我要出手"这个想法指挥我的出手，对方通过我有形的身体就能够知道我的想法。假如我无了我，我没有要出不出、没有怎么样出、没有想法了，我只有就该这样了，不是我设计的这样，这个时候甚至完全没有了对手，两不知，没有了我也没有了他，反而有了真实的忽隐忽现的这个结果。隐或者是现，两者你不知道、我也不知道，没有想法。

我为什么无法阻挡？因为我不知道你从哪儿来，我不知道你要干什么，我不知道你是快还是慢。你只要把这个信息告诉我，我就知道了；你不告诉我这个信息，隐了，把这个信息给无掉了，我就变成不知道了。怎么才能真正无呢？你没有想法，很随意，那么就不是人为的设计。我们最大的障碍就是有我，拿我的想法去隐和现，这就不是忽隐忽现，因为它不是自然的，是自己的想法，自己的设计，这是最大的问题。就是因为有我，一有我就是假的，就不是自然的，就不是忽隐忽现了。

我们看这个"伪"字，为，都说要有为，要有所作为，"为"字加了部首单立人"亻"，加一个人就是伪的，假的，装出来的、不自然的、不真实的。要把这个人去掉，无人而为才是真为。没有自己的想法，顺天道、地道，按照事物发展的客观规律，该怎么为就怎么为，才是真正的有为。

我们为什么修为，从站无极桩功开始，就是把这个拿住不放的"我"给修无了、给去掉。王宗岳的《太极拳论》始终是让我们去无我，始终告诉我们在修为中怎么样无掉这个自以为有为的我。在修为中，按照王宗岳的忽隐忽现是从无我开始做起，把自己无了。无了以后，对手就找不到我了，通过现表现出来的我，把它无了，那个内涵里面的真正的我，对手是摸不到的。舍己从人是把表现出来的有形的我舍去、抛弃掉，这是修为忽隐忽现的一种很重要的展示。

比如说对方没有想法，把自己忘了，尽管我摸到他有形的手，我以为我摸到的是他，但是这个他是无他之他，没有他自己，他没有力、没有想法，该怎么样怎么样，其实我摸到的是一个无。如果他有想法，我就摸到有形的他，他把他给了我了，他就被我控制住了。你只要是无了，我就掉到了你的无里面，这时候你说你是现还是隐？这是现，但是也是隐，表现的是看不见的你，是忽隐忽现。如果你在跟对手接手的话，他能够做到立马从有回无，马上就无了自己，这种变化有，马上就没了。自己能够把握住自己的隐和现，就是无隐无现。那么对方在你的忽隐忽现中，无所适从，不知道你这个现就是隐、隐就是现，你在这个忽的变化中让对方抓不到，这就让对方掉到了你的无里面。我们所有的修为，就是要从这儿入手，把握住它。

有无相生

王宗岳所说"忽隐忽现"，隐和现，具体到太极内功的修为，从无极桩功开始，修为过程中它是怎么体现的呢？它不是停留在忽隐忽现的文字的解读和理论的认知上。它是体认的、是要把它具象化，要让它可修为、可操作。

杨氏太极内功，在王宗岳的"忽隐忽现"拳论的指导下，在具体修为过程中有其具体修为内容。我们把它归结为有和无。在太极内功修为中，忽隐忽现具体的展示和体现是什么？是有无相生。有和无两者是完全相反的，常人的理解和认知，有就是有，看得见就是有，看不见的就是无、就是没有。实际上，用太极思维去理解的话，修为要做到有和无两者是同时存在，有就是无、无就是有。有离不开无、无离不开有，合着它们是一，分开它们是二，一个有一个无，一个黑一个白；如果它们两个同时存在的话，无就是有、有就是无，它们是一。

什么是有呢？有是有了这个无；什么是无呢？无是无了这个有。所以忽隐忽现，不是眼睛看得见的就是现，其实我们所看见的那个现就是隐，隐和现相生同时相反相

235

成，所以说有无相生，两者是无中生有、有而回无。忽隐忽现，就是让要它有无相生，说无吧它就有，说有吧它就是无。在太极内功修为中怎么能做到这一点呢？所谓的有，我们一般把有形有象的身体看作是有，就是要让这个有虽有但要让它无。这个有怎么让它无？把它藏起来，无了，这是形上的有无，这不是相生，不是太极内功思维，也不是王宗岳说的有无，更不是老子所说的有无相生的内涵真义。

那么有和无的内涵真义是什么？虽然还是有，还是现，看得见摸得着，这只手虽然还在这儿，但是它出现了有和无对立的两种状态和滋味，一种外在的表现，里边出现了两种完全不同的味道，一个叫有一个叫无。我们刚才感受到的那种味道，如果知道有的话，出现了一种跟它完全相反的味道，就是无了刚才那种味道，才有了后来这个味道。两者到底哪个是有、哪个是无？无了前面第一种味道，就一定会有后面那种味道，是无了前面那种味道的结果。有了后来的这种味道，是无了前面那种味道的前提，两者就是有无在相生。"忽隐忽现"，王宗岳实际上是在说，在传承太极内功修为中要做到有无相生，纯属内在的变化。在内不在外，在意不在形，形虽有，但是里面有无相生，虽然是同一只手却能出现两种完全相反的味道，我们就说它是忽隐忽现，发生了有无相生的变化。

太极内功要忽隐忽现，也就是忽松忽紧、有松有紧。有松有紧就是无松无紧，为什么是这样呢？怎么能变呢？我们只要想出松的话就在无紧上下功夫，要把那个紧无了以后，其结果就是得了松。要想得紧，不用管紧，就由松入手。你把这个松找到了，和它相反的那部分，就是紧。

很多修为太极拳几十年的朋友，虽然苦练了几十年，最终不得门而入的一个重要原因是他是就松求松、就紧说紧，不能让松紧两者忽隐忽现、忽有忽无、有无相生，他不是从松中去求出这个紧、也不是从紧中去得这个松，所以说"本是舍己从人，多误舍近求远"，"本是"松中求紧、紧中求松，"多误"松中求松、紧中求紧，则"差之毫厘，谬之千里"。

具体到我们修为中，隐和现体现在有无相生的内功修为，它进一步表现出来是虚实相变。我们经常说"耳听为虚，眼见为实"，就是总要分一个虚实。中医说阴阳分虚实、表里、寒热，太极内功的阴阳分动静、虚实、刚柔，是一样的，必须要分清虚实。

虚实相变

杨澄甫大师在他的论述中精辟地指出，太极拳内功的修为以分清虚实为第一要义。《太极拳经》上也说"虚实宜分清楚，一处自有一处虚实，处处总有一虚实"。分不清虚实，练太极拳、太极内功就是一句空话。所以说忽隐忽现，就是要用"虚和实"来体会，来对应认知"隐"和"现"相生相变的内在变化。这种虚实相变，从太极思维角度就颠覆了常人的认知。眼见为实、耳听为虚，自古以来常人就是这么认为的，我们的前辈也是这么教导我们的：记住，眼见为实，看见了才是真实的；耳听到谁说什么可能不一定是真实的。但是，用太极思维去理解的话会发现，眼见的不一定是实，耳听的也不一定是虚。我们眼睛能看到的其实都是虚幻的相，都不是事物的内在本质。真实在哪儿？真实隐藏在事物的内部，看不见、听不见、摸不着的那个真实存在，那个实是真的。所以说，要求真务实，化掉自认为的实，才能够见到内在隐着的那个真实。

太极思维明确告知我们实在哪儿：真实不在实际上的实，真实在虚中的实，实是虚出来的、空出来的那个真实。求真实就要在虚空处去求。要想找到这个隐藏在虚空中的真实，如果不能够在虚空处，是找不到和认知不到那个真实的所在的。

如此，太极修为就很明确了，怎么办？就是要找到隐在里面的真实，真实找到了就是现。它本来是藏着的，看不见摸不着，不为我们所认知、所觉知的，你对它有觉知了，它表现出来了、在你的心里面展现出来了，你终于可以知道那个真实是什么味道。这就是隐在里面的真实，能够得到一种真实认知的话，隐就变成了现。现不是现上的那个现，现是这个实，是把虚里面的实给现出来，现是虚中实。

王宗岳所说的忽隐忽现、隐和现，从虚实角度来说，就是实要实中有虚，虚要虚中求实，这就是忽隐忽现具体到太极内功修为中的应用和体现。离开了虚实相变、相生，离开了分清虚实，就违背了王宗岳所说的忽隐忽现的内涵真义。

要想体现忽隐忽现，具体修为中应该怎么做？既然那个真实是虚中实的话，从我做起、从自己做起，我只要把有形的身体实而让它虚了，那个虚里面的真实就会现出来。太极的修为，虚和实两者是不可分家的，不是离开了有形的身体，单纯去说那个虚，而是它们谁也离不开谁，是要通过有形的身体把实的身体虚掉以后，在虚中求出来那个真实的真意。不是坐而论道、不是空想、不是在这里念经，是要用身体来修，用有而修无、用实去求虚。

有无同出，实的虚了，我们的身体通过这样的修为，虚实变转，实的身体能够虚化掉，那个身体才是我们真实的身体。不是不用身体、不要身体，是要一个实而回虚、有而回无的真身。那个真身是虚实相变相合的，是一阴一阳合一的，是太极。分阴阳、合太极。

太极体现在哪里？就体现在这里。我们的身体才真的是一个能有所作为的合道的太极真身，所以修为的路径非常清楚，要从有和无的角度，从实和虚相生相连，求出那个就在虚空处的真实。如果离开了这个身体，在虚空处去求修为的真实，就是空想。离开了有形的身体没有真实，就是要在这个身体中求。但是如果我们拿住不变的身体来求真实的话，错。所以王芗斋大师很清楚地指出来，"离开己身"，离开自己这个身体，说那个虚实无物可求，我们根本求不着，是空想空说。"执着己身"，拿住自己这个身体不放、不改变这个身体的话，更为不妥。拿住这个己身不放，还是在身体上实上求实的话，错，这是无物可求的。

怎么办？要把这个有形的身体化掉，实的化虚，有的回无，这个修为就是有为之法，不是一句空话，是有所作为、可操作了，就在自己的身上去化我。因此，太极内功"忽隐忽现"是化"我"的结果，是在化"我"的过程中，实的虚了、虚的实了。别管那个虚的实，只管实的虚，自然得到一个实中的虚、虚中的实，这是结果。所以要一步一步地沿着具体修为的功法进行实修实证，必须从虚实的角度分清虚实，虚实相变就是"忽隐忽现"。在这个基础上进一步体现"忽隐忽现"的内涵真义，就是要在有无相生、虚实相变的基础上，运用动静相依来展示和实证实修、来体悟体认忽隐忽现的内涵真义。

动静相依

宇宙万物有两种状态，一个是动、一个是静。常人对动静的理解，动就是动，静就是不动、不动就是静。但如果用太极思维深一步理解"动和静"的话，动静是两种表现，表现出来的是一个动、一个不动，不动就叫静。从太极角度、从太极思维去理解动静，其实动静的本质就是动，是没有静。静是动的另一种表现，静依然是动。相对静而言，动是绝对的，静是相对的。

为什么说静是相对的呢？我们用太极思维、从太极内功修为来看，表现出来的动，隐藏在内里显现出来的动和内里藏着的静，一个绝对、一个相对。我们很清楚地认知到这个动中含着静，因为这是动。静呢？左右两手之间一齐动的话，大家看它们一齐在动，而这两者就是相对的静。两手之间犹如不动，它们没有变动，它们两者之间是一齐在动，所以它们是相对的静。

也就是说，我们所看到的所有的事物的动是绝对的，它们没有一时一刻、一分一秒不动。生命就在于动，但是生命是在运中有动，是静中动、动中静。静相对于动来说是相对的静。如果不是相对的静的话，这个动就是乱动了，就是盲动、瞎动，是没有规矩的动，不符合道的动。

试想，我们举手投足的时候动不动？动，动之则分；静呢？静之则合；两者是不是合呢？两者总是在合。所以说合中有分，分中一定有合。因为事物总是有两个方面，有一个左就有一个右、有一个上就有一个下、有一个阴就有一个阳，这是道，这是事物的本质。那么阴和阳、上和下、左和右、前和后，它们之间的关系都是动和静的关系。动之则分，一分是一个阴一个阳，一合是相对的静。

我们可以想一想，"现"表现出来的是动，动里面一定有一个静，表现出来的是分，分出来左右，左右之间一定有一个相对的静的合，缺一不可。因此，忽隐和忽现是一个阴一个阳、一个虚一个实、一个左一个右，此两者如果有同的话，就是它内含的那个静。

老子说"常无，欲以观其妙；常有，欲以观其徼。此两者同出而异名。同谓之玄，玄之又玄，众妙之门"，体现事物的发展变化的内在主旨，就在于此两者同出而异名，两者不一样，但是一定要同，才是众妙之门，万变不离这个同。所以，忽隐忽现体现着动和静，此两者同出，互相依靠，动不离静、静不离动、一动一静、一分一合。

什么是拳？一开一合即为拳；什么是桩？一动一静即为桩。从无极桩功开始是静态的，但是静中一定是有动的。动静是合一的，谁也不能离开谁，这才是一个鲜活的生命体。如果外面是静的，里面也是不动的，那就是一具僵尸。要让内在的生命力活起来，一定要有一个静同时存在。因此，要静心凝神，要静出动势，要外静内动、形静意动，一动一静，互为其根。

王宗岳说的这个"忽隐忽现"在太极内功行为中很明确地展示出来的就是动和静内在的分合关系。也就是王宗岳在《太极拳论》一开始说的"太极者，无极而生，阴阳之母也。动之则分，静之则合"，一动一静、一分一合，为后面的这句拳论"不偏不倚，忽隐忽现"，已经从阴阳学说上立论了。"忽隐忽现"，就是动之则分、静之则合具体变化中的内涵真义。王宗岳的《太极拳论》前后是一脉相承的，互相是连贯贯通的、是不可隔断开来的一个完整体。我们要从这个角度去读懂王宗岳拳论的每一句话、每一个字，及里面的内涵真义、一脉相承的内在关系。

太极内功前面可以说"有无相生、虚实相变、动静相依"，这都是在打造一个"忽隐忽现"的太极体。但是，为什么要打造这样一个体？我们说，修为的目的不是为了打造太极体而打造太极体，而是要有体有用，体是为了用。无用之体、有用无体，就不可能有真用、就用不了，所以必须有体才能有用，体是用的基础。

如果说在修为过程中前面都是在打造这样一个忽隐

忽现的体的话，下面就要谈用了，要有体有用。怎么用忽隐忽现，通过有无相生、虚实相变、动静相依这么一个体变成一个有用有为、具体能够实操实用的完整体呢？关键问题是，我们要清楚地认识到忽隐忽现具体到太极内功修为是什么——分阴阳合太极。在具体用的时候，就是用一分一合。分是什么？一分为二；合是什么？合二而一。也就是一个和两个，隐和现两者如果表现出一个完整体一的话，一里面一定是含着完全不同的两个对立的东西，就是一个阴一个阳，我们称之为二。

表里若一

太极内功对外展现出来、表现出来的一定是合一的，但是这个"一"不是死的就是一，这个一就是二，因为这个一是由两个对立的东西合出来的一。老子的核心思想就是要得一，《道德经》第三十九章中讲："昔之得一者：天得一以清，地得一以宁，神得一以灵，谷得一以盈，万物得一以生，侯王得一以为天下贞。"一是什么？忽隐忽现为什么要修为一个太极体呢？太极就是一，但是这个一是由一个阴一个阳两个合出来的，它为什么就能够得了清、得了宁、得了灵、得了盈、得了天下呢？因为我们所说这个"一"，从数量上好像是一个，实际上它的内涵真义是一切。一切都是因为得了这个一以后才具有了可应用的、能够为我们所操作的，一切的变化都不离开这个一。

我们说，隐和现是一，隐就是现、现就是隐，但是隐里面有二，现里面也有二，表现出来的是一，但是里面一定是有二，一定有两个对立的东西合起来合到一上。太极就是要用隐里面的两个——一个黑一个白。我们都知道太极图，一条黑鱼一条白鱼，两条阴阳鱼最后组合成一个完整的圆，对外是一、展示的是一，因此大家就要去求这个一，隐和现要让它隐现如一。《黄帝内经》里面说，"提挈天地、把握阴阳"，阴和阳一分两个，"一天一地、一阴一阳，呼吸精气，独立守神，肌肉若一，表里若一"。这个"若"字太妙了，很多人离开"若"理解这个"一"，就把这个"一"死死地理解为就是一，就是数量的一。若一是什么？表现出来的是一，实际上是万、是一切，这才是它的真实。

对外要表里如一，但是表里如一并不是说不分，没有两个的一。表和里两个是由二合出来的"一"，这才叫表里如一。有的人把表里如一变成里外不分了。所以经常有人说，这人太实诚了，总觉得自己很实在，想怎么说就怎么说。你想怎么说就怎么说，其实那不叫表里如一。为什么很多人总是出口伤人呢？总是不能够在该怎么说的时候怎么说呢？因为他把这当成是一个优点，表里如一嘛。

他不能分了，该说什么、不该说什么。任何事物都有两重性，这两重性在于你自己内在的把握，隐在你的内在，你对外才表现出来我该说的时候说、不该说的时候就不说了。该说什么的时候就说什么，不该说什么的时候就不能说什么，该怎么做的时候就怎么做，而不是我想怎么做就怎么做，这不叫表里如一。但是对外展示出来的一定是一，不能是二，如果是两个东西就会互相掣肘。

通过太极内功修为最终得到一个灵性的动，也就是杨氏太极拳的先祖杨健侯在《太极拳约言》中提出来的"轻则灵、灵则动、动则变、变则化"。为什么能做到这一点？他说的是这样一个修为的过程，最后落在一个"化"上。所以杨氏太极拳中关于"化"字是一种境界，"化境极已"。也就是说，所有的事情你都要能够化，化体现了一个人的能力，体现了一个生命运行的大智慧。当困难来了，面对困难我能化；当出现矛盾的时候，我能够用智慧使矛盾的两方发生转化、和解了。

现在大家存在很大的问题就是化不开，心里边的想法、我自以为是的东西、我自己抓着不放的东西，总是化不开。别人说我一句，我搁在心里了，心里面结了一个疙瘩，想不明白、化不开。所以大家就是要进入一个化境，一个人能化了，把两个东西互相转化成一，这个人就有灵性了，就动了，所以说这是一种大智慧。

我们想要化，但怎么就能化、怎么就能灵动呢？二不能合一就化不了，非得是拿得起放得下，拿和放两者合一。又想拿又想放，不想放又不想拿，就会在拿和放中产生一种不合一的矛盾心理。事物本身就是矛盾的，有阴就有阳、有好就有坏、有大就有小、有长就有短、有高就有下。大家要能够让长短相形、高下相倾，能够让它合二而一的话，一切都变而化，就能够为我们所用了。

所以，能够灵动的关键，就是能不能够化二合一。太极内功修为忽隐忽现，就是一分为二，合二而一。说是一，里面有两个；说里面是两个，两者表现出来的是一个。这就是"忽隐忽现"。

王宗岳的忽隐忽现，简简单单的四个字（其实是三个字），一个隐、一个现、一个忽，里面有多么深刻的内涵真义啊！需要我们认真地去品位、去体认它。

我们要体现王宗岳的忽隐忽现，用分合、分为二合即一来展示它，对外永远是一，表现出来的永远是一，以一去应人、以一去对人。要做到始终如一，做到以一贯之，这人一以贯，他就长了，因为他可以灵变了，他可以随势而为、随机而变了。所有的灵性、所有的灵变，都是因为以一而动、以一而变。但是这个一是二合出来的，所以我们在修为中要隐于二、现于一，要把里面分出来的很清楚的上下、左右、前后、内外要合一，然后要用这个一

去应对一切的变化，始终如一，就真的能够做到"天得一
以清，地得一以宁，谷得一以盈，万物得一以生，侯王得
一以为天下贞"，人得一了得安，中正安舒，能够应对一
切，以不变应万变，以一应万。这是修为的一个很重要的
主旨，也是对王宗岳《太极拳论》中"忽隐忽现"的又一
种真实的理解。

那么体和用是用什么？用这个"一"。我们说，有无
相生、虚实相变、动静相依，相互依存，其结果，这个体
在用的时候就是因为分清楚了二，合出来一个一。用合出
来的这个一，以一应万，这就是太极的体和用的关系，也
是忽隐忽现在体用中的内涵真义的展示。

从这个角度来说，在具体修为过程中，我们在站桩
的时候要合一。无极桩功要分清上下：上有百会、下有涌
泉；上有肩、下有胯；上有肘、下有膝；上有手、下有
脚。要内三合、外三合：手与脚合、肩与胯合、肘与膝
合；心与意合、意与气合、气与力合，内外三合，合出了
一个"一"。这个一里边是二，是有上有下、有左有右、
有前有后，是相分而合。无论无极桩功，还是浑圆桩功，
都是练这个忽隐忽现的内外合一，分而合是太极修为的核
心主旨。

在检验的时候，要和对手或者是和外来其他的朋友互
相接手、演示、检验的时候，应该怎么做呢？忽隐忽现具

体到与人接手方面，我所传承的杨氏太极拳内功有明确的要求，叫作虚接手、静接敌。忽隐忽现，一个虚一个实、一个动一个静。在接手的时候有没有次第、有没有具体的要求呢？有，这也是要遵循的法则，就是虚接手。因为接手所要接触的这部分，总是用有形的实体相接，既然它是实的，要忽隐忽现就要把实的虚掉。

在接手的时候，虽然是以实体相接，但是要以一个虚掉的实、虚了的实去相接，因此叫虚接手。对手是以实相接，我是以虚来接他的实，他的实就会被我的虚给化掉。我的虚空和他的实就会发生一个虚实转换，实碰实就是顶，两实相撞相碰就是双重；实碰到虚以后就是化，就是虚化实。当对手过来的实被我的虚给化了以后，是不是发生了虚实变转呢？王宗岳说的"忽隐忽现"，就体现在虚实相变上。在我和对手之间是不是就体现出来这种虚实相变的内在关系呢？一定是的，因为对手来的是实，我是以虚相接，他的实就会和我的虚发生转化，实来的实被我的虚化为虚了。

为什么说太极内功不惧大力、不惧牛力，我一直非常推崇杨澄甫大师这句至理名言，"巧内功不能胜大力者，何必练功？"这话听着铿锵有力，多干脆啊！练功就是不惧牛力。为什么不怕？不是壮着胆子说不怕，因为千斤落到我的空里。他实，不但是一般的实，是千斤的实，一下掉到虚空里化为乌有，无所用矣。实碰实，千斤碰百斤就有用；如果实的千斤落到虚空中，实的虚了，实的千斤化为乌有变成了零。一脚踏空，越重摔得越狠。因为落在虚空中了，化为乌有了，无所用矣！在忽隐忽现、虚实相变中有一个重要的接手原则，以虚接手。虚接手才能够虚实相变，才能够发生变转，才能够发生轻则灵、灵则动、动则变、变则化，才能够有无穷的变化。要想随时根据所需要的该怎么变就怎么变，就要能够变化，化才能有变，这个化就是忽隐忽现、就是虚实相变。要从这里入手去理解，就要做到虚接手，这是一个重要的接手原则。

因此，当我们在接手的时候，我摸到他的手看似是实的，没有问题，真实的手我也拿到了，但是如果实手就是实不能虚的话，我就拿到他的实了。这个实手虽然是手，但如果他能够让这个手变虚的话，我来的实的力就被他的虚给化掉了，他如果用实对实就是顶，他比我还实，我就被他的实给打了，就是力大打力小。如果他还能够虚，我再用实，我这个实就实不上了、化了，这就是虚实的转化。这种化是有形的化，刚才他用力的手现在不用力了，不用力形也变了，这是一种化。

太极内功的"化"是形不变、手不动，发生虚实转化。在这儿虚，我已经空了，形没变，这才是内功虚实转化的真正含义。同样，这只手还在这儿，但是我现在用不上力了，越虚、越空我就掉在里面了，就陷进去了。不丢不顶，必须要引进落空，就在内变上，在你里面的虚实转化，不在形上的变，在内不在外。所以一定是虚接手，是内里的变化，形没变。所有的变化都在于内变，所以隐和现两者不是在形上做文章，而是在意上的隐和现，出现了两种完全不同的味道。

陪练学员： 这个时候一定要把这个空给引到里面。

李老师： 引进去，不是让它躲开，引到里面你才是把它拿起来了。你拿起来它的实，因为它虚了就化掉了，这叫引进落空。所以虚接手是在运用王宗岳的《太极拳论》的"忽隐忽现"，是在虚实相变修为过程中一个和对方接手的重要原则。接手就要虚，一定要对这个手有进一步理解。太极内功所说的手不只是有形的手，是浑身皆手，哪儿都是手。所以太极无手、处处皆手，也就是摸到任何地方都是虚接。

我们需要去感受忽隐忽现的变化，在内不在外、在意不在形。太极内功的修为对王宗岳忽隐忽现的理解，很清晰地体现在和对方接手的过程中永远是虚接，虚接手一个重要的表现是手不挂力。所谓虚是有力之手变成一个不用力的手，也就是我所传承的杨氏太极内功一个重要的分水岭——用意不用力，手不挂力。杨澄甫经典论著《论太极推手》一文中讲："手指不挂力，手要极轻。"不但轻，

轻到极致、极轻，极轻的手就是虚接的手、就是毫不用力
的手。但是毫不用力的手会发生一个内在的隐于内的、外
形没变但是内里发生了有无相生、虚实相变的变转。这个
手，实手变虚了，不用力，虚空了。刚才演示的同学很明
显地体会空了，我掉他的空里面了，他随着这个虚、我随
着被他引，被他引到空中去，发生了变转。他本来的空，
由于把我引进去以后他空而不空了，好像他的空杯子把我
的水倒到他的杯子里了，我实的水倒进他的杯子里，我被
他掌握了，被他拿起来了。他的杯子里面装的是我的水，
我就没有了自己，我的命运就交给了他。因为他的杯子他
自己是可以掌控的，他现在虚中有了实。这个时候如果把
虚中的实再回虚的话，他只要把里面的水泼出去杯子就空
了，就又虚了。所以无非就是这样的转换，把我的水装进
去以后化为乌有了。我没有了，进到他的杯子里了，他再
把我泼出去，我被他打出去。他不是打我，他只是把他的
杯子回空、回虚，这就是太极内功以小搏大、以柔克刚、
以静制动、以虚胜实真实的真义内涵的体现。

　　我们要从这个角度认真去消化王宗岳的"忽隐忽现"
的内涵真义，到底应该怎么去体现它，在内功修为中怎么
实修实证。在体用的过程中、在和对方接手的过程中，不
但要做到虚接手，还要做到静接敌。也就是说，和对方在
相接的时候，我是静的，以静和他相接。

如果现在我们接手，不但这个手要虚、不用力，还需要静。什么是静呢？就是你的手相对自己是不动的，手要动，谁动？我动，对手动你才动。彼不动己不动，我不动你不能动，你是被我所动。我动你动，你不能自己主动。这个虽然动了，但是你自己不动，对于手来说你是静的、你是不动的、是被动的。所以这是静接，你只要一主动，我就拿住了你主动的想法，我就可以在你的主动中拿住你。假如我碰到了一个从来不动但是又能够随我而动的你的话，我就无计可施，我不知道该怎么做了。在别人看来你是在动，但是你多静啊！你没有想法、不动心、自己不主动，完全是随对方而动、随机而动，这叫静接敌。你所表现出来的是什么？是如如不动，因为里边的你现在是以静制动，表现出来的是如如不动、是被动，被我所动，你自己不动。忽隐忽现就在这儿，你就是要打造一个我怎么动你就能够怎么动、我不动你就不动这样的你，这样你就无了想法，无了你主动的身体，无了你动意、动心，你是静的。但是你这个静是静出了完全灵动的、能够随机而动的自然而为的忽隐忽现的动，这才是我们要的。所以永远让自己静下来，不是你把我弄出去的，是我自己的动把我自己动出去的。我想要挒住你，结果你不动被我一动，我反倒被自己的动给动出去了。

太极内功没有向敌人用、向对手用，以静制动。太极内功修为"忽隐忽现"的一个重要法则，永远让自己静接敌，不动心、不动自己的想法、不动身，就是静静地等着。像水一样，你不主动，一点主动都不要有，在隐和现中没有自己的想法，无了心才有了能够随机而动、灵动的完整的你。

互 动

（一）

学员：谢谢李老师。老师讲的这个"虚领顶劲"，顶有两方面的解释，其一是有形的。百会穴是有形的，就是最高顶，我们身体上有无数个顶。如何在我们平常练习中去感受这个顶？这个顶上有两个不同的一阴一阳的力相互冲。比如说，我们经由百会穴提顶，在这个地方去体会提和落，两者不同的力冲和在一起是什么样呢？请老师再讲解一下。

李老师：在具体修为过程中，特别是在练太极桩功刚开始的阶段，一个很重要的修为方法是练形求意，需要从意上、从形上去寻求我们要求得的那个意。也就是说我们要在实的形上求出那个虚的意。比如说提顶，我们要找意离不开百会，就要在这个实的位置上去寻求顶的真意，在头顶百会的位置去找、去体会什么才是提顶的那个意。

离开百会，我们就无从下手。但是我们是不是就为了要提这个百会呢？是不是就是为了练百会的这个顶呢？不是的。我们是提出一个顶之意，如果百会这一顶是具体的、实的，我们提出这个顶是虚的，你真实地感觉到了被提起来的这种滋味、这种味道的话，那么这个提顶、被提，你就虚的实了。提到哪儿去了呢？找那个顶，通过有的那个顶我们找出来一个无的顶。有没有？有，这个顶在那里。比如说我们现在提一尺，这顶在哪儿呢？一尺；是不是就是一尺？不是，这是微，在一尺中这是微，是一个边界，是有，有了一尺这个微。但是我们说这个意是有而无的，有了一尺，我的意又提高了一尺以后，这个顶就不在这一尺了，就在两尺这儿了。这个有没有顶？还有，一尺、二尺、八尺、十尺、一百尺、一千尺……但是这个有而无的是其大无外的，是随意而为的。你只要一想真实了，它就可以随你的想而产生一种真实的感觉，这就是意的作用和意的力量。

　　我们在修为过程中需要循序渐进，一步一步来。通过有形的身体，通过具体的位置、实的位置先找出一个虚的真实的意来。这个意在修为过程中真实了以后，它还是会变化的，就如《太极拳论》所说的，意怎么办呢？其大无外、其小无内。只有无形的意才可以做到其大无外、其小无内。只要是有形的东西，有就是有，有多大就是多大、是多小就是多小，但是无形的意不是，因而才有了无穷的变化。所以我们最终是通过意、形来求这个无穷变化的意。在无穷变化的意的过程中，去感受、去享受这种变化给我们带来的身心的真实的体悟。

当然，你刚才提的这个问题，是说上提，还有一个下落。我们说上提是虚领的话，下落就是气沉，上提和下落两者之间的内在的相互变转。我们这一阶段，特别是通过无极桩功所寻求的"虚领顶劲，气沉丹田"是练形求意，是在有形的顶的位置去寻求变化的一个虚的意的真实。我们在这个体会上就要运用反向求、假求真的太极心法，要假借这只大手，得这个意、忘这个形。只要感受到这只大手的真实，我就被这只大手给提起来，提出来一个虚而实的顶来。

（二）

学员A：李老师好，我想请问老师和师兄们，静接敌的时候，我的身体是一个不断旋转的球，还是已经合成一点的完全静止的球？在接敌以前，我这个静的状态是个自身不断旋转的球，还是不带旋转，安安静静地放在地上一点的球？谢谢您！

李老师：这个问题提得很好，由我们同学先来做解答。

学员B：我的体会，这个球就应该是一个真正的球在这儿，可以说是静止不动的，没有对手、没有外力的时候，它就是一个球，但是这个球应该是悬空的，就像老师说的是一个点着地的，当有外力的时候，也就是有对手的时候，它自己不转，对手有力量来的时候，如果是一个轴的话，平着来，它可能是围着轴，当然也可以立着来，随着它跟球心转动。这是我的理解，不知道对不对。

李老师：基本上对，就是说这个球你说是动的还是静的？是动静合一的。虽然不动，但是它处在可动的那个中态。为什么说是中呢？它是可发，发而未发。什么时候它才是能够不动而可动？就是一点，必须是一个球。球只有一点接触，那么这个球是可动的，但是在没有外力的作用下，它是以静代动，它随时可动。我们站无极桩、浑圆桩时这个状态看似是静的、不动的，是触之即旋，是随时可以灵动灵变的，但是不主动、不自动，是随机而动、随势而为，因对方来的动它才动，也就是说我这个球不动。

第七章 太极内功实修实证的具体要素

左重则左虚，右重则右杳。仰之则弥高，俯之则弥深。进之则欲长，退之则欲短。

　　我们在理解了"不偏不倚，忽隐忽现"的真义内涵的基础上，要进一步考虑在太极内功的修为中，如何通过理法、心法及具体的功法修为，真的做到"不偏不倚"，真的能够体现出"忽隐忽现"。

一、实现"不偏不倚，忽隐忽现"
的具体要素

　　怎么才能够达到这个结果？下面王宗岳讲的就是在具体修为中应该如何做，应该从哪几个方面去实践、去实修、去体现"不偏不倚，忽隐忽现"这个修为的主旨和方向。王宗岳不只是提出立论、指明方向，而且还告诉我们应该在具体修为中把握住哪些具体的要素。

　　王宗岳很清楚地从三个方面给我们指明了应该怎么做，应该把握住什么样实修实证的内容，就能够做到"不偏不倚，忽隐忽现"。

　　哪三个方面、三个要素？首先，"左重则左虚，右重则右杳"，他说了一个左右；接着又说，"仰之则弥高，俯之则弥深"，说了一个仰和俯；再下来又说，"进之则愈长，退之则愈促"，又说了一个进退。所以王宗岳指明了应该如何去修为"不偏不倚，忽隐忽现"，告诉我们在实修的过程中要牢牢把握这三个要素——左右、仰俯、进退。

分清虚实——"左重则左虚，右重则右杳"

王宗岳先说"左重则左虚，右重则右杳"，他把左右放在了三个要素的首位。为什么把左右作为实修实证首要的要素呢？这是太极内功修为的需要，因为太极内功修为的核心主旨是太极。怎么修太极？分阴阳、合太极，阴阳之合就是太极。所以我们所修的太极内功是要分阴阳，是阴阳合出来的一个结果。分阴阳是合太极的前提，分不清阴阳就无法使之合成太极。

当然，分阴阳是太极理论的一个立论，具体到太极内功修为中，以分清虚实作为分清阴阳的具体体现。也就是说，分阴阳是理论，具体实修中就是要做到分清虚实。

《太极拳经》中关于分清虚实讲得很明确，"一处自有一处虚实，处处总有一虚实"，就是说在分合的过程中，每一点、每一处都有它的虚和实，一虚一实，但是合起以后总合出来一个虚一个实。也就是在太极内功修为过程中，要分清楚每一处的虚实，同时还要把每一处的虚实归纳提炼，合出来一个总有一虚实。所有太极内功修为的功法、理法、心法都紧紧地围绕着这个主旨：分清虚实。离开了分清虚实，就没有太极内功阴阳的具体体现，分阴阳就体现在分清虚实。

　　太极拳经典《十三势歌诀》，其中一句就是"变转虚实须留意"。太极内功修为很重要的核心内容，就是虚实的变转。要想做到虚实变转，必须得分清虚实。王宗岳在《太极拳论》中指明"左重则左虚，右重则右杳"，也是谈的虚实的问题。我所传承的太极内功是杨家太极拳内功的传承体系，特别是前辈杨澄甫在他的两篇经典文章中都谈到了虚实问题。杨澄甫在《太极拳术十要》一文中，明确地指出，太极内功的修为以分清虚实为第一要义，即第一重要的是分清虚实。如果虚实分不清，就无法真正地理解其他的刚柔等的真义内涵。所以说分清虚实是太极内功修为的核心要旨，是第一要义。

分清左右体现分虚实

　　在修为过程中如何去分虚实？怎么落实呢？如果不能在修为中用具体有为的功法去体现和实践分清虚实，那么这个第一要义就变成了一句空话。我们要让分清虚实在修为过程中得到具体的落实和体现，以分清左右来分清虚实，来实修实证这个分虚实的真义内涵，也就是分虚实是通过分左右来体现、落实的。

　　虚实是阴阳的具体体现，但是虚实还是停留在相对抽象的状态。我们要在实的地方、看得见摸得着的地方、有形有象的地方去体现它，那么我们的修为就不是一句空话了，就能够把它真正落实，在我们的身心中得到实修实证、得到体认体悟。

　　分清左右来体现分虚实。这一点，前人在实践中提出了明确、具体的有为之法。特别是杨氏太极拳传人杨澄甫，有两篇非常重要的论著，其中一篇是《太极拳术十要》，其中第四段，题目就是"分虚实"。他说："太极拳术以分虚实为第一要义"，怎么分这个虚实呢？下面紧接着就讲，"如全身皆坐在右腿，则右腿为实、左腿为虚；全身皆坐在左腿，则左腿为实、右腿为虚"。他分虚实不是空谈理论，他让你在有形的身体上去分，也就是分的左腿和右腿。如果我们全身重量坐在右腿这一侧，右腿就为实、左腿为虚；坐在左腿上，左腿为实、右腿为虚。只有这样，通过左右，特别是通过左腿和右腿去体现虚和实，去感受在左腿和右腿分清虚实的情况下，到底是一种什么滋味，从而用它体现出虚和实的内涵真义，就不是停留在理论的理解上了，而是在身体上得到了实修实证，得到了真感实悟。

分清虚实　动之则分

《太极拳术十要》还告诉我们，"虚实能分，而后
转动轻灵"，分虚实最好要落实在动之则分，一动就要分
清虚实。只有分清虚实才能够转动灵活、才能够转动轻
灵；"如不能分，则迈步重滞，自立不稳，而易为人所
牵动"。要像《太极拳经》中所说"一举动周身俱要轻
灵"，是说最终要修为的自己身心皆是圆转自如、圆转轻
灵，其关键在于分虚实。虚实分清楚了，就能够圆转自
如、轻灵、不滞重。那么怎么分？在身体上体会虚实左右
要分清。特别是从脚、腿、腰，由脚而腿而腰，从下盘来
说，更要分清左右两腿的虚实。只有分清了虚实，才能够
转动轻灵、不滞重。所以《太极拳术十要》中杨澄甫说得
很清楚了，分虚实就要分左右，在左右腿上分虚实是分清
虚实的最直接的方便法门，也是我们修为的重要途径。

实中有虚　虚中有实

杨澄甫《太极拳之练习谈》之四说："两腿宜分虚
实，起落犹似猫行。"起和落分清虚实以后，迈步如猫
行，像猫一样轻灵。"体重移于左者，则左实，而右脚谓
之虚；移于右者，则右实，而左脚谓之虚。"即是说从

脚上，一个左脚、一个右脚，分清虚实。左为实的时候右为虚，右为实的时候左为虚。这里面就有一个问题，所说的虚实在左脚、右脚分清的过程中，怎么体现这个实和虚的真义呢？对此我们很容易产生误解，当左实的时候右为虚，这个实就是滞重了，这个虚就是虚空了，但是这是常人的理解，不是我们太极思维对于虚实内涵真义的认知。

针对这个问题，杨澄甫进一步讲，不是你理解的那样，不是虚就是空，就是虚得什么都没有。他说"所谓虚者，非空，其势仍未断"，即当我们一脚为实、一脚为虚的时候，这个虚脚不是空、不是虚的什么都没有。如果把它理解为这个是空的，什么都没有，是不对的。"所谓虚者，非空，其势仍未断，而留有伸缩变化之余意存焉"，虚里面还要虚出一个真实的其势仍未断的、那个变化之势依然在虚中但要虚出它的真实来。如果实就是实、虚就是虚，这个虚中没有实的话，就虚实滞重而不能变了。同时他还说，"所谓实者，确实而已，非用劲过分，用力过猛之谓"，也就是说一条腿虚、一条腿实，所谓实的时候，只是确实而已，不是实的用力、不是实的滞重。

所以关于虚实，杨澄甫很清楚地说，左为虚右为实、右为虚左为实，以左右分虚实。所谓虚非空，所谓实确实是实，要理解它的内涵真义，要用这种对虚实的理解去分清虚实，通过自己有形身体的左右来分它的虚实。

　　所谓虚，右为虚的时候，非空，其势仍未断，需要虚出一个内在可变之势；所谓实，只是确实而已，并不是用力制住大家，它依然是其势未断。通过左右虚实的划分，其实是说虚非空，虚中要虚出一个实；实无非确实而已，实是实而虚之，虚是虚而实之。一左一右分出来的一个虚和实，但是这个虚是虚中要有实、要其势未断，这个实是确实，确实是实而要虚。就是说，任何事物都分对立的两个部分，但其实它们是分不开的，一定是你中有我、我中有你，对立的两个方面，是合而分清的。即左虚右实、右虚左实，是虚中有实、实中要有虚。

　　杨澄甫告诉我们，具体到太极内功的修为以分左右来分清虚实，来落实虚实在自己的身心中、在分清和变转的过程中，是一种什么样的真感实悟，要得到一个真实的体认。

　　这就是说，分虚实就一定要从左右上去分，要从左右中去分，把分清虚实在左和右中得到一个真感实悟的具体落实。所以，王宗岳把分虚实作为左右、俯仰、进退三个要素中首要的、第一位要素提出来，就很容易理解了。通过左右让我们体认、分清虚实，得到真实体悟，所以要从分左右入手。

　　从人的本原状况来说，天地万物，天在上、地在下、人位天地之中、居三才之中，为主宰宇宙万物之灵。上天在打造有灵性的人的时候，打造出这样一种完整的状态，即对称平衡。人分左右，以自身来分左右，每个人都有左手右手、左脚右脚、左肩右肩、左胯右胯、左耳右耳、左眼右眼……总是分左右来对称，所以上天在打造人的时候就遵循着左右要分的对称的平衡状态，使人处在这样一种状态。这才是人重要的特征，是可分左右，是以左右来分的。

也有人说，我一个鼻子怎么分？左鼻孔右鼻孔。左心房右心室，总之都是要分左右。所以人对于自身的认知是要知己，特别是杨氏太极拳的传承，把太极拳内功称之为知觉运动，知觉即是知己又知人，以知己为核心，只要先能知己，自能知人。要想知自己，其中一个重要的问题就是要分清自己的左右。

经常有人说，"你看这个人左右不分"，其实说左右不分这话指的是这个人好坏不分、是非不分。如果一个人连自己的左右都不分的话，他还能分清什么？所以说作为人的本原来说，是要分左右的。从这个角度，分左右是对人的认知的一个重要要求。总之要分动，一动就要分左右，要在动态平衡过程中保持我们自己的完整性，所以一定要分清。

一个人的成长，从婴儿到成人，就是从分清左右开始的。只有分清了左右，才能够在平衡状态下迈入轻灵，去完成自己的行走坐卧。在人的成长过程中，要通过分清左右来认识自己，才能够真正把握住对分辨任何事物的能力，这也是人具体能力的体现。

　　既然分清左右是太极内功修为重要的修为法门、是第一要义，那么怎么分左右？怎么分清左右？比如拿筷子，常人拿筷子的手是右手，这就分清楚了，右手拿筷子。所以说分左右的时候，就用我的右手告诉你这是右，拿筷子的手就是右。对不对呢？不错，是对的。人通常是用右手拿筷子，不过也有相反的——左撇子。就是说用左手他也分清了左右。如果用拿筷子的手定位右手，也就是先定了右手，才说他拿筷子的手是右手，用拿筷子的这只手来确定左右的话，首先你得有左右之分，才能说我是右手拿筷子，先把它定为了右，这只拿筷子的手才说它是右手。

定中而分左右

　　怎么分出左右呢？很重要的一点，也就是只有人才分左右，左右是人为分的。天地万物本来没有左右，因为有了人才有了左右之分。女娲打造人的时候，人就是一个对称的平衡状态，分了左右，对称了。从哪儿分的？由中而分，由人体虚中线分出来左右，所以以它来定的左右。

也就是说，当我们的中定下来以后，这边叫作左、那边叫作右，就给它定下来了。确定以后，对于人而言左右是不变的，这是由中来定的，有了中才有了左和右。左和右是对中而言，是由中而分。而且对于人来说它是确定的，只有这只手才是右手，不管是不是这只手拿筷子，它都是右手。人类不分民族、不分年龄、不分国籍，都是如此来分左右的，这是人类的共性，不因环境和其他外在的变化而发生改变。所以说左右是由中而定，是中定了左右。也就是说要想分左右，关键问题在定这个中，中确定以后左右就分了。

在天地万物之中，把人确定以后，天地万物才有了左右。所以，先把中定下来，就定下来了左右，从而才能够确定和认知宇宙万物的左右。当然，人体本身是中，但是具体来说，太极内功修为要定一个中，这个中不只是有形之中，还是虚空之中，也就是说这个左和右之分是由虚空之中分出来的。那么我们所说的能分左右的中，用太极内功思维去分的话，就可以确定为这条虚中线，这条虚中线就是人体分左右的中。这个中是在虚空处，是百会到会阴的这条连线，而且是视之不见、触之不得。通过三个丹田、三个穴位贯穿出来这样一条虚而有的中线，以这条中线来分左右。所以要想分清左右，就要找出虚中线。

在无极桩功修为中，一个重要的修为功法，就是要把这条虚中线虚而实之。只有找到了它的真实，才能通过它找到左和右，同时把左和右两者有机地联系在一起。也就是说，左是左、右是右，一定要分清，但是两者又是分不开的，是永远合在一起的。离开了右就没有左，左是对右而言，右是对左而说。左右是由中而分，所以说它们分是分，但是分要合，有左就有右、有右就有左，无了左也无了右，无了右也无了左。所以左右由中分出以后，左右内在的关系是分合的关系、是有无的关系，但是它们又是分不开的。它们由中而分、又由中而合，分合都在于中，左右又合到一个中上。

王宗岳在讲到分左右的时候，他在实指"左重则左虚，右重则右杳"，是要告诉我们通过左右求这个中。因为左右的分合，分是由中分、合是向中合，左右变化的分合，实际上全在于中。

在具体修为过程中，王宗岳是用左右来求中的。《太极拳论》中的这句话，即告诉我们分左右干什么，归根结底在于中、在求这个中。只要求得了这个中就有了左右的分与合的变化。王宗岳在前文说，"不偏不倚，忽隐忽现"，实际上不偏不倚是指左右两者由中而分、由中而合，左和右不偏不倚。

分左右　分阴阳

分阴阳合太极，具体到太极内功修为中，分阴阳就是从分左右来具体体现其真义内涵的，是可操作的。一个具象的内容，就不会把阴阳、虚实停留在单纯的理论的理解上，用左右的分合，分是阴阳、合是中来具体体现。如果分是阴阳，那么合是太极。实际上中即太极，太极即中。

在修为过程中，要以求中作为太极内功修为的核心主体，离开了求中就偏离了太极内功修为的主体和主旨。求了中就有了左右，就有了左右的分合。合到那个中上，中这个点是左右之合，中是左右相合以后的状态。当左右合到了"不偏不倚""无过不及"状态的时候，它们是处在一种虽然有左有右、左右相合，合出来一种无左无右、有而回无的中空体、中空状态。

通过分左右来分阴阳，通过左右之合来求中、来合太极。所有的修为，阴阳一分即分了万物，有左有右、有上有下、有前有后、有大有小、有快有慢，不管是左右、大小、上下、快慢、多少，都遵循着太极阴阳之理，用太极思维去认知它们的内在关系，会发现它们既分又合，是不可分离的。

这样说来，左右一分分的是什么？分了左右；一合是什么？合在中上。多少一分是多少，往一块合是合了一

个中；快慢一分是快慢，一合依然是一个中。万变不离其
"中"，你可以说上下、左右、快慢、多少，等等，分不
完，但是其中一个共性的东西，它们都不离这个中。老子
《道德经》第五章说"多言数穷，不如守中"，只要抓住
这个中，就拿住了万、拿住了一切。庄子《齐物论》也说
"得其环中，以应无穷"，只要得了这个中，就有了变
化、有了万变之环。

　　一个中可以变成多少个环呢？无数个环，大环小环、
侧环、竖环、横环……各种各样的环都可以由这一中生
变出来。因此说太极内功的修为，就是要得中、用中。得
中、用中，妙用无穷。总之，太极内功修为就是找到那
个中，中就是一切，一切的变化，分合之变都不离开这
个中。

　　王宗岳在《太极拳论》中说的"不偏不倚"，就是说
这个中。"不偏不倚"是以什么为标准？以中为标准。偏
了，就离开了中，只要守住中就是"不偏不倚"，既不偏
也不倚，因为中是有而回无，中是空而不空，中是虚空中
的真实，中是不倚靠任何外界的存在。以中为原则、为主
旨，左右在平衡的时候不偏，失衡则偏、平则不偏，所以
拳论中说"立如平准"。归根结底是以左右的分合求中，
这才是王宗岳《太极拳论》关于"左重则左虚，右重则右
杳"要分清左右的核心、具体的要求。

通过左右来求中，这个中，从分来说，分出来一个有左有右；一合以后，合出来一个无左无右。更进一步分左右、求中的时候，它是有无相生，有是有左右，一找到中就变成有而回无了。

太极所求的中，表现出有左有右，一合合到中，分左右是由中而分，实际上中也是左右之合。中又是无，虽有而无。我们要这样去体味它。从显来说，不偏不倚，忽隐忽现；从现来说，有左有右；从左右之内来说，是无左无右之中。也就是说，所有变化中都会分出对立的两个部分，一个左一个右、一个上一个下、一个有一个无，分了两个部分，这是表现出来的显的。

那么藏在这个表现出来的里面的那部分是什么呢？在"不偏不倚"的基础上，王宗岳接着说"忽隐忽现"，接着又说"不偏不倚，忽隐忽现"是用"左重则左虚，右重则右杳"来具体修为、体现的。实际上是说，"忽隐忽现"就体现在一内一外。外显有左右，为外；左右之内为中，中为左右之内，是内藏的，是藏在左右之内的。

正是两者的变化，一内一外，才完整组成了一个事物的整体，既分又合，既有又无。所以，通过太极内功的修为，去体会王宗岳这句拳论，实际上他是用左右来说明万事万物的一个本原规律：分阴阳合太极。阴和阳、分和合，是事物内在发生变化的根本规律，有外就有内、有内就有外，而且内为主宰。左右的变化，都是由它的分合而产生的。所以内是主宰，外是内的表现。

二、太极内功在左右、内外的体现

事物的变化具体体现在左右、内外之中，它又是怎样在太极内功修为中具体实践、体现出来的呢？王宗岳很明确地说，不只分了左右，"左重则左虚，右重则右杳"，在分左右的基础上又指出来一个重、一个虚。在分左右的过程中他谈到了重和虚，"左重则左虚"。

以常人的理解，阴阳、虚实、轻重，总是固定不变地对立起来，阴就对应着虚，阳就对应着实，虚就对应着轻，实就对应着重。

如果从太极思维来说，它们是分得清的，有阴有阳、有虚有实、有轻有重，但是它们不是对应的、不变的，不是阴就一定对应着虚，阳就一定只能是实，实的就一定是重，虚的就一定是轻。是要分的，分阴阳、分虚实、分轻重，但是它们是变化的，是虚实变转的。阴可以是虚，阴也可以是实；实可以是阳，虚也可以是阳。所以它们不是一一对应的。因为什么呢？常人经常是眼见为实，我看见的都是外在的表象，认为它就是实。如果对应实就是重的话，最后的结论是一定重在外、在实上，这是常人思维的理解。

重在虚处

用太极思维理解的话则恰恰相反。重反而在虚中求。作为隐和现来说，重要的要隐、要藏，所以重一定是在虚处。为什么重一定要在虚处呢？为什么要把重藏起来？对于重，要从两个方面来讲，一个是重之义是重要、是关键、是决定和左右着生死存亡的那个因素。所以，重要的这部分，就不能把它表现出来，要把它藏起来。因为所有事物的变化都由内在主宰，如果把能够决定生死存亡的要素作为内在主宰的话，它就能够主宰、决定事物最后的整体的发展，所以重在其内。这是对重的一层理解。

另一个，对于我们太极内功来说，一内一外、一虚一实、一中一重，一左一右，都要求中。"得其环中妙用无穷"，只要拿住了中，就能以应无穷。但是，中是虚的、是空的、是人为设定的。中在左右之间，有了左和右就有了中，它在左右之间的虚空处。如何守住这个中，在左右发生各种大小、快慢变化的时候，还能够不失中。对于每个人来说，必须要遵守一个法则，那就是要得重，要以重来守中。离开了重就会失中、就会不中。我们本来是不偏不倚，当失中了以后就会又偏又倚，其关键问题要把重守住、拿住。那么中是虚空的，重是真实的。这是对重的另一层理解。

以重守中

我们得天独厚的是以重来守着中，因为每一个人及在地球上的有质量的物体都会受到地球重力的作用，所以它是真实的、是确实存在的，是实的。只有把重和中相合，才能够守住这个中。要调（tiáo）这个重使其不偏不倚，重不倚靠任何外在的实体的话，这个重就是活的、是可调的。如果把重落实到一个实体上，重就有了倚靠，依赖着这个实体，重相对来说就滞重了，所以要提着这个重，调这个重，以不偏为原则来调重，如此才能够圆转自如、轻灵。

要以重调中，中和重就要能够相合。要想合的话，这个重不能落死在任何有形的实体上，一定要把它落在虚空处。只有在虚空处的重，这个重才是既不倚又不偏，才能够守中而调重，这个重才是活的。所以，重就要在虚空处去求，要把它放在虚空处。

调重守中

调重的时候，要把这个重放在虚空处去调，这样王宗岳所说的"左重则左虚"就容易理解了。当重向左偏移的时候，重要在虚处。也就是说，如果把你的重心放在有形的、实体的左腿上，那这个重就重滞了；要把它放在向左的虚空处，这时候左腿反而实而虚之，是实的、有形的身体，但是这条腿是实而虚之。只有它实而虚了，这个重在向左调整的时候，才能够不偏离中、不倚靠实处，才能够不滞重。

同理，当这条腿的重向右调的时候，"右重则右杳"。王宗岳说"右杳"，杳是杳无音信，就是当这个重向右偏移的时候，杳还是虚，是非常虚，虚得没有音信，就是不会通过有形的右腿能够知道你的重在这条腿上、落死在这条腿上了。如果落死在这条腿上，就重滞不灵了。所以，"左重则左虚"其实是说，在分了左右以后，左和右两者产生了虚实变转。当向右的实体偏移，右边这个实体一定要实而虚之。同理，当偏向左，"左重则左虚"的时候，那么左为实，这条腿应该是虚，它是实而虚，虽然虚，但是非空，不是空，它还有一个腾起之势、内在之势不断。也就是说，这时候虚实一分清，通过左右腿变转，变转出一个左腿为实，但是实而要虚；右腿虽然是虚，但是虚中要有实。

分清虚实而调重

在调重的过程中，调重而守中的关键，是分清左右来调重。调这个重的时候，要做到实的要实而虚，虚的要虚中有实，这才是王宗岳所说的"左重则左虚，右重则右杳"的真实的真义内涵。

所以，"左重则左虚，右重则右杳"，实际上是在说，左右两者是分的，但是它们是分不开的、是合的，是你中有我、我中有你。在分清左右，左右又合在一起的状态下，左是虚中有实、右是实中有虚，合出来一个中，因为实中要有虚、虚中要有实。这时候左和右是分的，是二，一分为二，但是这种一分以后的分中要有合、实中要有虚、虚中要有实，它是虚中实、实中虚，虚实不分、虚实合一的。因此，合出来的是一的状态。不管怎么动、怎么去调这个重，对于虚实来说是虚实变转，永远是虚实合一，虚中要实、实中要虚。

当左右能够虚中实、实中虚，既分清又要合一的时候，这时的左右是什么状态呢？生活中我们经常说一句话，左右逢源，但是这句话往往是贬义的，是说这个人圆滑，为人处世左右逢源。这句话的真义内涵，从太极内功、太极思维的角度看，就是要做到左右逢源，因为分了一个左一个右两个对立的部分，逢是它们相逢相遇、碰到一起了，碰到一起才是左右的根源，它们就是由中而分的，那么左右逢源就是处中了。只有在处中的状态，既有左又有右，可左可右，但是左中右、右中左，虚中实、实中虚，它们又永远是相分相合的。那么，在面对任何事物的时候，既可以有左右的变化、虚实的变化，又处处不离中的话，我们才真的能够该进则进、该退则退、该快则快、该慢则慢，我们才能做到进可攻、退可守，才能让自己在面对各种变化时，左右逢源，才能时时处处处中，让自己处在一种从容面对、勇往直前、最有利的最佳状态。所以，左右分出了重和虚，由左右分虚实，要做到虚的实了、实的虚了。

这样说来就要遵守一个重要的原则，重在哪里？重在事物之内。隐在哪里？隐在事物之内。重一定在事物之内。事物之内是重，事物外显是什么？外显一定是轻。重和轻，一个是内、一个是外、一个是实而虚、一个是虚而实。这是太极内功修为需要把握的一个主旨原则和要求。也就是王宗岳的"不偏不倚，忽隐忽现"指明了要修为的方向和结果，通过"左重则左虚，右重则右杳"切实体现出来的内外、虚实的相生相变、分而合一，分阴阳合太极。这才是王宗岳的主旨。

重里现轻

在修为过程中要分清内和外、重和轻、虚和实。杨班侯在著名的太极三诀（《虚实诀》《乱环诀》《阴阳诀》）之《阴阳诀》中指出："太极阴阳少人修，吞吐开合问刚柔。"现在练太极的人比比皆是，但是通过太极分阴阳、合太极去修为太极的人则少之又少。"正隅收放任君走，动静变化何须愁？生克二法随着用，闪进全在动中求。"什么意思呢？无非一个生、一个克，此两法要随着用，随时随地，生中要克、克中要生，在动中它们总是在变化的。阴阳的开合、动静虚实的变化体现在哪里呢？"轻重虚实怎的是"，什么才是轻重虚实呢？最后一句话画龙点睛地指出来，"重里现轻勿稍留"，重，是里，内；现，是轻。轻重虚实到底是怎么体现的？"重里现轻勿稍留"，就不要怀疑、不要在这个问题上再有什么想不明白，应该做到重里现轻，这是太极内功修为的核心法则。

所以，要这样来解读王宗岳在《太极拳论》中提出的"不偏不倚，忽隐忽现"，用"左重则左虚，右重则右杳"具体到太极内功修为中通过重、里、现、轻来告诉我们，分阴阳合太极在内功修为中是如何具体体现的。

《太极拳论》中"虚领顶劲，气沉丹田。不偏不倚，忽隐忽现。左重则左虚，右重则右杳。仰之则弥高，俯之则弥深。进之则愈长，退之则愈促"这一段论述是说，在太极内功修为中，要打造一个什么样的我、打造成一个什么样的体，这个体才有用。如果《太极拳论》第一段"太极者，无极而生，阴阳之母也。动之则分，静之则合"是从道讲拳理的话，那么这一大段则是说怎样建立一个遵循太极阴阳理论而打造的合乎道的我，在修为中如何把自己打造成符合太极内功的有为功法、符合太极拳道的全新的我。

"左重则左虚，右重则右杳"，在此基础上，王宗岳进一步从"仰之则弥高，俯之则弥深"来说明阴和阳、虚和实、内和外它们之间到底是什么样的关系，怎么才能做到"不偏不倚，忽隐忽现"。

俯与仰

王宗岳在这里提出来一个"俯"和一个"仰"，提出来仰高、俯深，对于仰高、俯深又用了一个"弥"，"弥高""弥深"。王宗岳的《太极拳论》想通过仰和俯及两者之间的关系来阐释"仰之则高"，而且是弥高，"俯之则深"，而且是弥深，它们到底是什么样的真义内涵。为什么王宗岳用弥高和弥深？"弥"在这里起了一个什么样的作用？

王宗岳在这里为什么用"仰""俯"两个字来表达"弥高"和"弥深"？我们先要对"仰"和"俯"两个字的真义内涵加以深入理解。只有认知了仰和俯的内涵真义，才能够进一步去解读"仰之则弥高，俯之则弥深"的内涵真义。

我们看仰和俯两字。中国古代的汉字是象形文字，是形中有意、形意相生，合二而一出来的文字。我们在解读每一个字的时候，一定有它表现出来的形，还一定有它内涵的意。仰和俯两字同样存在一个外在的形、外在的表象，及一个内藏之意。

先说"仰"字。从字的表象、表意来说，即仰望，就是抬头向上。这个仰从形上来说是有形、有象，看得见，所以以向上为仰。这是对仰字能够表现出来的形上、看得见摸得着的外在的理解，但是有外就有内，这个仰字还有一个内在之意。

仰的内在之意是什么？对任何事物存有敬仰之心，以仰慕的心态尊重和遵从、遵循一个事物。这种敬仰、仰慕存在于我们内心，是精神层面的真实的表现。这种仰慕和敬仰是内心内在意的反映，有了这个内意的主宰，就能够在形上随之有所遵循和表现。为什么说太极内功一直是以内主外，虽然仰慕、敬仰的心情是看不见的意，但是它一定左右、主宰着外在的表现。所以说仰同样存在着一内一外两种深意。

仰字由两部分组成，是单人旁（亻）+卬，这更凸显了是人内在的仰慕之情。卬也是一种敬仰、仰慕、仰仗，是内在的一种意的真实存在。仰望、抬头向上仰，这是外在之形。卬的内涵之义，就是凸显出来的内在的、内心的意的真实。

卬在古时候常用，荀子有一名篇《说战》，即说打仗、战斗。在这篇著名的文章中他有这样一个观点，叫"上足卬则下可用""上不足卬则下不可用"，一个可用、一个不可用，一个是足卬、一个是不足卬。他从两个角度去论述打仗、战争的胜负不完全取决于武器、军队，更主要取决于民心所在，更多取决于无形的看不见的内在的、民族的、人民内心的意志，即人民团结的内心、坚定的意志，这种不可战胜的力量又取决于上是不是足卬。

什么是上足卬呢？王宗岳用这个上和下是想说明什么呢？这个上指的是君王、君主、皇上、皇帝，为上；下指的是臣民、百姓。一上一下，高高在上的是君王，君王之下，受君王统领的是普通的百姓，是臣民。要想下可用，要想让人民能够发挥他们的作用，关键得能够上足卬，关键在于上，上是君王，足是充足、满足，足卬是敬仰、仰慕。也就是说，当下对上能够有一种尊崇、尊敬，即仰慕之心，这个时候上、君主发号施令，下面的臣民才能够勇往直前，才能够听命于君主的指令，这取决于上能够让下足卬，所以在上不在下。这么来说，一个国家、一个企业、一个家庭何尝不是如此呢！一个企业的领导者能让员工对你心服口服、敬仰你，如果做到了这一点，大家才能够以你为核心，在你的带领下齐心合力去完成自己的任务和工作。所以，这个印除了有一个有形的向上印，更多更主要的是无形的内在之意，因为他足印则下才可用。这样对"仰"字的理解，不只是单纯从有形的形体上抬起向上，更主要的还有一个内在之意，崇敬、敬仰、仰慕。

我在讲无极桩功的时候讲了五个敬，第一个敬就是尊敬、敬仰。要进入拳修、进入高境界，对于拳、对于以拳证道先要怀着一颗敬仰、仰慕、崇敬的心。要敬拳，拳是道中拳，是前人在对道理解的基础上创生出来的一种有为的能够让我们以拳去证道、用道的有为之法，这是非常值得我们尊重、遵从、敬仰的有为的无价之宝。当年，我父亲跟我讲，你要练拳，不从敬上去练，拳永远不会敬你，道不远人、人远道，拳不远人、人远拳。你练了半天拳，对拳没有敬仰、仰慕之心的话，只是练一种外形上的动作，那就不是太极内功修为的真正主旨了，就远离了太极内功修为的核心、内在之意。所以，大家要从两个方面去理解"仰"这个字：一个是有形的身体，抬头向上，向上为仰；同时，对父母、朋友，及一切引领我们修身养性、让我们在生命的大道上勇往直前的所有的人和事，都要怀着崇敬、仰慕的心情去相处相和。所以说，先要对仰的真义内涵有一个正确理解。

从这个角度，王宗岳在仰的基础上说"俯之则弥深"，他说俯是仰的另一面，是和仰相对的一面、和仰完全不同的另一种状态，要理解"俯之则弥深"内涵真义，依然还要从对"俯"字的理解入手。

仰是抬头向上，俯正好相反，是弯腰屈身向下。一个是向上为仰、一个是向下为俯。从形上来讲，俯是弯腰屈身低头向下，所以在做俯这个有形的动作的时候是看得见摸得着的，是有形有象的。同样，"俯"字也存在着看不见无形的内在的那个内意。从"俯"字来说，人+卬为仰，人+府为俯。为什么人要加府才是俯呢？内里的意想表达什么呢？关键是在府字，所以要理解俯就要从对府的认知上入手。

府是房子、是住宅，但是府又不是一般意义上简陋的房子，它不同于一般的普通的房子。过去说这个府有一种无形的、主宰整个外在的内在的力量，存在、体现在这个房子里，所以说政府主宰着一个国家的行政事务。因此，这个府就不单纯是指普通的房子了，它里面含着主宰的力量。简言之，府是房子，里面又含有主宰的能力和力量，即主宰的能力和力量就隐含在这个里面。所以，主宰着人的俯就不只是低头弯腰向下了，俯的内里含有一种内藏的力量、一种主宰，俯是要内敛，要把内在的力量、主宰藏于内，要不外露。所以，仰跟俯两者是相反的，一个是向上、一个是向下，一个是要对外、向高处进军，一个是要低调、要藏起来、要内涵内敛，两者是完全对立的两种含义。

因此，我们要对仰和俯有一个真实的理解，既要形解，又要意解，一个表一个里，表是表现出来有形有象的形态，里是无形的内含，只可意会不可言传的内涵真义。从两方面我们才能够全面理解仰和俯，这样再理解王宗岳的"仰之则弥高，俯之则弥深"，就有了从形到意、从表到里、从外到内的全面认知。从这个角度去消化、吸收和理解王宗岳这两句拳论，就不会偏颇或者是单纯从表象上或者是离开了表象单纯说这个字的无形之意上，就会把两者统一起来去理解什么是"仰之则弥高"，同样也理解了什么是"俯之则弥深"。

前文说仰是向上，同样在"仰之则弥高"的基础上去理解"俯之则弥深"。其实，王宗岳所讲的"仰之则弥高，俯之则弥深"，仰和俯是不可分开的，两者同时存在。从太极修为的角度理解王宗岳的这句拳论，会发现王宗岳分着说一个仰、一个俯，实际上是想把仰和俯这两者之间存在的不可分的内在关系，结合太极拳内功修为来讲清楚。王宗岳所说的"仰之则弥高，俯之则弥深"，仰和俯无非是一上一下，如果从表象来说，上和下是分得很清楚的，上就是上、下就是下，上下是完全不一样的两端，

287

而且是看得见摸得着的，实际上，上和下两者内在的关系是上下相随。

上下相随

《太极拳论》很清楚地讲，在太极内功的修为中要做到"上下相随人难进"，只要做到了上下相随，就能够立于不败之地。所以，拳修的重要内容之一，就是要让自己做到上下相随。问题是如何能够做到上下相随。在拳修中仰和俯，无非是一上一下，"仰之则弥高，俯之则弥深"，无非是上下相随。怎么才能做到上下相随呢？关键不在上也不在下，而是在于如何相随。

上下相随，下能随着上、上能随着下，上下能够此两者同出了。一上一下同了，上动下也跟着动、上一走下就跟着走。两个是不一样的，但总是同的话，它们两个就合了，合在一上，一起动了，能够做到一动无有不动、一静无有不静。虽然分有上有下，它们是同、是合、是一，这才是相随。问题是在具体修为中怎么样能够做到分而合一？做到上下此两者同出？王宗岳在这里指出来"仰之则弥高，俯之则弥深"，是修为的一个核心主旨的话，这里并没有阐释应该如何去做。关于修为的具体的功法内容，在太极内功传承中，前人已经很明确地指出来，要想遵循

"仰之则弥高，俯之则弥深"这个修为的主旨，要想上下相随人难进，要想上下两个对立的部分能够合二而一的话，关键的修为在一个字——化。

相生相化

杨氏太极拳内功传承很清楚地告诉我们，修为就是抓住一个"化"字。杨氏太极拳老谱《太极下乘武事解》中告诉我们"化境极矣"，化是一个很高的境界，是要追求的、要达到极。"功不及化境将何以能成"，就是如果不能从化的角度做到"仰之则弥高，俯之则弥深"，不能够实现上下相随的话，那太极内功的修为就是一句空话，"功何以能成"，根本就不可能。如果功达不到化境的话，内功就是一句空话。因此我们对化在修为中的作用要有深刻的理解和把握。什么是化境？怎么才能化？

世界上任何一个表现出来的完整的事物，一定存在着两个对立的部分，内含着两种对立的力量。从太极阴阳学说的角度，前人总结出来一个是阴一个是阳。任何事物都同时存在负阴而抱阳，这两种力量同时存在于一个事物中。如果说一个事物是完整的，内在的这两种力量是变化的，那么这个事物的生存、变化、发展，不在于这个事物的表象是发展了、变化了、成功了还是失败了，关键在于其内在的两种力量是怎样发生了变和化。因此，"化境极矣"，是事物内在的两种力量相生相变相化，最后表现在一个完整事物上，这才是化境的真义。

举例子来讲，还是说水这种物质，水受热以后变成气，水对气来说是化，但前提条件是它要受热，水受热以后就化成气。气从本质上来说还是水，气不是变成跟水没有关系的另一种物质，而是水的另一种状态。它里面所含的本质没有变，但是形变了，它由水变成了气。水变成气，不只是从我们看得见的形态上的变化，它的里面也发生了变化，正是因为这种化，使得水和气产生了两种不同性质的变化。

哪两种不同性质的变化呢？水处下，水是要向下的，而气是要向上升的，虽然是同一种物质，都是水，但是由于水化成气以后表现为不同的形态，也产生了两种不同的作用，一个要上升、一个是下降，这两种变化的关键还在于化，在于能化。同时，化不是单向的，是双向的，是水能化气，气还要化水。水受热化气而向上升，气升上来、遇冷以后又凝结成水还要回来。所以，这种化是合一的，是往复循环、周流不怠的，在特定的条件下，它们可以发生两种不同属性的变转、变化。

正因为能化以后会出现两种状态，一个上升、一个下降，升或者是降，关键是水的本体，它的状态是液态的水，内里组成成分没有变；它得能化，它在这个条件下能化成水，在另外一个条件下它就能化成气。只要找到了这个条件，它就一定能化。化成气或者是化成水是化的结果，所以不在升和降，该升则升、该降则降，关键在于能化，能化境极矣。

在太极内功修为中，向上升，升为上，上下相随；降为下，一升一降，上升下降。什么叫上下相随呢？下面的能化成向上升的，向上升的又能化成向下降的，这叫上下相随，相随的本质是相生相化，没有相生相化的相随是死的、是没有生命的，所以上下相随的关键是内在对立的两者，一定是相生相化、互相转化的。升或者降是结果，修为的关键问题，是要让它们能够运转起来，能够相生相化。

修为的关键在哪里？杨氏太极拳老谱中已经给我们指明了，"化境极矣，功不及化境，将何以能"？我们在修为中要这样去理解、把握和遵循这个主旨。王宗岳说的仰和俯具体就体现在内功修为中的一上一下、一升一降上，体现在上下相随、相生相化上。

作为能够上化水、下化气的本体，在修炼中要抓住这个化字，要先化什么？现在我们真实的情况不是水，不管是有形的身和无形的心，都不是能够自由流动的水，而是冰，所以现在冻着呢，结着冰呢。不但有形的身体结着冰，无形的心也结着冰，都在冻着，我们的身体就不能够达到"如婴儿乎"那种自然的，柔弱中能够非常自然、灵活、轻灵的、圆润的状态，心也不能做到像老子所说的上善若水，利万物而不争。现在的状况是有形的身、无形的心都结着冰，因此无法做到上下相随、内外相合。

我们的身体是什么情况？就像从冰箱里拿出来的一坨肉馅，这个肉馅冻得死死的。只有先把冰化掉之后，肉馅才能够一粒一粒散开，才能够做进一步加工。散开的肉馅是不是就有用了呢？不是，要继续化，要把散开的肉馅化成一种完整的状态。第一个化是分化，第二个化是化合，所以是一分一合。要把散开的肉馅搅拌，俗话叫打肉馅。散开的一粒一粒的肉馅经过搅拌又合成一种分不开的整体，这种状态是黏稠的、是成一体的。用筷子一搅，肉馅整个全都给搅起来了。散着的肉馅，你搅拌它，不是一个整体随之而动，但是当把它打成一个整体即一团肉馅时，它是合成了一。一动无有不动，这个肉馅才是有用之体。

我们的修为要遵循着王宗岳《太极拳论》的主体，"仰之则弥高，俯之则弥深"，遵从着太极内功具体修为功法的主旨，上下相随。运用太极内功修为的化境极矣，把自己的这种"结冰"的身体化成柔弱似水，化成水，而后才能够"虚领顶劲，气沉丹田"，让自己那个水化气，能够在沉而升中产生一种升降的变转。水和气之间，由水化成气、由气又化回水，又由水再化成气……自己的身体中才能产生这样一种循环往复、一气周流的完整的状态，这个身体才是一个通畅的完整的身体。

正因为现在的身体是结冰的，所以从轻处说这个身体是动作不灵活，从重处说身体会有很多的病。这些病痛都是由于身心皆冻冰而造成，要解决它一定要从化处着手，这是关键。在这个过程中，一上一下、一升一降，两者相互发生转化，这种转化完全是在内不在外。在具体内功修为中如何去化，如何把冰化成水、把水化成气、气又回到水，发生这种一气周流的转化呢？不在有形的身体。太极内功很明确地告诉我们，在内不在外。特别是《太极拳经》明确指出"凡此皆是意"，全是意的事，不在外边。有上则有下、有前就有后、有左就有右，所以《太极拳经》也是从上下、前后、左右说的。

具体怎么体现呢？如果从形上来说，上就是上、下就是下。怎么有上还有下呢？看得见的就是仰头向上，这就是上，这个上中怎么会有下呢？单纯从外形、动作上看是不可能有下的。但是太极内功修为可不是如此，要修为的是有上就有下。既然有上就要有下，这是从意上来说的，所以"凡此皆是意"。

《太极拳经》进一步指明了"凡此皆是意"，不在外边，有上就有下、有前就有后、有左就有右。如果意要向上的话，则寓意向下，也就是告诉你，怎么才能做到有上有下，不在外、不在形，而是在意。所以，王宗岳的《太极拳论》告诉我们，"动之则分"，也就是一动就要分，是意上的分，分出两个完全相反的意。意要分清，一个意要向上的话，我们叫实意，领着有形的身体，领着我要向上走，我的有形的身体能够随着这个意向上起的话，就告诉你动之则分，一定还有一个寓，它告诉你如意向上即寓下之。这个寓也是住，要住在哪里呢？安居，要把意向下，要寓下意，意上寓下，一个意分了两个意。所表现出来的有形的身体是向下的话，由于这个上的意领着它走，还有一个看不见的内在的跟它相反相成的下意要向下降。因此，一个上意要向上升、一个下意要向下降，这个意分了一个上、一个下。

这个意怎么出现了两个呢？就是拳论中说的以心行意。这个意是心的代表，心要产生两个意。以意导气，这个意要导气、要化，化出来二气，一个要上升、一个要下降。一个意分出来两个作用，两者作用在我们身体里面会产生两个直接的真实的结果。所以每一动作、每一次要向上的时候，先要问问自己，是不是同时有一个寓下之意，在身体里面由于这种意的真实产生了向下沉落、沉降的结果。这是修为中非常关键的点。

我们说"仰之则弥高，俯之则弥深"，用上下相随来具体体现在太极内功修为中，就在虚实二意上。太极内功的修为很清楚，特别是杨氏太极拳内功的传承，杨澄甫明确提出"以分清虚实为第一要义"。太极内功的心法，层层修分，也就是说形是实的，形要分虚实；意对形来说是看不见摸不着的，是虚的。难道意就只能是虚的吗？不是的，层层修分，意也要分，意分出来虚实、上下。看得见的形被意所引领，形所表现出来的意叫实意的话，同时一定还有一个跟它相反的看不见的内在的意，是通过这个形表现不出来的，那个意叫虚意。所以，意分了一个虚、一个实。

王宗岳《太极拳论》进一步给大家指出来，要分清虚实第一要义的关键，形要分虚实，意同样也要分虚实，是层层修分。在这个动的过程中，一动就要分。"仰之则弥高，俯之则弥深"，上和下是相随的。其实老子也提出来上下相倾，老子说一个仰一个俯，一个高一个下，高为仰、下就为俯，两者要相倾。老子所说的"相倾"是什么？高要向下倾没有问题。下呢？下同样要向上，下对上也要倾。因此，这个相倾是从上往下，或者是从下往上，此两者同出，关键在于同。高下相倾、上下相随，上要向下、下要向上，升、降两者是同时存在的，关键在于这个"同"上。

王宗岳在这里面所讲的"仰之则弥高，俯之则弥深"是不是也是在说，仰俯是相倾、相随的呢？我的理解，王宗岳表达的，俯和仰两者是不可分的一个完整体，也就是俯就要有仰，仰也要有俯，仰不离俯、俯不离仰。

怎么体现仰和俯两者是一体的两个对立的两端呢？是同时存在，是相倾、相随，谁也离不开谁。怎么体现？王宗岳用弥高和弥深来体现此两者同出的内涵真义。什么是弥高？高是上，弥高就是更高，弥就是到无限，比高还高。弥深呢？同样，向下无限深，深不见底，比深还深。他一定是说，如果弥高仰要向上、向外的话，俯就得向下、向内。所以，一个是向外，一个是向内，向外、向更高，就是比高还高，永远没有尽头，向内也没有尽头，深不见底，没有底。"仰之则弥高，俯之则弥深"是想表达其大无外、其高无高、其小无内、其深无深。

有了仰和俯，一上一下，有了上和下、仰和俯，也有了高有了深，但是加上这个"弥"字以后，其结果是有而回无，就是说无高也无深。仰和俯是看得见的两种状态，但是它们合一以后回到了无，无高无深，回到一个有而回无的状态，把有高和有深、有仰和有俯最后合到一上，这个一是无。只有无了以后，才能够"仰之则弥高，俯之则弥深"。

虚实相变　有而回无

太极内功修为，要想做到遵循王宗岳的"仰之则弥高，俯之则弥深"，一个关键的问题是化。化境是化什么？是化我，是把我化无，把这个既有的我、有形有象的实我有而化无、实而化虚，从而无形的意气才虚而化了实、无而化了有，真有了，得到了落实。

如此说来，太极内功的修为，遵循王宗岳的"仰之则弥高，俯之则弥深"这个拳论的主旨，其核心功法就在于"变转虚实须留意"，在于把有形的我经过化，把有的化无、实的化虚，从而无的生了有、虚的落了实，发生一个虚实转化和变转。只有仰中有俯、俯中有仰，才能够做到弥高、弥深，其高无高，无限高；其深无深，无限深。此两者结合起来，才能够真的做到上下相随，真的做到内外相合，做到轻重合一。最终回到一个无上，无内无外、无轻无重，两者总是在相互转化过程中。太极内功的修为就是要把这两者之间有无相生、有而回无、无而生有，在有无相生相变的动态过程中产生不倚不靠、忽隐忽现、无过不及，这么一种动态平衡的真实状态。从这个角度去理解王宗岳的"仰之则弥高，俯之则弥深"，才能够在具体的内功修为中遵循他的这一主旨，在自己的身心修为中得到实修实证。

"仰之则弥高，俯之则弥深"，当然是在太极内功的修为中要得到实修实证的落实，它不仅仅是指导我们的内功修为，包括平时做人做事，人的一生中何不是"仰之则弥高，俯之则弥深"啊！人要向高处走，要有一个高远的境界，要向更高的境界进军和追求，这样人才有希望、才有奔头、才有一种无形的力量支撑，这就是说"仰之则弥高"，也就是人生的道路永无止境、永不停止。老子说"功成而弗居"，永远是在过程中，不断向新的目标迈进，层层递进，这是我们要做到的"仰之则弥高"，要向上看、向前望。但是从做人来说，要低调，要俯下自己的身段，要内敛。要有高境界的精神追求，还要有一种向下、内敛的做人的人格要求。要低调做人，要内敛，要内藏，要"俯之则弥深"，要放下自己的身段，要把自己化无了、向更深处去化，要向深不见底的更深处去修为自己。

所以，无论是拳修还是为人处世，其实王宗岳讲的都是由拳修阐明什么是道。不是就拳修拳，而是通过拳修改造自己的身心，让大家以拳证道，以拳合道、入道。

三、明方向、定中位、知进退

在此基础上，王宗岳进一步指出，还要做到"进之则愈长，退之则愈促"，在变化中，一进一退，该进的时候要能进，该退的时候要能退。在太极内功修为中如何具体把握、体现它们之间的内在关系？如何在变化过程中把握它的内涵真义？

先要对"进之则愈长，退之则愈促"、进和退有明确的认知。所谓的太极拳修为，特别是我所传承的太极内功的修为，把它归纳为"太极十三势"。所谓十三势，即八门五步合之为十三势。

八门，八个方位，是掤、捋、挤、按、采、挒、肘、靠，对应着北、南、东、西、西北、西南、东北、东南八个方向。正好四个正位、四个斜位（四个斜的方向），四正四隅。八门对应的是八卦，五步对应的是金木水火土五行。五步是什么？前进、后退、左顾、右盼、中定。所以一个是方位、一个是五步，八门五步合起来叫太极十三势。我们的太极内功，修为的就是太极十三势。

八门：明方向

八门是指方位。什么是方位呢？方，是方向；位，是位置。也就是说八门指的方向和位置，太极内功的修为先要认准方向、找准位置。要确定自己的方向，方向有东西南北，四个正位、四个正的方向。要想定方向，先得把自己的位置定下来。进和退，进是向前进、退是向后退，所以要很清楚地知道前和后。如果要定前和后、定方向，就要确定自己的位置。前和后是以"我自己"来确定的，只有以自己来确定，才能确定何为前、何为后。因为每个人的前和后，对于每个人自己来说是不变的，面所朝向的就是前；背后就是我的后。前为胸、后为背，所以胸为前、背为后。这样把自己定下来，前和后就定了。前和后定了，方向才能定。当面朝东的时候，东就为前、西就为后；面朝南的时候，南就为前，北就为后。所以说向前和向后，以我自己的位置为定，要把我自己的位置找准，就能确定方向了。找准了位置、定准了方向，然后才可以行动、动起来，即动步，五步。八门五步首要的是定准方位，也就是定出了八门掤、捋、挤、按、采、挒、肘、靠，八个方向。

五步：定位置

从具体位置来说，要想动步，有前进、后退、左顾、右盼，先要把自己定在中定的位置上。位置定在中上，既不是前也不是后，既不是左也不是右，是中位，是金木水火土的土位。

王宗岳的《太极拳论》中指出，"进之则愈长，退之则愈促"，就是说在变化、变动的过程中，其中很重要的是一进一退。首先是定位，找准自己的位置，然后确定方向，站在土位上，也就是定中。遵循着这个方向由中而动，是向左还是向右，是进步还是退步，有一个准确的行为准则。

杨氏太极拳老谱在《八门五步》中有一个重要的篇

章，就是"对待用功法守中土"（俗名站桩）。这个老谱专门讲的是站桩，站桩就是定位，其中"定之方中足有根"，也就是要确定在自己中的位置上。"先明四正进退身"，四正东西南北，告诉我们一个位是定之方中，一个是方向，必须先明四正，进退身，一进一退。

从这个角度看，王宗岳《太极拳论》中的"进之则愈长，退之则愈促"是说，对于进退，在太极内功修为中要牢牢把握住八门五步这个核心内容。所有桩功修为从开始就是在修为如何定准自己的中位、土位，才能够明四正、进退身，才知道向什么方向走，进由中而进，退由中而退。把这个位置定准以后，对进和退就有了明确的把握。因为太极内功修为就是修为太极十三势的内功，修为十三势的核心就是八门五步。在定中、中定的基础上，要能够动步，无非一个前进一个后退，分出来了前和后；一个左一个右，左顾右盼，但是不离中土位，"定之方中足有根"，根应该在这里。

知进退

明方向、定位置是太极内功修为很重要的内容。通过太极内功的修为，实际上在整个人生过程中、在人生生命轨迹的运行过程中，首要的是要知道自己向哪儿去，也就是定方向；要想认清方向，一个关键的前提是要找准自己的位置。剩下的事就是迈开双腿从这里出发，沿着正确的方向一步一步前行。在这个过程中，要做到该进则进、该退则退，能进能退、当进当退。其实，太极内功的修为是通过自己身心修为有为的功法，修为出在任何时候都能够让自己认准方向、找准位置，该进则进、该退则退。该快进的时候就得动之急应，该退的时候就要把握住退的时机，动缓则缓随、动急则急应。一个人的功夫和能力，就体现在这里。所以说，王宗岳《太极拳论》中的"进之则愈长，退之则愈促"，首先告诉我们的是定方向、找位置。关键是一个"长"和一个"促"，这就需要理解王宗岳所说的"长"和"促"是什么样的含义，为什么进之一定要则愈长、退之一定要则愈促。

进则长，进是向外，是向外走、向出走，也就是说在向外出走的时候要长。长是什么？长是漫长，这个长的过程要长到什么程度，他说是要"愈长"。愈是什么？愈是更加。愈长、更长，就是说这个长要向外长，要长，永远要长。向外的时候要更长，在长上还要加一个更字。如果比长更长的话，这个愈字强调的是长，长到无限。这个无限的长，是向出向外，其长无限远，向外如果为大的话，这个大、这个远，其长无限远、其大无限大，也就是说其大无外，无限大。

同理，"退之则愈促"，如果说进是向外走、向前、向更大的地方走，退则是回、是收，是向内收。进是向外，退就是向内。王宗岳的进和退指明了方向——一个是外、一个是内，一个向外出、一个向内回。当向外出的时候，外为大，无限大、无限远；当我们向内里收时就要做到"愈促"，促是短、短促。进是长，退是短。退就是要短，短小，很小。向内走的时候要短，是比短还短，就是短了、无了；短是小，向内来说就是其小无内。

"进之则愈长、退之则愈促"这两句拳论，关键是进和退，一个是向外、一个是向内，一个是向前、一个是向后，一个是在向外走的时候要其大无外、一个是向内退的时候要其小无内。那么，在进和退的变化中，什么才是其大无外、其小无内呢？有形的身体永远有大有小、有快有慢、有内有外，怎样才能够做到其大无外、其小无内？前人在《太极拳经》中很明确地指出"凡此皆是意"，只有意的修为才能够做到。在形向前的时候，我们的意能够无限远、无限大；当形向后、向内回收的时候，形虽然小，但是它是有，有短、有小。只有意才能够其小无内，只有通过意才能够品位到那个无而有的真实的滋味。因此说，太极内功修为的核心就是意的修为。

王宗岳在《太极拳论》中虽然没有提到意，但是从太极思维角度去理解这两句话，会很清楚地感知到，王宗岳在用看得见摸得着的两个动作，不是形上的前进和后退，而是意上的"愈长"和"愈促"。只有用意才能够"进之则愈长"，这个愈长就是无限长、无限远，如此才能做到其大无外。同样，在"退之则愈促"的时候，只有用意才能够在愈促的过程中做到其小无内。

所以，王宗岳这两句拳论，强调的是如何在修为过程中，通过有形的身体的进和退，去寻求无形的意的愈长和愈促。离开了意的愈长和愈促，就离开了太极内功修为的主旨。同时，当有形的身体在进和退的变化过程中，应该是形体的进是有，有微、有边、有界，但是意是无，是无限的。也就是说要用无限的意引领着自己有形的身体，该进则进，在身体前进的过程中，一定是在一个无限的意的引领下，身体是随意而动。尽管这个身体在进、退过程中，是有形有象、有起有止的，但是意是无始无终的，是无限的。只有在无始无终的意的引领下，身体才能够虽有而无，才能够把有形的身体通过进和退的变化，把它融化在无形的、无限的、其大无外、其小无内的意的海洋中，用意把自己的形融化得有而回无。

概而言之，太极内功修为的一个核心主旨就是要把有的化无，有形、有象的身体要有而回无、实而化虚。要想把这个身体化虚、化无，只有用意来化它，身体才能够随意而为，也就是得意忘形了。要忘掉身体，有而回无、实而化虚。所以太极内功修为在进和退的过程中，能够看得见摸得到身体的变化，但是，这个身体是不自动不自变的，它不是自己在向前、退后，而是在意的引领下，是随意而为。当身体向后退的时候，也是在意的引领下，其小无内。所以修为就是通过有形的身体，把它实而化虚，把无形的意真的无而有之、虚而实之。这就是太极内功修为的核心主旨。

互 动

学员A： 老师好，我想要请问一下老师，最后讲到《阴阳诀》，"重里现轻勿稍留"，这个"勿稍留"怎么理解？

李老师： 杨班侯的《阴阳诀》最后画龙点睛地说"重里现轻勿稍留"，其实太极内功修为中很重要的一个核心主旨，就是轻重虚实要分清。分清虚实，很大程度上是体现在轻重上，太极内功修为必须要遵守的法则，就是重里现轻，里是内、现是外，一内一外，内要重、外要轻。

杨氏太极拳对于"重里现轻"在具体修为中有一个说法，"内含坚刚而不施，外示柔软而应敌"，内要坚刚、外要柔软，一内一外。坚刚就是说的重里，内要重；外要柔，柔则轻，一个刚一个柔、一个重一个轻，要分清楚内

305

外。为什么虚实相对应来说呢？因为把人有形的身体、看得见的部分叫作实，内里面的看不见的部分说它是虚，外要轻、外要柔的话，实的这个身体就要做到虚，实的要变为虚，它才能轻能柔。内里本来是虚，但是一定要让它得到真实的落实，就是要重在内，内要含坚刚的内势，主宰着外面的轻。如果没有里面的重主宰这个轻的话，外面的轻就变成了轻浮、变得轻飘飘的了。虽然是轻，外显是轻，外面用的也是柔轻的，但是内里由于有这个柔、有这个刚，它轻而不浮，等于一内一外是合起来的完整体，也就是一轻一重、一刚一柔是合一的，要打造出这样一个体来。

在这个问题上，"勿稍留"，勿就是不要、不需要；稍是稍微；留是留下。把它给确定下来，就是不要在轻和重、重里现轻这个问题上、这一运用上，有什么违背它和不遵守它的，这是必须要遵守的原则。在这个问题上不要怀疑，就是要严格遵守原则去修为。

从这个角度看"重里现轻勿稍留"，就是强调一定要遵守太极内功修为的法则，就要做到内刚外柔、内重外轻、内紧外松，这是大家要做到的。因此，就要把有形的身体实的要虚，无形的意气虚的要实。实而虚之、虚而实之，是虚实要变转的重要的修为的内涵，一个重要的需要遵守的法则。内功修为就是要做到这一点，实的要虚，虚的才能实。

第八章 太极内功修为的境界

一羽不能加，蝇虫不能落。人不知我，我独知人。英雄所向无敌，盖由此而及也！

　　我们通过太极内功的修为能够让自己成为独立守神、独立不改的"我"，让自己在环境复杂、万变的情况下保持住独立的状态。

　　要守住这种状态，就得做到随机应变、随势而为。在随机应变、随势而为中，无非体现出一个该隐则隐、该现则现，隐和现两者是随机而变的，能够自然而为、忽隐忽现，同时隐和现两者相辅相成、谁也离不开谁，那么就要做到在变化中以不偏不倚为中心，做到忽隐忽现的变化。同时还要做到上下相随，在上下的变化中，仰俯、高下相倾，在这种变化中要做到忽隐忽现。

一、圈的认知、修为

　　不管是形还是意，不管是其大无外、其小无内，大与小、有与无，具体到太极修为过程中，对"进之则愈长，退之则愈促"内涵真义的理解，从我所传承的太极内功的角度，其实进和退都要有一个重要的概念，即圈的概念。要知这个圈、要认知这个圈，要牢牢地树立起圈的概念，也就是太极拳是在修为圈，离开了圈就不是太极内功的修为。

何谓圈

圈是圆圈。王宗岳在说"进之则愈长，退之则愈促"的时候，根据杨氏太极内功的传承，归纳出对于圈的概念的重要性要提升一个高度来认知。因为我们从太极的角度来认知宇宙万物，其本质、本原就是圆、就是圈，就是由一个个的圈组成的。银河系、天地之间，实际上是一气周流、是一个圆的运转。既然是圆的运转，它就一定会有一个圈，才能够周流不息、始终如一，才能够永恒地运动。

当然，这个圈一定要从太极思维角度来理解。实际上它是一种运行的轨迹，它无形无象，但它一定是始终如一的。既然宇宙万物的本原就是一个圈，有一个始一个终，始终如一，一气周流，往复循环，所以它是永恒的。

太极内功的修为就是要通过自己的身心去寻求对于圈的认知，去认知变化中的人生也是一进一退，太极内功所有的变化都是一进一退、一前一后。需要强调的是，退的是圈，进的也是圈，所以离开圈就无进退。

宇宙万物无非是一个又一个的圈，天地之间是一个大的循环、大的圈、大的圆。在宇宙万物中，人有人的圈子、物有物的圈。对人来说，一生一死、一进一退形成了一个往复循环的圈。所以宇宙的本原就是环环相扣、圈圈相依，离开了圈就离开了宇宙万物生命运行的轨迹，所以一定要有一个圈的概念。

老子说有无两者是相生的，"常有，欲以观其徼"。这个圈也是有无相生，不只是有，有是有了这个徼，告诉你有了圈。"常无，欲以观其妙"，要能够在圈中进退自如、有无相生。无了进就有了退、无了退就有了进，在这种有无变化的过程中有了变化的妙趣。所以，进或者是退，都离不开这个圈。从我所传承的太极内功的角度，去理解"进之则愈长，退之则愈促"，就是进圈和退圈的关系。

在杨氏太极拳老谱中，关于进退有专门一章，叫"太极圈"，详细谈了进和退与圈的关系。用我传承的太极内功的修为去理解"进之则愈长、退之则愈促"，就要认真地通过杨氏太极拳老谱"太极圈"这一章去深刻地理解它，这有助于理解和把握王宗岳这句拳论的内涵真义，有助于用王宗岳拳论思想帮助我们在太极内功修为中得到具体的体悟和落实。

进圈与退圈

"进之则愈长，退之则愈促"，要从"太极圈"这篇老谱的论述中去理解它们之间的内在关系。老谱第一句就告诉我们，"退圈容易进圈难，不离腰顶后与前"。这里面提到了退圈和进圈，也就是说进和退。"进之则愈长，退之则愈促"这个进和退无非是一个退圈和进圈的关系。老谱说一个是易一个是难，为什么老谱说"退圈容易进圈难"？在太极内功修为中，又如何做到和体现出退圈容易进圈难呢？在修为过程中怎么体现和把握退圈和进圈在难易之间存在的内在的密不可分的关系呢？

先说退圈和进圈。退圈和进圈实际上是两个圈，一个是我之圈，我自己的圈；一个是我之外的客观的圈。一个是主观的圈、一个是客观的圈，主观的圈是我自己的圈，我往那儿一站，从站桩来说就是要站出一个中定、站出一个自己的徵，这个圈是我之圈。更主要的是在客观中、在天地中有一个本原的圈，我之圈是小圈，天地这个圈是本原的圈，是永恒的圈，是无限大的圈，是其大无外的圈。

"退圈容易进圈难"，也就是说我现在如果不能与天地这个大圈相融合的话，活在我自己这个小圈里面很容易，不用修为，每个人都活在自己的小圈中。但是，活在自我中、活在这个小圈中，你只是活着。要想活明白的话，必须退出自己这个小圈。只有把自己这个小圈无了，才能够融入天地之间无限大的大圈中。要想进到天地之间这个大圈中去，除非把自己有形的小圈化掉。不经过一定的修为、不下大的工夫，根本无法进到天地之间这个永恒的大圈中和它去相合。

　　活着容易，活明白了不容易，活出真正的自我更不容易，拿住我不放的这个我不是真正的真我。真我是无了我以后，有了天地之间这个大圈，通过下大的功夫去修为修炼。只有把自己这个圈无了、真正退出来了，才能够把自己融入天地之间这个大圈中来，这是非常不容易的。我们现在的修为，就是修为一个退圈、一个进圈，就是不要活在自己的小圈、小范围中，不要在自己的小圈中自以为是。活在自己的小圈中很容易，不需要下功夫、不需要有大的修为，可是要想活明白、活出真我就得入圈进圈。没有一定修为，没有一个正确的修为方向和目标，没有痛下功夫，把自己融化、化有回无是进不到那个圈中的。所以，进这个圈非常难。

　　但是，只要去修为，就能够一步一步被天地这个大圈所接纳。因此，老子和前人一直告诉我们，天地这个圈的大门是敞开的，是能容纳所有人、容纳万物的。能不能进入这个圈不在天地，而在我们自己。所以道不远人、人远道。总是在自己的小圈中活着，不愿意化自己，不愿意实而虚、有而回无的话，进那个圈就是一句空话，它是不接纳你的。

　　这个进不是它把我拽进去，而是我化了我以后就是进，在太极内功修为中对进圈、退圈要很清楚，"退圈容易进圈难，不离腰顶后与前。所难中土不离位，退易进难

313

仔细研"，说难不是难在进和退上，而是难在中土不离位。中土是中定，中定是虚空之体，中是中空。知止而后有定，我们能够把自己所有的有都有而回无、实而回虚，在守中的状态下，所有的进和所有的退都是守中以后的必然结果。我们练的不是进和退，进和退只是形上的、是表象，什么是能够进去了呢？进的时候是不是还是中土不离位，全然不是形上的进和退的表象。太极内功所说的进退，是在进退过程中不离中土位，离开中土位就不是进和退，进也进不去、退也退不回来。守住的中土位，进就是守中，退也是守中，进退都自如了。

意在守中上

为什么《太极拳经》说"凡此皆是意"，不在外面，前后、左右、上下皆然，就是这一个意，就是守中土，拳论也说"得中、用中妙用无穷"。因此，太极内功的修为核心在内，不在形的表象，是进退、左右，是仰俯、高下，当然这些都能够自如地做出来，但更主要的是在变化过程中是不是能够中土不离位，该进则进、该退则退，就能够做到"进之则愈长，退之则愈促"。因为你是守中的，中才是其大无外、其小无内，才是"进之则愈长，退之则愈促"。所以，太极内功的核心是守中、求中，是从进和退两个形上表现出来的动作。从意的角度说，进和退能够时时守中、处处求中，不离中土位。

　　要不要有形的进和退呢？要。人在整个行住坐卧变化中无非一个进、一个退，修为不是为了进和退。内功的修为不管进和退都要问问自己，我们求的是在进中不离中土位、退中还不离中土位。如果说我们进中不离中土位、退中也不离中土位，如果进和退是忽现，表现出来有形有象的外在的动作、外在的变化，这就是有。忽隐呢？隐藏在这个变化中，不管进和退的变化如何，其中都有一个不变的不离中土位的原则，也就是所有的进和退的变化，都在检验着我们是不是内在有一个不离中土位的主宰和主旨。这样就很明确了，太极内功修为在运用进退有形的变化过程中，实质上修为的是内在无形的不变的意，是不离中土位这个主旨的。

　　也就是说，在进退的变化中都要有一个不变、不离中土位的主宰，意应该守在中土位上。不去管进和退，进和退是根据外在的变化、根据环境的变化、根据外在的客观要求，该进则进、该退则退，而我的意应该守住不离中土位，即意在守中上。可是我们常人的修为，往往是意在进上，退的时候意又跑到退上，唯独没有能够守住自己的中土位。所以说内功的修为最后修为出一个进退合一，意是修为在一意上，有进和退两种变化，合到一个意上是合到守住中土位的意。变是一个进一个退，里面有一个不变的话，是在不变的中土位统领下的进和退，如果守在这一点上，那么这一点上有进有退。当我们的意守住这一点的时候，这一点是有而回无了，这一点是无进无退，退和进是一。从形上表现是二，一个进一个退。从意上简单了，回无了，回到一个无进无退的意上，因此进和退是有进有退，是无进无退的结果。当我们能够守住这个中的状态、中土位的时候，我们的意能够在这一状态下，实际上是有而回无的状态，根本不管进和退。只管是不是守住中土位，只要守住它自己就有了进和退，进退就是守住中土位之后的必然结果。

本来我们应该守住中土位不要管那个进和退，可是现在我们不是意在进上就是在退上，使它们分而不合，有而不能回无，而且还在强化我们练怎么进、怎么退。实际上，我们不练怎么进、怎么退，即使在练这个动作的过程中，我们也是通过这个动作去寻求那个无进无退之意，因为我们拿住的无进无退的无之意，就有了一个由有无而相生出来的一个该进就进、该退就退，自然而有为的进退真实的状况。

如果从这个角度说，王宗岳的这句拳论"进之则愈长，退之则愈促"，结合前面的"不偏不倚，忽隐忽现"，是在讲太极内功修为的核心主旨——要有而回无。

在现的过程中，你表现出来的前和后、左和右、上和下所有的变化，这里面都应该隐着一个不变的主宰，这个不变就是守住中土。杨家老谱一直在讲，通过桩功的修为就是要"定之方中足有根"。站桩就是要站出中土位，找准自己的位置。任何时候，在变化过程中，我们都能够定之方中足有根的话，才真的能够在前后、左右、上下，在无穷的变化过程中做到以一应万、以不变应万变，才真的能够做到应对自如，才真的能够让自己活得既简单又明白，能处处守中，也就能够守中用中妙用无穷了。

老子告诉我们，"多言数穷，不如守中"，归根结底，王宗岳所说的"不偏不倚，忽隐忽现。左重则左虚，右重则右杳。仰之则弥高，俯之则弥深。进之则愈长，退之则愈促"，是从左和右、上和下、前和后、进和退讲明一个道理，就是万变不离其宗、万变不离其"一"。因此，太极内功修为的核心是守住这个中，求到这个中，要拿住这个一，天得一清，地得一宁，人得一则安。所以，王宗岳是在讲太极内功修为归根结底是求一之功、得一之功。当然，在具体修为中，是在左和右、上和下、前和后、进和退中处处来体现和检验，我们是不是真的能够得中、用中，能够以一应万变，能够守住这个太极阴阳之合、这个太极之一。

打造完整的我

"一羽不能加，蝇虫不能落。人不知我，我独知人。英雄所向无敌，盖皆由此而及也"，这一段是王宗岳《太极拳论》的一个核心，是以拳来说太极，也是这篇论文的主体部分，是纲领性总结。实际上，王宗岳从理上阐述什么是太极拳、太极拳的拳理的核心主旨是什么，在这个基础上马上告诉我们，我们在修为过程中要把握住两个事：一个体、一个用。

这一段从"虚领顶劲，气沉丹田，不偏不倚，忽隐忽现"到"英雄所向无敌，盖皆由此而及也"，是告诉我们修为的核心主体，什么是我们要修为的体和用。先要把自己打造成能够符合太极之理的一个体、一个完整的我。这段论述就告诉我们，怎么来修为体，体的核心是什么、主旨是什么。

如何做到"不偏不倚，忽隐忽现"，实际上"不偏不倚"是告诉我们应该遵循的主旨和原则。通过从明理到具体的修为，使自己能够在任何情况下都有一个遵循、有一个主旨，就是"不偏不倚"。不管外面如何千变万化，始终能够让自己在万变中做到"不偏不倚"，即守中，也就是老子说的"多言数穷，不如守中"。"不偏不倚"就是守中的结果。

　　王宗岳说要能够守中，就是在具体修为中把自己打造成一个合乎太极之理的完整体，就是从"忽隐忽现"来进行修为。"忽隐忽现"是什么？现是外、隐是内，一内一外去寻求如何做到不偏不倚。在内和外能够做到不偏不倚的情况下，同时提出来还要分左和右，"左重则左虚，右重则右杳"；还要分上和下，"仰之则弥高，俯之则弥深"；还要分前和后，"进之则愈长，退之则愈促"。从内外、左右、上下、前后八个方面告诉我们要做到不偏不倚。这个不偏不倚首先分出来了阴阳，阴阳在太极内功中的具体体现就是这八个方面：内和外、左和右、上和下、前和后。拳论也指出，"立身须中正安舒，支撑八面"，做到八面支撑才是一个完整体、一种完整的状态。这八个面是两两相对立，同时要让它们相合，分是阴阳，合就是太极。对于具体的内功修为，从桩功开始就要分清楚内外、分清楚左右、分清楚上下、分清楚前后。同时，分中要合，要合二而一，两两相合，内外要相合、左右要相合、上下要相合、前后要相合，最后内外、左右、上下、前后合成一个完整体、一种完整状态，这个体就是太极。所以说分阴阳、合太极，就要牢牢把握住这几个方面认真去修为，遵理而为，最终就能够把自己打造成这样一个完整的太极体。

找到"平"的状态

王宗岳通过这八个面（内和外、左和右、上和下、前和后）把分阴阳、合太极做了具体的指导性的论述。内和外是一个隐一个现（忽隐忽现）；左和右是左重左虚、右重右杳；上和下讲的是仰和俯（仰之则弥高，俯之则弥深）；前和后讲的是进和退（进之则愈长，退之则愈促）。在这个基础上要把它合出一种状态，也就是阴阳之合，合出来太极。太极是阴和阳，一合合出来一种平的状态，这种平的状态是有阴有阳，但是又是阴阳之合，谁也离不开谁。合出来的平的状态，就是太极的状态。这种状态就像一杆秤，像一个天平，一左一右，合到一个中上，这一点就是太极。为什么？因为它是阴阳之合、左右之合，这一点是平的、是阴阳平衡的结果。正因为找到了这一点，这个平是一个标准。太极内功的修为就是通过分出来一个阴一个阳以后，要找到一个平的标准，找到这么一种状态和滋味。这种滋味、这种状态也就是让自己通过太极内功的修为，修为出这样一杆秤、一个天平。

当然，修为的这个天平的状态是相对静的，修为这个静的目的不是为了静、不动，是有了一个平而静的准则，才能够该怎么动就怎么动。太极修为就是在修为这样一杆秤，这是体。就是要用它的不平，也就是要动了，因为宇宙万物的本原是动的，人总是要动的，但是动要有一个标准和主宰，以这个静作为动的主宰。王宗岳《太极拳论》开篇说，"太极者，无极而生，阴阳之母也。动之则分，静之则合"，也就是一分就动、一合就静。阴和阳两者合了，合是平了，平和、平静，平而静、静而平，相对静了、平了，这种状态就叫静。但我们的目的不是为了静止不动，而是要能够因敌变化示神奇，因为我们所面对的万事万物总是在变动中，总要让自己随机而动、随势而为，我们就是要修为出一个动来，一个该怎么动就怎么动、随势而动、随机而动这样可用的体、一个我自己。

　　找到了这个平的主旨，在它的主宰下才能随机而动。怎么动呢？该怎么动就怎么动，"动急则急应、动缓则缓随"，怎么急应、怎么缓随呢？动之则分，分则动。分什么？也就是当我们把自己打造成这么一杆秤的时候，这杆秤是在静而平的状态下，以它为主宰，我们就能做到动得非常灵敏，能够"动急则急应、动缓则缓随"，能够有感即应，感而遂通，能够随机而变、随势而动。也就是在平的状态下的"一羽不能加"，如果这边加了一根羽毛的分量，立刻就不平了。不平，立刻就动了，因为分出来了，这边多了，就要动了。所以说只有平的时候加一根羽毛的分量，就会打破这种平衡，就能产生"动急则急应、动缓则缓随"的结果。

　　王宗岳的这句"一羽不能加，蝇虫不能落"，说的是结果，我们不是练"一羽不能加"，也不是练"蝇虫不能落"。就是说不要去管加多少、不要去管动多少，而是管自己能不能够找到一个平静之体、一种平衡的状态。我们能不能练出来这样一杆秤，这杆秤是阴阳平衡的结果，也就是分了阴阳、合了太极。这个状态是静，太极内功修为的主旨求的是中、修的是静，让自己真正能静下来。所以，太极内功的修为不是修为有为的肢体的速度、力量，如何去变动，而是修为能够让自己身心俱静。离开了这个主体，就不是太极真内功修为。很多人修为反了，修为的是动上去动、是力量、是速度的变化，唯独没有能够让自己动之则分、静之则合，能够让自己守中、静下来，静中能够寓动，能够做到发而未发。加上一根羽毛就要动，是在静而平衡的基础上的结果。

把自己修出一杆秤

王宗岳这句"一羽不能加，蝇虫不能落"，说的是修为的核心主旨不是修动，而是修静，动是该怎么动就怎么动，是结果，是在平静的基础上，随机而变、随势而为。该怎么变、怎么动呢？修为的核心是让自己成为这样一个天平。只要外界加了一根小小的羽毛，马上因为这样一根小小的羽毛就产生一个很大的变化，这个变化不是我要变，而是因为一根羽毛的变化，我就会随着它变，它有多轻我就会根据它进行反应。不管它是轻还是重，都是它外在的加和减的结果。我们是处在相对静止不动的状况下，所以我们修为的是这么一种平的状态。

因此，太极拳修为要立身中正安舒，立如平准。如何修为出能够让自己静下来、能够分而合出来一个平的状态呢？王宗岳的这句"一羽不能加，蝇虫不能落"是修为的结果，通过前面"不偏不倚"告诉我们这是主旨。通过"不偏不倚"这个守中、求中的主体，通过进行内和外、忽隐忽现，左重左虚、右重右杳，"仰之则弥高，俯之则弥深"的修为，再加上"进之则愈长，退之则愈促"的修为，就能够把自己修为出一杆秤。所以王宗岳不只是给大家指出了方向和结果，还告诉我们如何能够达到这个结果，通过什么样的方法能够修为出这样一杆秤。

只要修为出这杆秤，必然能够得到"一羽不能加、蝇虫不能落"的结果，就会结出这样一个神奇的果实。所以在修为中，要进入太极思维的核心理念，就是抓因结果。很多人的修为都是"差之毫厘，谬之千里"，往往徘徊在门外不能得门而入，很重要的原因，是拿住结果去求结果。其实结果是抓对了因，不求结果，最后自然而然一定会得出这个结果。如果我们修为"一羽不能加，蝇虫不能落"，最后我们以为修为的那个是，其实已经是背道而驰了。要想得到"一羽不能加，蝇虫不能落"的结果，就要老老实实通过王宗岳讲的这个修为的主旨，一步一步把自己打造成这样一个不偏不倚、无过不及、处处守中的平衡的天平的体。

要的就是这种状态，在任何时候不因环境的改变、不因对象的改变、不因客观的变化而变化，只要是加一根羽毛，我就能够有很大的反应就可以了。所以不要外求，不管它来多少，不管它怎么变，自己守住自己的平、守住自己的中，得中用中就会妙用无穷。用的就是这个中、就是这个平，它会得出随机而变、随势而为这样一个能够"动急则急应、动缓则缓随"，能够随机应变的结果。

二、从两方面理解"一羽"

要理解王宗岳所说"一羽不能加，蝇虫不能落"，特别是"一羽不能加"，先要对"一羽"有一个明理、一个认知。王宗岳为什么在这里用"一羽不能加"，我们要从两个方面去理解"一羽"。

极轻的一羽，合出来的一羽

大多数太极拳爱好者认为"一羽"，只是一个非常轻的、一根羽毛的分量，这是从轻的角度理解"一羽"这个概念。对不对呢？不错。确确实实"一羽不能加"阐述了这样一个理，就是极轻、非常轻。杨健侯的《太极拳约言》告诉我们，"轻则灵，灵则动，动则变，变则化"。所有的变化都是由轻开始的，轻才能灵，灵才能动，动才能变，变才能化，所以说轻是一个很重要的太极内功修为的核心理念。

"一羽"是为了表示极轻。杨澄甫在《论太极推手》一文中也指出，"手极轻而人不能过"。推手，两个人手和手相接的时候手要极轻，轻到什么程度呢？王宗岳讲是一羽这样一种极轻的状态。一根羽毛放到手上，基本上感觉不到它的重量，所以它是极轻的。"一羽不能加，蝇虫不能落"，一羽表示极轻，蝇虫也表示极轻，这只是一方面的理解。

从太极内功修为来理解，王宗岳说的一羽是不是只讲极轻呢？在我的修为过程中，我所传承的太极内功的修为，我的师爷、我的父亲在给我讲解王宗岳《太极拳论》的时候特别指出来，"一羽"这个概念除了极轻以外，往往还有一个容易被我们忽视的真义内涵，它是一和二的关系。这里用一羽是一，从太极内功来理解，一羽是一个翅膀，也就是说我们一个翅膀，只有左没有右。我们都知道大鹏展翅，所有的鸟都有两个翅膀，有左就有右。从太极的理念来说，一定是一分为二的，是由两个合起来的，有左就要有右、有上就要有下、有前就有后、有内就有外，这才是合太极。

一羽，只有左没有右的话，这不是合太极。我们要想合到太极上，就把两个翅膀合到一起、加到一起，合出来一个"一羽"。所以，这个"一羽"有一个重要的概念，是阴阳之合、是左右之合，我们往往有了左就缺了右、有了上就没有下。这两个虽然是相反的，但一定是相反而合、相反相成，才合为一。合是加，加到一的时候，这里面一定是两个，是合二而一的，是左重左虚、右重右杳，左右相合，合出来一个极轻，是上下相随、前后相加，是合太极合出来的。一羽有一个重要的理念，是分而合，是合一的结果。单纯去找一个一、一根羽毛的轻是远远不够的，他告诉我们是要合的。

特别是结合"虚领顶劲、气沉丹田"，一上一下，一轻一沉，要不偏不倚。不偏不倚是合的结果。隐和现、左和右、上和下、前和后，都是相分相合，最后合出来一个"一羽不加"。所以，修为的时候要牢牢把握住这个主旨去认真体悟它，才能够真的理解王宗岳在《太极拳论》中所说的"一羽不能加"其中的真义内涵。

汉朝有一个著名的学者叫王符，他在一篇论述中，关于一羽有一个说法。这个说法就是分阴阳、合太极。怎么说的呢？"大鹏之动，非一羽之轻"，我们不是说一根羽毛是极轻吗，"骐骥之速，非一足之力也"，这是王符的论述，什么意思呢？"大鹏之动，非一羽之轻"，绝不是一个翅膀动，一定是两个翅膀左右相合、前后相随、上下形成一种完整的状态。随落而起，它才能够直上九霄，才能够大鹏展翅。所以说两个翅膀要合在一起。"骐骥之速，非一足之力也"，骐骥就是千里马，一匹好马良驹，能够日行千里，非一足之力，靠一只蹄子、一只脚是不行的。不要说骐骥、千里马了，就是人没有左右两只脚，一只脚跳能跳多快？要跑起来一定是两只脚相合，左右、前后相随，所以两脚之力才能够有骐骥之速。宇宙万物就是分着阴和阳，有左就有右、有前就有后、有上就有下，这是绝对的。宇宙万物是离不开阴和阳的，它们所有的变化正是因为分了阴和阳，正是因为阴阳的分合，动之则分、静之则合，才产生了万事万物的发展变化和繁衍。而太极内功的修为恰恰要在分清的基础上进行动之则分、静之则合，在这一分一合中，产生了所有的变化，变化就是这样产生的。

修为不是练变化，无须去练怎么变化，该怎么变就怎么变，能怎么化就怎么化。我们练的是什么？把自己练的能够分阴阳、合太极，能够动之则分、静之则合，能够做到自己的身和心动之则分、静之则合，打造这样一个完整体，就能够结出"一羽不能加，蝇虫不能落""动急则急应，动缓则缓随"，随机而为、随势而变的结果。所以练什么，王宗岳非常明确地给我们指出，就是从桩功开始打造出这样一个完整体。

所以，对于一羽要有清醒的认识，两个方面：一个是讲极轻，这是一个理念，一羽是说极轻的状态。另一个更主要的还是说，一羽是两个翅膀合二而一，合出来的一个一的状态。这样对"一羽不能加"就会有一个全面、完整的理解和认识了。

如何能够做到一羽不能加的极轻，还能做到左右两个翅膀的相合，对人来说分了左右、上下、前后，要能够把两个分开的部分合起来。所谓合起来，就是能够相互配合起来完成一个动作。这个合不是把它合死了，是合出来能够相反相成、相互分而合的变化，能够产生这么一个结果。

要产生这个结果，怎么练呢？王宗岳告诉我们"一羽不能加，蝇虫不能落"，是让我们自己修为出这样一个天平、这样一个体，从而得到一个"一羽不加、蝇虫不落"的结果。

举轻若重

怎么修为出一羽极轻这个结果？根据王宗岳的这篇《太极拳论》，特别是杨氏太极拳内功的传承，经过多年的修为，我提炼和总结出来一个重要的修为方法——举轻若重。要得到一羽不加的极轻，我们不在重中去求，而是在轻中求出重来。我们说有的人能够举起千斤重担、千斤力，但是却举不起一根羽毛。

关于此，古人也给我们阐释得很清楚了。孟子《梁惠王（上）》一文中有这样一句论述，"吾力足以举百钧，而不足以举一羽"，这里提到一羽，吾力、我的力量足足能够举起百钧、千斤重，而不足以举一羽。怎么理解这句话呢？有人在修为中为了能够举得更重，你举一百斤我能举起二百斤，我举起二百斤的力量就大于你举起一百斤的力量，就是靠力量的大来战胜力量的小。我们管它叫举重若重，就是越举越重，这是一条路子。

但是我所传承的修为不是这条路子，一羽不能加不是靠举重若重，越举越重，而是举轻若重，所以我在这里要强调具体的修为方法，即要把握住举轻若重这个原则，从而得出一羽不加的结果。

一般人锻炼身体，到健身房练肌肉力量，先由五十斤开始，再不断加杠铃，越举越重。但是我所传承的修为最后要达到什么目标？就是举重若轻，我们修为的结果是举起很重的分量，这个分量是大或者是多或者是少，对于我来说始终如一，总是轻的。因此，其结果是举重若轻，多重好像在我这里来说无所谓，你来一百斤力和来一千斤的力对于我来说结果都是一样的。

怎么练到这一点呢？通过平常太极内功的修为，从举轻若重开始，也就是无而生有、无中生有，是在无中修出一个真正的有来。不去练一个举实重的杠铃，是在没有这个杠铃的时候，无要生出一个有来。在没有中要找出一个犹如千钧重量的东西，在面临这样一个无中的有时，我们的身体应该如何去反应，我们的身心应该如何去做，这是我们修为的一条路径——无中生有。

假修真

什么是无呢？无是空、没有，怎么修出有呢？就要假借，我们要假修真、无生有，虚的要修出一个真实的结果。怎么修为呢？太极拳的前辈们很清楚地给我们指出来"凡此皆是意"，这就是一个意的修为，从没有到有完全是意上的变化。

本来没有这个意，要修出一个真实有的意来，怎么才能达到这个结果呢？要想虚的意、无的意，无而有、虚而实，要真实地产生这样一个举轻若重的意的结果的话，具体修为的方法很明确，就是通过把有的修无，要无中能生出一个真有来。修为方法是什么？因是什么？因是把有的给无了、实的给虚了，所得出来的结果，那个无里面就生出来一个真实的有了。

虚的是这个意，意要修出一个真实的结果，就要把有的修无、实的修虚。有的是自己实实在在的肉体，有手、有身、有腿、有脚，有自己的肉体，四体百骸，这就是有、就是实。要得到这个结果，无中要生出一个真实的有，就要把这个有通过功法修为到无，修为到空，修为到虚了。方法很明确，结果也很清楚，要得到这个结果，就是要从有形的身体入手，实的修虚、有的回无，自然就得到一个意的真实。那个意虽然是虚的、是无的，但是它能够面对任何轻重的变化、大小的变化、多少的变化，能够始终如一以不变应万变。

为什么这样的修为能够得到一羽不加，不管是加轻的重量，还是千斤的来力，对于我来说都能够把它举重若轻，都能够把它化为无有呢？就是因为我已经把有形的身体修空了、修无了。一个空无的虚的身体，当受到外力的大力作用，不管它是来多来少、来大来小，对我来说以空而应敌、接手、接力，以虚而接它的实、以无而接它的有，都必然会得到一个引进落空的结果。所以，修为的路径很清楚，不是修为大力打小力、重上求更重，而是要从无入手、从虚入手，把有的要回无、实的要化虚，让自己空了，这样才能够真正达到"一羽不能加、蝇虫不能落"。只要在这个点上，不管来大来小的力，都能够在平的基础上随机应变，加一羽它变了，加一千斤它也变了，但都是围绕这个不变的中这一点来变。一个阴、一个阳两个力，它们怎么变？一个左一个右，怎么加、怎么减？对于这一点来说永远是空的、是虚的。它是无力，正因为无力的这一点它才是支点。阿基米德曾说过，只要给我一个支点，我就能把地球撬起来。即使庞大的地球，只要找到一个虚空的支点，就能够撬动起来，所以太极修为就是要找到这个点。只有找到这一点，才真的能够四两拨千斤，才能够以柔克刚、以小搏大、以弱胜强，这一点是不偏不倚，是中，就"一羽不能加、蝇虫不能落"了。

从这个角度，王宗岳的"一羽不能加、蝇虫不能落"所阐述的是什么样的太极理念，在理解这个理念的基础上，在修为的时候要把握住什么样具体的内功修为的方法。遵循着这个方法、沿着王宗岳所说太极内功之理，就能够让自己真的进入太极内功所求的真正的境界中去。"一羽不能加、蝇虫不能落"是在平的基础上、静的状态下，加一羽则动，落一虫则偏。我们修为的就是这一点。

三、修为无我的虚空体

王宗岳进一步说："人不知我，我独知人"，这句话在此处是想说明一个什么样的道理？通过太极内功修为得到"一羽不能加，蝇虫不能落"的结果以后会进入一个什么样的境界中去呢？我们不是为了要打造这个体，而是为了用这个体。这个体在用的过程中，无非是一个我和我之外的所有的人和事物发生的关系，把它提炼概括为两个部分，一个是主观就是己，一个是客观就是外界、外人，其他的人和事物。

人不知我

王宗岳在这里所说的"人不知我，我独知人"是说我和人的关系、我和我之外的人的关系。怎么理解这句话？这里想说明一个什么道理呢？从太极思维的角度理解王宗岳的这句拳论，结合前文所讲的，所修为的这杆秤本身自己不动、永远是平的，但是它一定是因外而动的，外面加了一根羽毛它就要动，落下一个小虫它也要动。它是静的，但是它是静而可以随动的，也就是静中寓动、随时可动。而这个动不是它自己动，秤的一种重要品质是无私、无欲、无力，它自己不动，它没有想法，唯一守住的就是如何让自己在这一点上处在平而静的状态，所以秤是无我的，是空的、空灵的。

要把自己修为成这样一杆平而静的秤，要从无私、无念、无欲、无力的无上去寻求一个真正有的静和平。这个静和平是通过无我而得到的一个真实的结果，它没有自己的想法，不管有千斤来力还是一根羽毛，它该怎么动就怎么动。因此，这杆秤是我的话，就要修为出这样一杆秤，这杆秤本身是无我，没有它自己。

当没有了自己的时候，别人怎么能够知道它呢？如果它有的话，你有大我知道你有大了，有小我知道你有小了。所以人为什么不知道它，是连它自己都处在无的状态，无了我以后，对于我的无，对手永远不能在有中感受到它的存在。

王宗岳这句"人不知我，我独知人"，其实是一个结果。也就是告诉我们太极内功的修为是从无我入手，修出这样一杆秤。人永远不可能知道你，人总去知道有，人对无是无法把握住的。有能抓得住，但是虚空、无怎么抓？抓到这个无抓了一个空，所以"人不知我"的含义是无我，无我就能够得到"人不知我"的结果。

我独知人

王宗岳又告诉我们，"我独知人"。"人不知我"、无我以后，"我独知人"是告诉我们根本不去管别人怎么样，我不需要知道别人，该怎么来就怎么来，别人是多还是少，我这杆秤不管你来的多和少，你是大还是小，只是让自己处在这么一种无而有、平而静的状态下，所以在对待外边的别人时，总是以一而应万，守中而待动。这种情况下，没有分别心，不需要去分别，处在这种中的状态下就能够得其环中以应无穷，就能够以一应万。

王宗岳这句拳论实际上就告诉我们，太极内功的修为就是要找到这个点。合太极以后，找到平而静，守中而得中的结果，就能够以一应万变，就不用再费尽脑子用自己的想法去分别它来的是快还是慢、来的是大还是小、来的是多还是少，进而我们就能"一羽不能加，蝇虫不能落""动急则急应、动缓则缓随"，就能够"轻则灵、灵则动、动则变、变则化"。就是因为这样一个守中体的主旨，才能够得到"因敌变化示神奇"的结果。

"人不知我，我独知人"就是告诉我们修为应该牢牢把握住主旨，从无我入手，把自己修空，也就是《太极歌》里说的"全体透空"。空到什么程度，王宗岳前文也告诉我们了，"一羽不能加"，要空到这种程度。当然这是一种追求、是一种理想，还要不断地损之又损，把身体里面所有不空的部分全部回空，有而回无，无出来一种空无的状态，我们就能够包容一切了。

修出虚空的自己

杨澄甫大师一直讲练太极内功不惧牛力，如果巧内功不能够战胜千斤力又何必练功？他很清楚地告诉我们，通过太极内功的修为，让自己修为出这样一个虚空体，千斤的来力落在这个空里化为乌有了。为什么不惧牛力？就因为我是空的，你千斤力、万斤力掉到空里面也没有了，所以要让自己全身虚空。我们的内心世界要有容乃大，要能够包容一切，心要像大海一样宽阔。

在这种状态下，外面的任何变化，连想都不去想。我也不去分辨，我无须知道它，我只要让自己修成一种无我的状态，自然就能不知而知，我不用想都知道你来了以后就会掉在里面。你来大掉大、来小掉小，我还想它干什么？多多少少、大大小小对于我来说是变而不变，对我来说是没有变化、没有分别。如果修为到这么一种状态还会有对手吗？还用去分别对手、管对手吗？不需要了，所以结果是无敌。为什么前人告诉我们太极无敌，这句话很多人理解为，太极就是需要练内功，去跟别人搏斗、搏击，主动出击，打败对手，战胜一个又一个对手，最后就无敌了。是这样吗？不是，这不是太极所说的无敌的结果、无敌的理念。

太极所说的无敌是什么？对于我来说都没有。因为我以无来战胜有，你所有的有到我这里都化有回无。因此没有对手，因无我而无敌，这样就能让自己静下来了，不去操心那些不该我们操心的事。所以，太极内功为什么要修为内视、内观、内求、内修，是修自己，不管他人，不要外求。功全在自己，在修空、修虚、修无上，这是太极修为的核心。

"人不知我，我独知人"，通过太极内功的修为、运用太极思维来理解王宗岳的这句拳论，就是告诉我们无我而无敌。太极没有对手，只要把自己有而回无、实而回虚的话，就是一个无我之体，无我自然就无敌。

"人不知我，我独知人"，怎么去练我独知人？怎么练出来让人家不知道我？其修为的核心不管是"人不知我"，还是"我独知人"，都体现在修无我而无敌这样一个修为的核心理念上。

觉知运动

特别是杨氏太极拳的修为，《固有分明法》这篇文

章中明确指出，太极拳的修为是修为知觉运动，要"先求
自己知觉运动得知于身"，自己知觉运动就是知自己。怎
么样在我自己的身心中能够运而知、动而觉，能够修为出
这样一种得知于身、得知于我自己的知觉运动，我自己修
为出这样一个完整体。"先求自己知觉运动得知于身，自
能知人；要先知人，恐失于自己，不可不知此理也。"拳
理说得很清楚，修为的核心是修自己、知自己，不是求知
人，能知己自能知人。如果不从知己入手，总想去求知人
的话，最后恐怕会失去自己。杨氏太极拳老谱从这个角度
进一步强调，太极内功修为的核心是知己之功。从无极桩
功开始到浑圆桩功、开合动功，所有修为的功法都围绕着
一个核心理念——修为自己。真正让自己能够先求自己的
知觉运动，得知于身，也就是知己之功。所以说知己和知
人是一回事。

　　遵照王宗岳《太极拳论》中的这段论述，就是要遵
循太极内功的核心理念的修为，通过知己之功的修为，把
自己打造成一个合乎分阴阳、合太极的完整体。"英雄所
向无敌，盖皆由此而及也"，这句话是作为整个这一大段
拳论最后的结论。因为我们修为想求得的一个目标就是所
向无敌，就是让自己在任何情况下，都能够战无不胜。这
个所向无敌，是太极内功修为的核心目标。也就是要老老
实实地明这个理、遵有为的这个功法，去求知己之功，把

自己打造成一个无我之体，无私无欲、无念无力，全体透空，实而虚、虚而实，有而无、无而有这样一种身心合一的既虚又实、既空又有、空而不空的完整状态。英雄所向无敌就因这一点，无我而无敌，盖由此而及也，就是由这一点才能够达到战无不胜的目标。

王宗岳清晰、明确地指出来，遵循太极之理和具体的修为方法，遵循内功修为的主旨去修为，最终就真的能够让自己实现目标、达到一种境界，即让自己能够处于一种战无不胜的、英雄所向无敌的境界。

"一羽不能加，蝇虫不能落"，其关键是自己要成为这样一杆秤，要把自己有形的身体实而虚、有而无。在面对外来各种变化或者来力时候，考虑自己是不是回空了、是不是回无了、是不是虚了，也就是形要虚透、不用力。从站桩开始就是要修这一点，有形的身体形要松，才能紧出内里那个意来；外面的形体要松、要不用力，内里面的那个意要紧、要真实。这两者要合起来，我们才真的能够做到"一羽不能加、蝇虫不能落"。

王宗岳这段论述强调要修为出形松意紧、外虚内实，实而虚、虚而实、外的形体要空、内的意气要空而不空这样的完整状态。这种完整状态"一羽不能加"，他现在是一杆空灵的秤，我加多少都会掉到他的空里面，所以不用管我的多少，这个时候非常简单，就是静静地在这里等着，但是他里面有一个主宰的不空的内意。因此他无敌，不需要想我，不用管其他，只要他是虚空之体，他用自己内里的意气的不空能够动变自己的虚空体，我就被变出去了。他变的不是我，而是他自己。因此，这个时候他是处于既没有自己的想法，也没有对手的一种平衡状态。

这时候他不需要知道我，他连自己都不需要知道。他守住了这样一种无的状态还需要知道什么，掉在他这杆平衡的秤中。所以"人不知我，我独知人"，这才是"英雄所向无敌，盖由此而及也"。因此，不要去修无敌，而是修无我，修出这杆秤来，就是由内修修出来这样一个结果，而得到"英雄所向无敌"的至高境界。

（互 动）

学员：谢谢老师！今天讲的"进之则愈长、退之则愈促"，我还没有想到什么问题，就是想要分享一下。我感觉老师所讲的"进之则愈长、退之则愈促"，如果我们化掉自我，能够出了自己这个小圈，进到天地本原的这个大圈里面，世界就会变得很宽广。"退之则愈促"，如果我一直守在自己的小圈里，就把这个圈越画越小，结果自己就局促在自己的小圈里面，虽然自己心里觉得很容易，其实是活得越来越小、越来越局限了。

这是我今天上老师课的感触跟大家分享一下，老师如果有建议也可以帮我补充一下。

李老师：你说得太好了，完全是今天我讲的核心主旨。其实我们太极内功修为就是你刚才说的，要化掉自己的小圈子，要把自己融入天地之间的大圈子。要融入社会，因为物以类聚、人以群分，要把自己融入与他人相合的这个更大的圈子里面，唯一的一个想法是化自己，化自己就是进那个圈子。所以，我们的修为不在于我怎么进去，而在于怎么化自己，把自己要融化掉，所以你刚才的理解非常正确。包括我们下一步在动功学习中，包括在和对手的推手练习、推手摸劲的过程中，不是我推你、你推我，而是化掉我这个圈子、化掉我自己，和对手要融合成一个圈子。也就是说，我能够进到对手的圈子，对手自然在我的圈子中，我和对手成了一个圈子。所以，我们两个只要形成一个圈子，才是不丢不顶。你的圈子是你的圈子，我进不去；我的圈子是我的圈子，我不让你进来。两个人就顶。或者你的圈子是你的圈子，我跑了、离开了，而不是化。所以阴阳相济，就是相化相合，把你和我化合成一的话，无你无我了，这种状态才是合一的状态。合一的状态你才能够进入"常无，欲观其妙"，才会有各种各样的变化。

所以，实际上我们的修为主旨就是要通过太极内功的修为，真的把自我的这个小圈子给化掉，把自我给无掉，从大处说，使自己融合到天地之间这个大的永恒的圈子中去，让自己又回到无中，也让自己得到一种真正的永生和永恒。

第九章 太极内功修为的正道通途

斯技旁门甚多，虽势有区别，概不外壮欺弱，慢让快耳。有力打无力，手慢让手快，是皆先天自然之能，非关学力而有为也！察四两拨千斤之句，显非力胜；观耄耋能御众之形，快何能为！

　　前面王宗岳从拳道、拳理上阐释了什么是"本是"，接下来针对"本是"说了什么是"多误"，以及"多误"的表现。

　　什么是多误呢？他告诉我们"斯技旁门甚多，虽势有区别"，表现是不一样的。他高度提炼、总结出来多误的两种表象：一个是壮欺弱、一个是快欺慢，就是大力打小力、有力打无力、手快打手慢。表现出来的多误现象，集中在两个方面：一个是力量、一个是速度。

一、以小搏大，四两拨千斤

　　第一句话王宗岳告诉我们"斯技旁门甚多"，就是讲在我们太极内功修为过程中，"本是舍己从人"，这是一条正道通途，我们太极拳、太极内功修为一定要沿着"舍己从人"这条光明大道勇往直前去修为。但是，离开了这条大道，我们就会走上旁门，偏离这条正道通途。正道通途只有一条，但是旁门左道却很多，而且这些旁门左道表现的形式各不相同。针对这些旁门左道，王宗岳并不是去解读种种旁门左道，而是高度概括起来，让我们要认清楚。旁门左道虽多，总结起来，无非就是：壮欺弱、快欺慢，大力打小力，速度快胜速度慢。

王宗岳告诉我们，力大打力小、手快打手慢，这些皆是先天之本能，本来就是力大一定要打力小、手慢一定会被手快打，这是毋庸置疑的，是"非关学力而有为也"，不需要后天的修为，本来就是这样。王宗岳给我们讲得很明确。

力大打力小、手快打手慢，是不是手慢一定被手快打？力大一定能够战胜力小呢？是，也不是。力大就是打力小，手快就是打手慢，这是一般规律，是先天自然之能，本来就应该是这样的，客观规律就如此，大打小、慢让快。我们要记住，永远是大打小、快打慢，这是本原的规律，不用怀疑，因为本来就是这样。

既然本来就是这样，是"非关学力而有为"，那么还要不要我们太极内功的修为呢？太极内功修为的结果是恰好相反——与这个本来的先天自然之能完全相反，我们要做到以小搏大、以弱胜强。这样跟先天自然之能完全相反。既然大打小、快打慢是不容置疑的，为什么我们太极内功的修为还要去修为小打大呢？我们怎么还能修为呢？这也正是我们修为的关键所在。

小打大　弱胜强

大胜小、快胜慢，的确是本原的规律，而太极内功修为则反其道而行。我们修为的最终结果要做到以小胜大、以慢胜快，这是违背先天自然之能的，是需要后天努力修为的。为什么太极内功修为能够做到反其道而行，能够做到柔弱胜刚强、以小能搏大呢？从本质上来说，我们永远都遵循着以大力打小力、手快胜手慢。太极修为最后还是要实现以大打小、以快胜慢，怎么能说我们的修为要遵循着以小搏大、以弱胜强，这不是相矛盾吗？是的，是矛盾的。但关键不在于矛盾，在于我们有能力通过我们的不断修为，让我们在遵循着以大打小、以快胜慢这个先天自然之能的原则的基础上，能够用我们的小去胜这个大、以弱胜这个强。这正是太极内功修为的核心主旨和特色，也是它的奥妙所在。

王宗岳在前文提出了多误、旁门，无非是有力打无力、大力打小力、手慢让手快、手快胜手慢，即一个力量、一个速度，所有的武术、所有的拳术，都体现在这两个方面，离开了力量和速度，就离开了拳术的核心。拳术的修为，不管是外家拳还是内家拳，不管是太极、形意、八卦还是大成拳，核心就是要修为出来力量和速度。但是，这两个要素不是看着它有力，它就一定能够真的最终有力；看着它速度很快，未必它的速度能用在真正的快胜慢上。下面王宗岳就告诉我们，太极内功修为"察四两拨千斤之句，显非力胜；观耄耋能御众之形，快何能为"。

　　前面王宗岳告诉我们"多误"，在太极内功修为中，如果我们还是跟常人一样，练力量、以大力打小力、以手快打手慢的话，就违背了太极内功修为的核心主旨。因为太极内功修为最终是以小搏大，就体现在"牵动四两拨千斤"上。这句拳论源于张三丰拳论中的一句话，"察四两拨千斤"。王宗岳在这里把三丰祖师的这句拳论引进来，因为太极内功修为很重要的一个特征就是四两能拨千斤。常人不是都说大打小、有力打无力吗？可是我们太极内功是小能胜大，牵动四两拨千斤。一个是四两、一个是千斤，这两个哪个是大、哪个是小？在常人看来四两为小、千斤为大，而且千斤和四两相比大得不是一点半点，所以常人看来千斤打四两不在话下，这很正常。可是太极内功的修为从三丰祖师那儿就告诉我们了，太极内功的修为要能够做到四两拨千斤，四两就能够战胜千斤、解决千斤的问题，但是这是反常态的。王宗岳在这里告诉我们，针对多误只能是千斤胜四两，而我们太极内功则是四两能拨千斤，"察四两拨千斤之句，显非力胜"，显然不是大力打小力。

　　接下来他又说，"观耄耋御众之形"，七八十岁的老人能够打败几个年轻力壮的小伙子。从力量上来说，一个七八十岁的老人和年轻力壮的小伙子相比，哪个力大、哪个力小不言而喻。同时，在速度方面、手的快慢方面也不用说。可是恰恰是通过我们太极内功的修为，一位耄耋老人，能够战胜多个身强力壮的小伙子。他的结论告诉我们，不是只能是快打慢。一位老人的力量、速度都不可能比小伙子还大、还快，在这里王宗岳很明确地告诉我们多误的表现，实际上是告诉我们，所有的拳术，包括太极内功的修为，都离不开力量和速度两个要素。一般的拳术都是去练力大，因为要靠力大打力小；要练速度、手快，因为手快就会胜手慢。可是太极内功的修为正是在力量和速度这两个方面、这两个武术的核心要素中，让我们反其道而行，完全要让我们做到力大不一定能打力小，反而是小能搏大、慢胜了快。

在这里面，王宗岳只是把多误和太极内功修为的本是所表现出来的对立的两个方面，通过力量和速度，把太极内功修为的多误和本是摆在了这里，让我们能清醒地看到什么是多误、什么是本是。太极内功为什么能够做到四两拨千斤，能够做到手慢反而能胜手快，王宗岳并没有直接讲。他只是给我们指明了方向、指出来了多误的表现，让我们沿着正确的通途向着"四两拨千斤、耄耋能御众"这个方向去修为。

究竟为什么耄耋能御众、为什么弱能胜强、小力能够打大力？他没有讲，他是要我们通过太极内功的修为，让我们认清方向，遵照着我们的理法、心法、功法的修为原则，才能达到最终的结果。

在这里我们把王宗岳这段拳论中没有告诉大家的为什么四两能拨千斤、为什么手慢反而能够胜手快予以剖析。我们只有知道了多误是什么，明确了我们修为的方向，才能知道为什么太极内功的修为真正能够实现四两拨千斤的道理所在。

四两拨千斤

我们说能够四两拨千斤、无力打有力、小力打大力、手慢胜手快，跟我们前面所说的多误、壮欺弱、快欺慢、有力打无力、大力打小力、手快胜手慢，是不是矛盾的？是也不是。是，为什么？因为其他所有的拳术，都是练力量、练速度，我们叫外家，用身体的力量、用身体的反应速度，一定会大打小、快打慢。可是我们太极修为要怎么做？如果这个世界上只能是强胜弱、大打小，那么就不会产生我们世界的这些发展和变化。作为世界主宰的人类来说，只有我们能够做到小搏大、弱胜强，为什么呢？因为我们有头脑、有智慧，我们靠的不是身体本身的力量和速度。太极内功有一句话，"全凭心意用功夫"，就是说我们太极内功的修为能够做到反其道而行，普通人都是大打小、快打慢，我就是要小打大、弱胜强。能不能做到？能做到，一定能做到。你的大打小、快打慢，凭的都是有形的身体的力量和速度，而我恰恰跟你相反，我不用我这个身体的力量和速度，就凭我的心意。所以太极内功的修为是全凭心意用功夫，也就是杨氏太极拳的传承。杨澄甫告诉我们的"凡此皆是意"，即要用意的修为把我们有形的身体通过太极内功的修为能够完全松通、实而虚。当别人用一个有力量、有速度的有形的实的身体来的话，我恰恰通过修为，不用自己身体的力和形，也不用它形成的速度。我要用这样一个实而虚、有而无的身体，要用我的心和意，把我这个有形的身体实而虚无、有而化无。

为什么能够用意让我这个身体实而虚了、有而回无，就能够做到以小胜多、以小搏大、以弱胜强？这就是太极内功修为的奥妙所在。杨氏太极拳的传承，杨澄甫大师关于力大打力小、小力胜大力的问题，有一句非常经典的论述，就是不要惧怕牛力，说的是太极内功不怕大力，太极内功的修为不怕你的力量大。他告诉我们"不惧牛力，巧内功不能胜大力者"，太极内功的修为练了半天练的是什么？就是练以小搏大，所以不惧牛力。杨澄甫给我们说得很清楚，同时马上又告诉我们，巧内功为什么不惧牛力，能够以小搏大？是因为"千斤落空无所用矣"。他的力很大，来的牛力非常大，如果以力对力的话，一定是大打小，1000斤就能胜800斤，力碰力、实碰实，就是比谁大

谁小，就是比谁的速度快，这是不容置疑的。可是如果来
的千斤力落在虚空处的话，不管它是千斤还是百斤，还是
万斤，再大的力落到了虚空处，就都化为零了，杨澄甫讲
"化为乌有"，没有了。

所以杨澄甫的这句话很明确地告诉了我们，给我们点
得很清楚了，我们要反复去体会他的话中之意。只要能够
把千斤的来力化为乌有，也就是能够让我们自己有形的身
体有力回无力。我不用我的身体、不用我的力，反而让我
的身体实而化虚、有而化无。对方来的大力作用在一个虚
无的身体上，虽然身体看似有，但是它是虚空、是无。来
的千斤力化为乌有了，它还能对有产生作用吗？一点作用
都没有了。

虚实变转 颠倒颠

太极内功之所以能够四两拨千斤，并不是违背大胜
小、多胜少这个原则，而是我们能够抓住虚实变转，能够
把大和小、多和少、快和慢，通过内功修为让它发生一个
颠倒颠。你来的大力到我这里就让它变小，你来的快到我
这里就让它快不起来，最终我们会发现，其实太极内功是
用高度的智慧、用我们的太极思维、太极心意，能够发生
一个阴阳颠倒、虚实变转。能力、功夫就体现在这里。最

终依然还是遵循了以多胜少、以大打小，只是我们能够发生一个转换。你多的到我这里来变少了，你大的到我这里来变小了、有的变无了，最终你无了以后，我还有。我永远比你多、永远比你大，你千斤之力到我这里来已经化为乌有了，而我有四两之力就可以了。四两是不是比那个"乌有"要大得多呢？千斤比四两要大得多，但是千斤归零以后，四两就比千斤大、比千斤多了，道理就在这里。就是说牵动四两拨千斤，其本质是用四两去牵动千斤，让这个千斤掉到虚空里面，正如杨澄甫讲的化为乌有了，千斤没有了，这个时候我踏踏实实地以大打小，因为四两就比你刚才那个千斤大得多了。所以太极内功的修为很清楚，就是遵循着本是，遵循着大打小、快打慢不容置疑的法则，这是根本规律，先天自然之能。

　　我们通过后天的"非关学力而有为"干什么？我们不是要违背这个原则，是能够发生一种变转和转移、转化，把对手的优势转化为弱势，我的弱势就能够发生一个变转。对手所来的优势被我转化以后，就变为我处在优势的地位了。

　　王宗岳告诉我们大力打小力、有力打无力、手快胜手慢是先天自然之能、是本原的、是根本规律，但是我们在遵守这个原则的基础上，还要能够做到以小搏大、以弱胜强的话，这就需要我们"关学力有为"。要学，发生了这种转化以后，我们依然还是遵守先天自然之能、本原的规律，最后还是回到以小胜大、以弱胜强、以少胜多，只不过多和少、大和小，通过我们的修为有能力把它颠倒颠。你来的再大的力我让你变小，你来的再快到我这里让你快不起来，你永远比我慢、永远比我小。你千斤比四两当然是大，但是一两比四两哪个大？刚才的四两对千斤来说是小，但是对于一两来说这个四两大多了，更别说我把你千斤化为乌有了。这是功夫，这是太极内功修为的核心。

我们只有遵循了这个主旨，才真正理解王宗岳这段拳论中所要告诉我们的：太极内功修为的核心主旨是发生阴阳颠倒颠、虚实能变转，能"因敌变化示神奇"。变转虚实才是我们太极内功修为以小搏大、以弱胜强的根本所在。也就是说，能不能变转，在内不在外、在我不在他，因为你无法让他变。不管是千斤还是万斤，我们能让自己实而虚、有而无。只要我们把握住自己，能够做到这一点，就根本不用去管他来力的大小，到我这里都会化为乌有，从而能够做到四两拨千斤、以小能胜大、以弱能胜强。

非关学力而有为之法

王宗岳这段拳论，从理论上充分地告诉我们，如果太极内功修为离开了核心主旨，还是去训练有形身体的力量和速度，用我们有形身体的力大去战胜对手的力小、有形身体速度的快去战胜对手有形身体速度的慢的话，就不是我们太极内功的修为、不是关学力有为了。我们是要通过太极内功的修为，能够阴阳颠倒、虚实变转，把有形的身体虚了、空了、回无了，产生这样一个结果以后，来再大的力、再快的速度，如果落到虚空中，就会大力化没了、快也没有了，关键在于转换。

　　所以，一个人的能力在于能不能因时因势发生变转和转化，而这种转化其根本不是练有形的身体的大小、多少、快慢，而是在我们的头脑中要运用太极思维，全凭心意用功夫，用意不用力，能够通过这样非关学力有为的修为，让我们有形的身体实而虚、有而无，让我们修为出一个虚空的太极体，不但这个身体能够容下一斤、十斤、百斤、千斤、万斤……有多少、有多大，到我这里都能够把它容下、把它化为乌有。我们太极修为的功夫就在这里，本质也在这里。

　　通过王宗岳的这段论述，我们会明白太极内功的修为最终是要四两拨千斤，能够慢胜快、弱胜强、小打大。我们可以遵循着这一原则、遵循着这个理去找到非关学力有为之法，才能够达到、实现这个目标和结果。本来要让我们能够做到四两拨千斤、以小搏大，要让我们有形的身体有力回无力、用力回到不用力，让我们的身体要实而虚、要松通、要虚空，现在如果你还在练有形身体的反应，练有形身体的力大力小、速度快慢的话，就完全违背了这个原则，就会进入"斯技旁门甚多"，就进入了王宗岳所说的"本是舍己从人，多误舍近求远"，那么你练的就不是太极内功了，虽然打着太极内功的旗号，恰恰练的不是太极拳、太极内功。所以，离开了这个正道通途，也必然是旁门左道，必然是舍近求远，必然是差之毫厘、谬之千里。

在这里王宗岳苦口婆心地告诉我们多误的表象、多误的表现，同时他也清楚地让我们知道，在修为过程中，我们无非要抓住力量和速度，概括来说有力打无力、手快胜手慢。先天自然之能没有错，但是我们要想能够做到以小搏大、以弱胜强的话，我们就要发生转化，通过转化最后还是以多胜少、以大打小，但是发生了颠倒颠，我永远能够比对手多，不是在他的多的基础上，他一千斤我加到一千一百斤，而是我本来只有四两，我把他的千斤给化无了，我就比他多了，关键在于化。所以太极内功最终功夫在化境，离开了化境就离开了太极内功修为最核心的主旨，我们修为就在修这个化，出神入化、阶及神明，最终就落实在能不能化上。

我们生活中会出现各种各样的矛盾，事业中会出现各种各样的困难，不管是曲折、困难还是痛苦，关键问题是你能不能够转化，能不能够使它发生一个变转，把不利转化成有利，功夫、能力就在这里。异于常人的能力，就在于别人是在有利的时候是有利、不利的情况下就处于劣势，可是当一个人在劣势的时候，能够不断地把劣势向优势去转化的话，就异于常人、就超常了，一个人的能力就体现在这里。如果别人优势是优势、劣势是劣势，那你也一样的话，你没有什么特殊的。我们都是普通的人，但是要提高我们自己的能力，在宇宙万物的变化中，无非是当形势来了，无论是有利的形势，还是不利的形势，没关系，我都能够在自己这里发生一个变转，那么我就能够把劣势向优势转化。

二、白师爷以小胜大、以慢制快的故事

太极内功的修为修的就是化的能力。在杨氏太极拳的传承中，有一部非常经典的作品，它提到了这个化境，并给我们指明了通往这个最高境界的方向。这也是它的独到之处，很少有其他的拳论、拳谱把化境上升到这个高度。

这部作品是杨氏太极拳第二代传人、杨露禅的儿子杨健侯写的，叫《太极拳约言》。他讲"轻则灵、灵则动、动则变、变则化"，就短短几句话，其核心就是告诉我们怎么化。要进入化境，先得要能够变，变才有化。如果你

站在这里，当对手的力来了以后，你变不了你就化不开，能变才能化。关键问题是检查你能不能变。

变是什么？动则变，也就是你能不能动。站无极桩、浑圆桩的时候，当两个人交手，如果你哪只脚不能动，你就化不了。检查就是我没有一处是不能动的，一动无有不动，能动就能变、能变才能化，这样就能把对方的力化为乌有。能动什么？灵、灵性的反应、灵动，动不是乱动、不是盲目的瞎动。怎么才能灵？要轻。杨澄甫讲手极轻，轻就是不要用力，用力则滞，轻才灵。我们常人的习惯，都是不会轻，所以太极内功是从轻开始，修灵、修动、修变，进而进入化境。

王宗岳没有直接告诉我们怎么才能够进入化境，但是实际上已经指明了方向。他说"察四两拨千斤之句，显非力胜。观耄耋御众之形，快何能为"，这句话是太极内功修为的一个真实结果。一个"四两拨千斤，显非力胜"，一个"耄耋御众之形，快何能为"，这在我父亲的老师白旭华师爷身上体现得非常明确。在这里我讲两个白师爷的真实事例。

故事一：先说耄耋能御众。听我父亲讲，在我还没有出生前，我父亲在跟白师爷学拳之前，白师爷在老北京的北平王府井东安市场有一个小的阁子（摊位），在卖邮票，因为他喜欢集邮。白师爷家破落之前是很富有的，属于皇亲国戚，所以他在小的时候是个公子哥，提笼架鸟，生活优渥。后来家境破落，白师爷从小没有别的手艺，但是他从小喜欢集邮、攒邮票，他攒的邮票有很多是非常珍贵的，所以他就以此为生，在东安市场南门里面有这么一个小的阁子卖邮票。那时候，在东安市场做生意，黑社会小流氓来找他收保护费，不给钱就来折腾他，但是给点钱打发走了，没几天又来。白师爷一般都是忍让、给钱，破财消灾保平安，但是，有一天来了四五个膀大腰圆的愣头小流氓。那天白师爷没有卖出钱，没有钱给他们，当时那帮小流氓非得让他给钱，扬言要把白师爷的邮票抢走。邮票是白师爷赖以生存的根本，是他生活的一部分，一辈子他拿这个作为爱好，也是生存的手段。这时候，这群小流氓把白师爷给围住了，白师爷站起来说好好，我出来给你们拿。因为外面正好是一个走道，他走了出去，四五个小伙子立刻跟了上来。这时候白师爷说，你们打算怎么办，告诉你们要钱没有，从今儿往后再来捣乱别说我不客气。那帮小流氓都是二十来岁，个个膀大腰圆有力气，白师爷个头儿并不高，人也瘦，而且那时候已经人到中年，四五十岁了。这帮小混混不知道白师爷练太极，就认为他是一个普通的人，这个派头他们哪儿干，扑过来就要打。四五个人围着白师爷，只见白师爷来一个打一个，这个人打出去了，又来一个又趴下，后来来一个抱着腰，这个一下被打飞了，三下五除二，几个人全趴下了，从这儿以后白师爷在东安市场名声大振。他原来很低调，跟杨健侯学太极这一段从来不张扬，这是逼得他出手了，这一下都知道白先生有功夫，从此这帮小流氓再也不来找事了。白师爷那时四五十岁，虽然不是耄耋，但是如果没练太极，跟四五个二十岁左右的小伙子比起来，不管是力量还是速度，都不是他们的对手。可是他有了功夫就把这帮年轻人全给打趴下了。

我知道这段经历，曾问过白师爷："师爷，当时四五个小伙子围着你，你怎么打呢？"他捋捋胡子笑了笑说："你看着是四五个，在我这里就是一个。"四五个在他眼里就是一个，四五个这一个、那一个，我说明明四五个，你怎么说就是一个呢？他说四五个或者是四五十个，我是一个，我没有了以后，四五个、四五十个就都没有了。很明确他是化自己，他不是跟这个打再跟那个打，你来到我这里，不管你前后、左右，来了以后，我是一个空无、虚空，以虚空对所有，所有都化无了。白师爷这段经历我亲自跟他求证过，从那以后我才理解、才知道耄耋御众，所谓能御众的原因是他守一、守中，所以所有的多到他这里都化没有了。白师爷的这段经历告诉我，太极内功的修为，耄耋御众、以少胜多是完全真实的、是能够做到的，是太极内功修为一定能够达到的结果。

故事二：我们说慢胜快、小胜大，再讲一段白师爷的经历，这也是我父亲亲口跟我讲的。

白师爷跟大成拳鼻祖王芗斋是师兄弟关系，大成拳是王芗斋从形意拳中创生和发展出来的。原来一个形、一个意。王芗斋先生无形而有意，形没有了，就是意，所以他进一步把形和意这两者一个有一个无，最后化有回无，无而生了有，就有了一个意。他的拳很明确，就叫意拳。后来人们把王芗斋从理法上、功法上和从形与意两个角度集大成创生出来的意拳，称为大成拳。

因为白师爷和王芗斋是师兄弟的关系，关系非常密切，白师爷也跟我讲过，王芗斋多次谈到还是意拳好，他还是倾向于这个应该叫意拳，意拳更接近这个拳的核心、本质。有一次王芗斋过生日做寿，白师爷到王芗斋家里面去给他贺寿，当场坐着的还有王芗斋的一些弟子。那时候王芗斋的学生里面有好多是带艺投师，投到王芗斋门下来学意拳，在这之前他们中有练摔跤的、是北京市很有名的摔跤手，有练其他功夫的，但是这些人对太极拳有看法，认为太极拳软绵绵的，太极拳功夫比不了其他拳、不行。白师爷跟王芗斋一阵寒暄后落座，其中一个摔跤非常有名的弟子就跟王芗斋说："师傅，今天正好师叔来了，能不能让师叔给我们展示一下他的功夫？"练摔跤的这个人膀大腰圆，年轻力壮，力气很大，白师爷相对瘦小很多。

这么一说以后，王芗斋看了一下白师爷，问白师爷："你看呢？"白师爷一看这个架势，王芗斋都发话了，就说："那好。"话说着，这个徒弟就扑了过来，白师爷还在这里坐着呢，面带微笑，纹丝不动，来的这个人的拳看似来势很猛很快，刚接触到白师爷的身体，只见白师爷微微一动，这个人一下子就被反打出去了。王芗斋当时看了以后连连拍手叫好，对这些徒弟说："告诉你们，这才是太极拳。你们看到的那些太极拳不是真的太极拳，白旭华的太极拳才是太极拳。"所以王芗斋只承认白旭华的太极拳。白师爷那个时候以静制动，你来得再快，掉到我这里面也快不起来，你来的力量再大掉到我的虚空里也化为乌有，所以当把他来的力量和速度全化没有的时候，就发生了转化。这时候白师爷稍许一动，用很小的一个动作已经把对手化没有了。虽然这个人的块头很大，但白师爷一下就把他给发出去了。

这两个事例，都是白师爷的亲身经历。白师爷一生没有跟人比过武、上过擂台，但是在他的亲身经历中，刚才我举的这两个实例都证明了，从白师爷的身上能够充分体现出来王宗岳在这段拳论中给我们剖析的一个力量、一个速度。力大打力小、手快胜手慢，这是先天自然之能，没有问题，但是通过太极修为以后，我们能够做到反其道，小能够胜大、少能够胜多、慢能够制快的原因是发生了转化。我让你来得大、来得快，但是到我这里就大不起来、快不起来，反而化为乌有，最终发生转化以后我就能够做到以小胜大、以慢制快。

通过这两个实例充分说明我们太极内功的修为就是要遵循着王宗岳在《太极拳论》中给我们指明的方向。牢牢把握住在内不在外、在意不在形，要把我自己有的有而回无、实的实而回虚，因此，必须要遵循用意不用力。只有用意不用力，才能够让我们这个身体实而虚、有而回无，化空了。这是我们修为的核心主旨。

互 动

学员： 谢谢老师今天讲到白师爷的故事，真的很好听。没有特别的问题，只是每次听到这些故事都觉得真的很有趣，谢谢老师的分享。

李老师： 谢谢你。王宗岳的这篇《太极拳论》大家一定要读，它告诉我们修为的核心主旨是什么，所以我们把它称为太极拳人的"圣经"。虽然短短的几百个字，但内容很丰富，大家要逐字逐句去理解拳意的真实内涵。它对我们太极内功的修为起到了重要的引导作用，给我们指明了方向，希望大家认真去解读。

大家在无极桩、浑圆桩的修为过程中，实际上都是在遵循着王宗岳的《太极拳论》，具体地运用我们所传承的理法、心法、功法，来实修实证王宗岳的《太极拳论》，没离开这个主旨，没离开这个修为的主体，我们就是以王宗岳的《太极拳论》作为我们的理论基础，来进行修为的实修实证，把王宗岳《太极拳论》在我们身上通过我们的修为得到真正的落实，这是我们要解读王宗岳《太极拳论》的一个根本原因。

第十章

剖析多误病象
阴阳相济互化

立如平准，活似车轮。偏沉则随，双重则滞。每见数年纯功，不能自化者，率皆自为人制，双重之病未悟耳！欲避此病，须知阴阳。粘即是走，走即是粘；阴不离阳，阳不离阴；阴阳相济，方为懂劲。

要解决我们多误的问题，应该怎么做？《太极拳论》这部分开头的两句话非常清楚地告诉我们，"立如平准，活似车轮"。这里王宗岳一针见血地告诉我们，现在应该怎么做，实际上这也是太极内功修为，特别是我所传承的太极内功修为的核心主旨——"立如平准，活似车轮"。

一、遵循"立如平准"，做到"活似车轮"

"立如平准"和"活似车轮"到底是想说明什么？这两句之间又有着什么样的内在关系？只有真的能够做到"立如平准"，又能够做到"活似车轮"，可以说我们就迈入太极内功修为之门了。否则，不管你下了多大工夫，也不管你思慕经年，甚至有的人因为喜爱太极拳、喜爱太极内功已经修为了几十年，依然徘徊在大门之外而不入。所以我们要对"立如平准，活似车轮"这两句拳论的真义内涵以及它们之间内在密不可分的关系有一个清醒的认知。只有清楚地把握和真正地运用，才能够做到"立如平准，活似车轮"。也可以说我们太极内功所有功法的修为，都是紧紧围绕着"立如平准"，活似车轮"。

多年以来，很多太极拳爱好者和一些太极拳的前辈，对"立如平准，活似车轮"这两句论述进行过各种解读。当然在解读过程中，仁者见仁、智者见智，有不同的理解、产生各自不同的认知。我们每个人的解读都是站在自己的角度，来谈自己对这句拳论的理解和认知。我这里所做的解读，一样也是我自己经过几十年的修为，经过对前人经验的总结、提炼和消化吸收，在我自己实修实证过程中，不断加深了对王宗岳拳论的理解和认知的基础上，根据我的理解进行阐释的。

王宗岳在第三部分告诉我们太极拳修为所存在的问题，多误是什么原因，应该怎么做。在这一大段论述中，他首先把立论提了出来，就是要做到"立如平准，活似车轮"，可以说这八个字字字珠玑、字字千斤，没有一字一句的虚言。字虽少，但是揭示的内涵却非常丰富。

立如平准

"立如平准"四个字，每个字都有它自己的真义内涵，我们都应该从太极阴阳学说的角度去认识，什么才是"立如平准"的"立"，什么是"平"，什么是"准"，什么才是我们修为的"如"。

何谓立

　　什么是"立"字的真义呢？这个字在我们生活中也经常说、经常用，有我们常人生活中的认知和理解。我们说站立、立正、立定，但是如果从太极内功修为、从太极阴阳学说的角度去理解这个"立"字的话，它还有更深的内在真义。

　　立，人站立在地上。从字形来说，它分了三个部分。从表现出来的意来讲，人站在地上就是立之意，但是它还有内涵的真义。在这个表意的"人立在地上"的基础上，立字的内涵真义是什么？我们说立不只是身体在地上一站，当然，我们站桩，太极内功的修为从无极桩功开始，就是站立，双手自然下垂，双足平松落在地上。从形象来说，这个立是看得见摸得着的，我们就应该遵循着这种形象的修为，在站桩中要立、站立。但是我们不是仅仅站一个形，不是让自己站在地上就是站桩、就是太极内功修为的桩功，这只是表象，是看得见摸得着的外形。这个立，还应该站出一种内在之意，就是要透过这个有形的外在之形来深刻地把握内在的真义。离开了立的真义内涵，桩功就只是站了一个外形，这不是我所传承的太极内功的修为。

　　拳论有一句经典的说法，告诉我们"立身须中正安舒"。"立身"两个字存在着两层含义，一个是从形上立身，就是让我们的身体立在地上、站立在大地上；但是，后面还告诉我们，中正安舒这四个字就是立字内在要达到的真义内涵。离开了中正安舒的立身，就偏离了太极内功修为的主旨，有了立身这种有形的形态，还要寻求和达到中正安舒的意境。

我们说立身两个字，身是指身体的两部分，一个有形之身，还有一个无形的内在之心，这两个部分才构成我们的身。关于立身的身的问题，在杨氏太极拳老谱《人身太极解》中，第一句话就非常明确地给我们指出来，我们人的一身指的是什么，"人之周身，心为一身之主宰。主宰，太极也"，就是说我们修的太极，一个有形之身的主宰是我们无形的心，这才是太极，身心相合、内外相合，合而为我们完整的人。在这两部分中，内在无形之心主宰着我们的人之一身，离开了心的主宰，人就成了一个空壳，空有一个躯体。所以说立身这个立字不只是要立出一个有形之身，站立在大地上，我们还要立出中正安舒的状态，要把这个主宰立出来。不但立有形，还要确立一个无形的、强大的、中正安舒的内心。所以，这个立字的真义内涵，从太极内功修为的角度去理解，就不只是对形体的要求，还有对内在无形之心的修为要求。

中国的汉字一定是合乎道的，是遵道而创立的文字，每个文字都有它合道的内涵真义。我们以立字来说，上一横、下一横代表什么呢？从太极内功、太极阴阳学说的角度，这两个横表示上为天、下为地，表示天地、表示阴阳，天为阳、地为阴，一上一下，立字很清楚地告诉我们一个天、一个地。

在天地之间，中间两笔代表人，即我们人在天地之间挺立。所以，立字告诉我们，天、地、人三者之间的内在关系，天地人三合一而立才是立。离开了天地，人就不能立。立于哪里？立于天地之间。

这个"立"字就把太极阴阳学说中它所包含的阴阳之道表现得很清楚了。所以先贤告诉我们说，立天之道谓之阴阳，立地之道谓之刚柔，立人之道谓之仁义。人之道是仁义、天之道是阴阳、地之道是刚柔，合起来天地人三者合一，谁也离不开谁。当然，刚柔、仁义也都有阴阳的属性，所以根本来说天道、地道和人道归根结底为一个道。一阴一阳谓之道，都是具体的阴阳的体现。

解读立的内涵真义，就要从这个角度入手，它不是简单的外形的事。我们立在这里的时候，是立天之道、立地之道、立人之道，合而一为立，立出来一个通天通地的人。"人法地，地法天，天法道，道法自然"，从而立出了大道。从这个角度去理解，我们再进行修为的时候就知道，我们是通过有形的外在修为出一个内在的、无形的、真实的、大道的意境，这才是对真实的立的理解。

何谓平

那么什么才是"平准"呢？我们应该如何正确认知平准的真义内涵呢？"平"这个字，从生活中很容易理解。平，即平坦的。但是这个"平"字的内涵真义是什么呢？古人很清楚地给我们指出来：水土治曰平。什么是平？治则平。这里面很清楚地告诉我们，要通过治而达到一个平的结果。

平如何通过太极内功去修为？从太极阴阳学说角度怎么去理解"平"字的内涵真义呢？《庄子·天道》告诉我们："水静则明烛须眉，平中准，大匠取法焉。""须眉"是胡子、眉毛，即当水平静了以后，就会很清楚地映出我们的眉毛、胡子，映照得非常清楚。庄子告诉我们"平中准，大匠取法焉"，"大匠"是什么？工匠、木匠、瓦匠等能工巧匠。他告诉我们"水静则明，平中准"。什么是平？水静则平。因此，我们经常说水平、水才平，水才有平这种结果。为什么水静则平呢？当水不流动的时候，水静下来了，它一定是平的。平就是水静的结果。从这个角度我们去理解就知道什么是平，也就是水静则平，平即静。

得像水一样，我们才能够静。这给我们揭示出的真义内涵是什么呢？就是我们能不能做到像水一样，不要去管平，平是结果。很多人在修为太极拳、理解这句拳论的时候，说我要练平，看看我怎么平。怎么平呢？如果拿着平去练平，你怎么都找不到平。因为平是结果。怎么才能平呢？要静下来，静则能平。只有水静，则平。要想达到平，就要修为得像水一样。只有让自己像水一样，才能够静下来，能静了就是平。所以不需要管平。

王宗岳的这句拳论告诉我们，在修为的时候，如果抓因，就会得到平的结果。王宗岳只是给我们指出来平这个结果，但是内含着什么是平。通过太极阴阳学说和古人所提炼出来的真义内涵，我们明白了修为要像水一样，静下来就是平。

所以，我们在读《太极拳论》的时候不只是看结果，真正的修为是要抓因结果，修为在因不在果。因此我们就理解了这个平隐藏着的真正的具体的修为方法——把自己修为成水。同时，从太极阴阳学说、从太极之道的角度、从道的高度去认知，我们也是要向水进军。老子早已经给我们指出，万事万物中，什么几于道、能够接近道呢？水。要想立天之道、立地之道、立人之道，要通过立而立出一个大道的话，唯一一条重要的修为的路径，就是让自己像水一样几于道。

上善若水。水无形，无欲，它没有自己，它没有想法，它没有好恶，它利万物而不争，它没有自以为是的想法……高下相倾，它要一直向着下方去倾、去流动，水永远向下流。由上而下、高下相倾的时候是流动、动起来了，但是它一定是向着静而不动、平而静、静而平这个目标去流动。它只有一个目标：平。

水是上善的，水才能够结出一个平之果。所以我们确立这个平的话，只有把自己修为得像水一样，水虽然是动的，逢高就低地流动，但是它总是向着静去流动。所以我们在修为中，"立如平准"，要立这个平，要像水一样，就要遵循水的品质——无欲、无形、没有自己，利万物而不争。也就是说，在修为过程中我们只有做到这些，才能够真正静下来，像水一样无形、无欲、无念，让我们能够由动向静，静出这个动，动而寓静，这样我们才能够像水一样。

我们所有的修为，特别是太极内功，从无极桩功开始，我们就要让自己站出静出动势，像水一样。我们的静是有形的身体要立而静，不盲动、不乱动。站桩的时候，我们自己的身体要立静，更主要的是我们自己的内在之心要静下来。心怎么静下来呢？有而回无。我们要无心、无念、无欲，没有自己的想法、没有自己的判断，我们的内心才能平静下来。现代人的心静不下来，因为心里的杂念太多，自我想法太多，心乱如麻，各种各样的想法、欲念充斥着我们的内心。因此，我们就是通过太极内功桩功的修为，要做到立身，身静心静，立出一个静的身心。

静则平。我们在站桩的时候，身也静、心也静，没有了想法。但是怎么才能平呢？平是治，也就是高下相倾，它要像水一样流动，流动出来的静才是真正的静、才是真正的平。那个时候高和低已经平了，无高无低，这个过程产生的结果才是平。也就是说我们要让自己身静、心静的话，就要静出来能够在流动过程中向平进军的状态，静出动势，要动起来，是意气的流动。意如水，身静、心静，意要像水一样动。

关于意的动，王宗岳在《太极拳论》中就已经给我们指明了：像水一样去流动。水分出来了高和低，高下相倾，自然而流，没有想法，逢高就低向下流。我们要像水一样，我们的意要像王宗岳在《太极拳论》开篇给我们指明的，"动之则分"，分出来一个高一个低、一个上一个下，水由高向低去流。当达到高下相倾的时候，平、静，真的就会由静而得到平的结果。

我们在修为过程中遵循着这个平的结果，要像水一样，动之则分，我们的意就分出来上下、高低，分出来两个不同。当这两个不同而合达到同的时候，那个时刻就是静而平，也就是达到了平静，这才是真正的平。所以平不是死的，是在动态的过程中所追求的一个结果。

简而言之，我们在修为过程中怎么才能达到平这个结果呢？王宗岳前文告诉我们：动之则分，也就是说平而分、分而平。当分出一个上和下、左和右两个对立的部分，它们分到了平的情况下，谁也不多、谁也不少，就达到了平，这叫平分，分而平、平而分。这个分是通过分分出来的平的结果，所有事物都有左有右、有上有下，但是此两者同出了，瞬间的这个状态就是平。这个状态就是合在一起了，也就是王宗岳在《太极拳论》中告诉我们的，动之则分，只要一分出高低，它就要动；当分到平的状态时，就是合、就是静，静之则合，这个时候它们同了、平了，这就是静。太极内功修为就体现在动之则分、静之则合。

平字体现了动和静、因和果，其内涵真义包含着的是动和静之间的因果关系，因此我们在修为"立如平准"的时候，在站桩、立身的时候，要像水一样遵循动之则分、静之则合的核心主旨，才真的能够通过修为趋于、接近于平的结果，向着平这个目标一步一步趋近。

这里很重要的一点就是要静，怎么能静下来呢？分和合。通过动之则分、静之则合来得到这个结果。所以一个简单的平字，我们要从太极阴阳学说的角度去理解它里面所包含的丰富内涵，我们经常说平定、平静、平安、平和，其实"定、静、安、和"都是平的内在真义，同时也告诉我们平这个结果包含着由定到静到安这样一个过程。

怎么才能达到平的结果？在修为过程中怎么才能让我们平定、能够定？怎么才能让我们平静，能够静？怎么能让我们平安，最后达到这个平呢？修为路径是非常清楚的，就是知止而后有定。不能止就没有平定、就没有定可言。定是什么？就是我们的主宰。人身也要定下来自己的主旨目标，我们的主宰就是那个定。

太极八门五步，八门：掤、捋、挤、按、采、挒、肘、靠；五步：进、退、顾、盼、定。前进、后退、左顾、右盼都是由定来决定的，没有定，前进、后退、左顾、右盼都是无源之水、无根之木。所以我们要定就在于这，定的这个地方才是平，才是前和后、左和右，是平分出来的前和后、左和右、上和下、高和低。但是它平，在这一点是静的，是不动的，是止的，是止动的。

我们必须站出这一点，这一点是进和退、前和后，此两者是平的、是平分的。这个时候静之则合，在这一点上是无前无后、无左无右的，但是这一点虽然是无前无后、无左无右、无上无下，而它是定，也就是中，是中定。只要找到了这一点，就能够由这一点出发，静而欲动，可进可退、可左可右、可上可下，上下、左右、前后都是由这一点开始的。

如何找到这一点呢？这一点是平，是定，是平定。

我们找到这一点就找到了应该前的时候前、应该后的时候后，需要左的时候左，需要右的时候右。因此说，太极内功修为就是修出这一点，就是找到这一点。找到了这一点就找到了一切的变化，因为一切的变化都是由这一点开始的。所以，我们不需要去管变化，只要找到平、找到平定、找到中定，其他所有的变化都是外在的环，而这一点是中、是中定，其他所有的前后、左右、上下的变化都是环的变化。这个环的变化，只有在中、中定的主宰下，才能够不乱，有了主宰的动才能够该怎么动就怎么动、该怎么变就怎么变。

所以我们要站住这一点，要站到这一点定下来，让自己立定在这儿，我们就需要知止。知止而后有定。我们要止动、止念，让自己知止而后有定。同时，我们知道定下来了，定而后能静。静则平，定而后能静，找到了定，就找到了静。静是定的结果，定是止的结果，我们找到了定就一定会有静，因定而静。我们有了静，静而后能安，我们才有了安，中正安舒。不要小看"安"这个字，它有很深很高的意境，能安是人生命中一个很高的境界。

我们经常说平安，安则平、平则安，进入修为，平字里面就包含着定、静、安，就是在我们太极内功修为过程中，牢牢把握和遵循知止而后有定、定而后能静、静而后能安。能安了，那个时候我们的灵性、内里隐性的东西才能够灵光展现，才能够有真实的内在的生命的灵感。那个灵感的出现，是完全合乎天地之道的。其实我们要依循的就是那个灵性、灵感对我们的引领，而不是我想怎么样、我要怎么样，是要我怎么样它就会反应出来，它会引领着我走向尊师而为、寻机而动的大道的方向。

所以，我们在王宗岳的《太极拳论》指导之下，立要立出平，就能够进入平定、平静、平安，而最后出现我们的灵性，这才是我们修为的方向、目标和主旨。

何谓准

东汉刘熙的《释名》告诉我们："天下莫平于水。"世上没有再比水更平的了，水能够达到平的境界和结果。所以"天下莫平于水"。什么是"准"呢？水平谓之准。以哪里为准呢？以水平为准。他告诉我们，故之、应之，应之治平物之气，意谓之平。也就是说水平就是准。我们古人创造了一个能够检验、测量平不平的仪器，我们现在叫水平仪，古人就叫准。这个准字含义：是告诉我们水平谓之准。还是水平，还是平、还是水，"天下莫平于水"，没有比水更能够展现平的这种特性的了，所以水平谓之准。

这个准是准在哪儿？怎么才能准呢？水平谓之准，

也就是说我们必须要修为自己像水一样，既能动也能静，是动中静、静中动，水的动和静是一，因为一分开它就要动，一合它就会静，水本身的动和静无非一分一合。只要我们修为出像水一样自然的身心，身静如水，心止如水，心静如止水，我们就明确了这样的准，有了水平的准。

在修为过程中，我们自己要有一个水平仪、有一个准。这个仪器本身能够由不平调整到平，它遵循一个原则，告诉你这样是平，那样就是不平，不平经过治、调就能够达到平。这很明确地给我们指出了方向，我们要达到一个更高境界的话，就要把自己创生、改造成这样一个"水平仪"，能够调整平和不平、能够很清楚地展示出由不平到平这样的结果。

读王宗岳的"立如平准"，就会很清楚地知道，我们太极内功修为要朝向一个什么样的方向，要走什么样的路径，要把自己修为出什么样的状态。既有方向、结果、目标，又有修为的路径，同时还告诉我们要想达到这个目标，应该把自己修为出一种什么样的状态。"立如平准"四个字，字字珠玑，没有一个字离开太极内功修为。我们的无极桩功、浑圆桩功修为的核心主旨，可以说桩功的修为就是"立如平准"。这四个字的具体修为和体现，就是我们要遵循的核心的要求。

"平准"两个字在古代是一个官称。古时有一个官名叫平准，就是专管物价的，监督物价要平。物价高了他要往下压，物价太低了要往上提，所以他要调，就叫平准。因此平准也是我们太极内功修为的一个重要的理念。在宇宙万物万变的过程中，我们自己能不能遵循平而准这个主旨来调整事物发展平和不平的状态，能不能在事物发展不平的过程中，让其在不平中能够趋于平的结果，决定了我们能不能面对外界复杂的变化。所谓的变化无非是不平，不是高了就是低了，不是多了就是少了，我们的修为就是能够以平、准来调整自己的状态，这也是我们修为的一个很重要的目标。

何谓如

我们立的是平准，这是结果，也是标准和目标。"立""平""准"，为什么王宗岳要加一个"如"字？如字在这里到底说明什么？对我们太极内功修为来说，"立""平""准"，既是目标，也是方向、路线，但是如果离开了"如"字就离开了我们太极内功修为一个最关键的内涵真义。"立如平准"四个字，立很重要，平和准的内涵真义也都很重要，但是其妙就妙在这个"如"字上。

太极内功在立、平、准真义内涵的基础上，离开了如字就不会得门而入，就没有真正入到太极修为最核心的内涵中来。不管是从有形还是从无形的角度说，立字是从有形的身体来说是站立，垂手而立，立身中正安舒，而我们无形的心的修为也就有了一个标准——平准，是平而准。我们要把自己修为出这个平和准来，它是方向、是目标，我们永远要朝这里去进军，也就是我们永远不可能找到一个像水平仪一样的平和准。但我们的意要动、气要动，这个动是静出来的动，同样这个动是如动，因为我们永远要遵循、朝着平而静的方向去动，在每一动的过程中都要遵循平而静的主旨去动、去变化，所以静如静、动如动，才有了一个真正的平准的方向。因此在修为过程中要牢牢把握、理解"立如平准"的内涵真义，这四个字既是我们修为的起点，又是我们修为的方向，同时还是我们修为的路径和妙门所在。"众妙之门"就妙在如字上，这样我们才能够对王宗岳的《太极拳论》有一个真正的理解。

那么，"活似车轮"四个字的内涵真义又是什么呢？王宗岳《太极拳论》的"立如平准，活似车轮"这两句之间有什么密不可分的内在联系？实际上它们是在说一个中心的意思，但是我们要分别来理解，"立如平准"和"活似车轮"它们不同的含义到底是什么？

何谓活

"活似车轮"四个字对我们来说并不陌生，生活中"活"这个字与我们息息相关，我们说要快乐地生活、健康地活着……"活"这个字我们非常熟悉，但是它的真义到底是什么？只有理解了"活"字的本意，才能理解《太极拳论》中"活"字的内涵真义，所以我们从"活"的本意来入手。

《说文解字》中对"活"字的定义：活的本意是水流动的声音。所以"活"字离不开水，而且是流动的水，不是一潭死水。水流动起来才会产生水流的声音。我们古人谓之"活"。

从汉字的结构来说，活字由两部分组成，左边是三点水"氵"，右边是"舌"。我们可以分别去理解它。水，生命之源，万物离开了水就没有了生命，所以水是生命的源泉。我们人类离不开水，所以说水孕育了生命。

舌，舌头。每个人都有舌头，它藏在口腔之内。人活着，生命的体现，舌起着至关重要的作用。不管我们吃饭、喝水、说话，等等，人身体所有的活动都离不开舌头、离不开舌头灵活的动作。设想一下，如果我们的舌头僵硬了不能动了，或者舌头出现问题了，喝水不行、吃饭不行、说话不行，等等，就会给我们的生活带来极大的困扰。可以说舌头对我们人的生命、生活起着重要的作用。

这两部分合在一起成为"活"，与万物之源来说是水（氵），与我们人的生命本原来说，舌头至关重要。所以由这两部分合起来才是活。

我们说"活似车轮"的活离不开水，也就是说水养育了生命，水支持和主宰着我们的生命。对我们来说，水不但提供了我们生命的源泉，而且老子一直在告诉我们：上善若水。他把水作为万物上善的境界，我们要像水一样，以水作为榜样、作为我们品格的追求。

老子非常推崇水，他认为水的品格是几于道的，是合道的，是阴阳相合的。水的几个特性，水利万物而不争，水总是处下，水没有自己的好恶，水只遵循道来改变自己，水无形但是又能够随势而变。它可以是一个水滴，也可以积水成渊，也可以成为汪洋大海，需要怎么变它就能怎么变，所以老子说水是几于道的。基于此，我们人的修为就要遵循水这样的品格、品质，来规范、修为我们自己。

太极拳的拳理、拳义源于太极阴阳学说，也就是说它是道家思想的产物。其中以老子为代表的道家思想，坚信一个主旨和运用，就是"柔弱胜刚强"。水柔弱，柔弱莫过于水，但是它柔出来了一个内在的强大，柔出来一个无比强大的坚刚，它能够击穿顽石，能够在崇山峻岭中冲刷出峡谷……所以水的力量是无穷的。但是，它又是柔弱的，而它所表现出来的柔并不是没有刚强，它柔出来一个内在的刚强。太极内功修为恰恰就是要求我们能够像水一样。

同样，舌头是柔软的。我们全身所有在不断运行和变化的器官中，舌头是柔弱的代表，它是最柔的。虽然是柔而软的舌头，但是它对我们生命起着强大的支撑作用，而且也充分体现着柔弱可以胜刚强。

老话说人活着舌头就是柔的，当人的生命结束的时候，舌头就变僵硬了。我们的牙齿是坚硬的、坚刚的，我们牙齿能够咬、吃饭、啃骨头，但是牙齿掉光了舌头还存在。作为柔弱的代表，舌头能够长久地维持在这种坚强的生命能量中，能够胜过坚硬的牙齿，充分说明了柔弱胜刚强。

水或者是舌，它们不只是柔弱，它们还无我，它们能够随势而为。好、坏、成、败，作为水和舌头来说，没有分别心，没有自我，它只遵循着本原的规律在变动、在运行。水没有自己的想法，它只遵循着从高往下流、高下相倾、逢高就低这个本原的规律。我们的舌头也没有自己的分别，该怎么动它就怎么动，所以我们说好话是用这个舌头，舌头能够说出非常动听的、让人感动的话语；但是舌头也能够发出刻薄的、伤害别人的语言。所以，同样一个舌头它可以产生两种完全不同的作用，因为它没有自我。

"活"字告诉我们什么是活着，活着就应该像水一样柔弱、没有自我，能够随机而为、随势而变，该怎么样就怎么样，需要怎么样我就能怎么样。这样一种生命状态，能够抵御各种各样的狂风暴雨，能够立于不败之地，顺或者是逆都能够自如地应对。

所以说"活似车轮"的活字，王宗岳不是随便用的，不只是从我们常人的理解，活代表灵活变化，它的内涵真义也告诉我们，应该用太极内功的理法、心法和功法，把自己修为成一个像水一样柔弱，但是内含坚刚，一个能够不争、以柔弱战胜刚强的坚强的我。所以我们的修为围绕着活字，我们所有的功法都是这样。通过有为的功法修为，让我们外柔内刚，让我们有形的身体像水一样化为无形，让我们有形的身体能够随机而变，动急则急应、动缓则缓随，只有像水一样，我们才能够实现这个目标。

我们修为的功法紧紧围绕着王宗岳《太极拳论》关于"活似车轮"这个活字去展开，其主旨就是只有把自己修为得像水一样，我们才能够活出一个真正的自我。在这里王宗岳很形象地运用了一个我们看得见摸得着的生活中的具体事物"车轮"，进一步体现和阐述活字在太极内功修为中的作用和应用。

何谓轮

为什么王宗岳在这里要用车轮来体现活的内涵真义？这就需要我们对车轮有一些认知，才能够理解为什么太极内功修为要活像车轮一样。

轮，轮子，车的轮子。对不对呢？对。但进一步说，什么才是轮字的本意呢？古人给我们做了定义：有辐为轮。无辐是什么呢？无辐是辁（quán）。什么是辐呢？辐就是那个直的条。有了这个直的车条，把车最外面的环和里面车轮子的中心相连接起来。有了这个辐才是车轮。老子在《道德经》第十一章中关于车轮讲得很清楚："三十辐共一毂，当其无，有车之用。"就是说三十根车条才是一个轮子。毂，车轴。这个毂在轮子的中间，当其无才有其用。老子告诉我们，这是空的、是无的。无了才有，无了才生出来一个有的用。车轮正因为有了车条才有了毂，有了这个毂轮子才有用。

在这里王宗岳清楚、明确地告诉我们，"活似车轮"。在太极内功修为中，对于轮的真义，我们不只是停留在生活中眼睛看到的轮子的理解，而是要把轮的内涵真义弄清楚，才能够真正理解王宗岳为什么说活要像车轮一样。

轮的曲和直。理解了轮，有辐为轮，这个轮有外面的一个圆，还有里面一个中空的毂，还有直的车条辐，合起来是轮。轮是由这样几部分合起而成。从我们太极内功、太极阴阳学说的角度去理解，实际上它想告诉我们一个是圆，一个外圆、一个内圆和车条。怎么组成的轮子呢？有圆、有曲、有直，是圆和直、曲和直合起来的这样一个物体才是轮。它体现的是曲和直的关系。曲和直是完全对立的两种状态，曲就是曲、直就是直。

从形态上来说，宇宙万物无非一圆一方、一曲一直，圆为曲、方为直，代表着一个阴一个阳，这两种形态实际上是完全对立的。有阴就有阳，有曲就有直，因此，这个轮实际上是告诉我们，曲和直之间内在的阴阳属性和它们密不可分的内在关系。离开了曲不是轮，离开了直也不是轮，只有曲和直相合以后才是轮。

轮的有和无。 这个轮还告诉我们有和无的关系。老子很明确地告诉我们，三十辐为一毂，当其无才有其用，也就是说，这个毂在中，它是空的，它是无。空无的毂，轮才能够灵活地转动起来。因为这个空可以有一个轴，这个轮子因为空的轮毂，它才能够围绕着轴灵活地转动，正因为它空无才有了用。这是老子的一个很重要的思想，也是道家的思想。我们总以为"有"是有用，其实"无"出来的有才是真有用，所以无为体、有为用，有和无两者是密不可分的。要想有用，就要回无，无才能够生出有，这也是轮所体现出来的太极阴阳思维，我们要从无中去寻求它的真用。

　　轮又告诉我们，有和无相生，它们有密不可分的内在联系。轮字里面内含着非常深厚的太极阴阳之理。一阴一阳谓之道，这是道的属性，具体到运行中，可以用曲和直两者的对立来体现。有和无，也是我们生活中能够很清楚认知的，但是常人的思维总是认为有就是有、无就是无，而我们用太极思维、用王宗岳的"车轮"思想、"车轮"思维去认识有和无，实际上有和无是一体的、是一回事，如此才构成一个完整的轮，它才能够活、才能够灵活地运转。我们通过轮来理解了有和无是密不可分的内在的合一关系。

　　轮的内和外。更进一步说，轮是在告诉我们，它的外面有一个圆，里面有一个中空的毂，它是这个圆、是轮子的中心，也就是说轮子一定由两部分组成，有外面的圆轮，有里面的轮毂，内外相合才合出来一个轮。所以它又告诉我们内和外的关系，内和外缺一不可。不但缺一不可，而且这个轮子要想能够灵活地运转，其关键问题在内不在外，在轮子中心的毂，不但空，而且空出来一个能够中定的轴。有了中定的轴，这个轮子才能够围绕着轴灵活地运转。它告诉我们，内和外两者的关系，内为主、以内主外，轮子能不能灵活地运转，完全取决于内在的这个毂，所以通过一个轮子来告诉我们内和外之间密不可分的内在关系。

太极就是两个对立的一个阴一个阳之合，用轮子来体现的话，一个是内一个是外，是对立的，轮子恰恰是内外相合的一个整体，合二而一的一种完整的状态。所以，轮子体现的是分阴阳合太极。分开是一个内一个外，合起来是一个轮子。

太极的状态，就是这样一个轮子的状态，太极是一种哲学理念，是看不见摸不到的伟大的思维。我们要具体地把它虚而实之，才能够真实地感知到太极的作用、太极的存在。我们必须从理论上、从哲理上让它落地，形成一个我们看得见摸得着的具体的实体。不论王宗岳，也不论老子，也不论太极前辈，他们都认为车轮是阴和阳合成一个非常具体的、有形有象的、方便我们理解的有着真义内涵的实物。

我们用一个轮子把太极阴阳学说具体到太极内功修为中的几个关键的核心要素——曲和直、有和无、内与外都体现了出来。

轮的环和中。同时，一个车轮还体现出来环和中的关系，也就是说这个轮子有环有中，环不离中、中不离环。太极阴阳学说讲一个具体的主体，就体现在一个环一个中上，所以庄子告诉我们，"得其环中，以应无穷"，就是说宇宙万物无时无刻不在运动着，无时无刻不在发生着变动不居。快或者是慢，大或者是小，各种各样的变化，不以人的意志为转移。面对这些变化，我们怎么才能清醒地把握住自己，以应对外界复杂的变化？以我们老祖宗的智慧，我们管不了外在的变化，它该怎么变就怎么变，我们做不了主，面对这样的变化，我们能够管的是自己。管好了自己，就能够应对外在的无穷变化。不管它是好还是坏，顺或者是不顺，我们只要管好自己，就能够从容应对。

怎么才能去管好自己呢？处理好环和中的关系。"得其环中，以应无穷"，只要把环和中两者合二而一，就能够因应无穷的变化。同样，太极内功的修为，也是让我们去把握和处理好环和中的关系。

我们的太极前辈很明确地告诉我们，"能得枢纽环中窍，自然动静互为根"，这个环的变化只要不离开中。你把握住一个窍、枢纽，你能够拿住这个枢纽，就能够应对所有的变化，所以"能得枢纽环中窍，自然动静互为根"，它们之间是互为其根的。

而环是变化的，只要这个环是围绕着中的不变而变，不管它怎么变，不离其"中"的话，这个变动的环虽乱变，但是它乱而不乱。它不管怎么乱，我们不会乱，因为我们是处中，它是围绕着我们的中在变，不离其中。所以我们说轮又体现了环和中的关系。

轮的中和定。"得其环中，以应无穷"，因为这个中不但是空，它还是定，中而有定，定了这个中它的环怎么变化都不失中，都不会离开中。我们守中、用中，用的是这个中而有定。太极内功的前辈告诉我们，"得中用中，妙用无穷"，这个中一定要有定，即中本身不动，不管环怎么变，中心要静、要虚、要空、要不变。要守住不变的这个中，我们才能够以不变应万变。不管它怎么变，我们都能够处在守中的平衡的平和状态，我们才能够得这个中用这个中。

特别是这个中的体现是中定，也就是太极拳内功十三势的中定，八门：掤、捋、挤、按、采、挒、肘、靠；五步：前进、后退、左顾、右盼、中定。我们所有的变化，不管是前进还是后退、左或者是右，都是由中而发、由定而为，只有有了中定，我们才能够该前则前、该后则后、该进则进、该退则退、该左则左、该右则右，才可以有各种各样该怎么变就怎么变的变化，才能够有灵活的变化，有了活。这个活才是真正的活，离开了中定就活不起来，所以活不活，关键在于有没有中定，是不是有了一个作为枢纽的环中。这个定，是一个很高的境界，我们就是要用具体的功法找到、修为出这种"能得枢纽环中窍"的中定的状态。

中定是人生的主宰，我们现在最缺的不是变化，不是随着外界的变化而变。要不要变？要变，该怎么变就怎么变，该急则急变，该缓则缓随。但是不管怎么变，如果离开了中定，这个变就没有了主宰，就会乱变，就会盲动。很多时候，我们的变化、我们的动都是在盲动、乱变，因为我们没有找到它真正的主宰、它的中定，缺乏的是定力。只有有了定力、有了主宰，在其主宰下该怎么变就怎么去变，我们才能够真的随心所欲、以应无穷。大道至简，我们不用去判断、不用费尽心思去设计要怎么变，我们需要做到的是在中定下的变就是随机而变、随势而变，是自然而然的变和动。这种变和动才是灵活的变动，才是真正的有生命力的活。

为什么我们太极内功的修为从桩功开始，包括无极桩功等就是让我们开始寻求并找到自己的位置。起始的位置从哪里开始，就是找这一点。从中定开始，我们先不要管变化，先问问自己，是不是在中定的状态。

杨氏太极拳老谱中很明确地告诉我们，"定之方中足有根"，定之方中，定中才有了根，根本应该在这里。但是在我们的生活、生命中，包括在太极拳修为过程中，往往更多地是被变化所困扰，总是想我要怎么变，而忽略了或者是忘掉了我们首先应该找到的是不变之中和定，只有有了中和定，才有了我们能够以应无穷的万变。

所以，王宗岳用车轮来阐述我们太极内功的内涵真义，他用能不能活用车轮来体现和代表，这是他非常了不起的地方。他非常妙、非常精准，从太极阴阳学说的角度体现了轮里面有曲直、有无、内外、环中和中定，一个轮全涵盖和代表了。

何谓似

从这个角度来看，这才是王宗岳所说的"活似车轮"轮的真义内涵。王宗岳在这里告诉我们，活就要像车轮一样。但是，为什么王宗岳在这里要用一个"似"字，把活、车轮有机地统一在一起？正如"立如平准"，立和平、准之间用了一个如字，这句拳论在活和车轮之间又用了似字。一个如、一个似，在这里他到底想说明什么？

无论是"立如平准"，还是"活似车轮"，我们要立的是这个平准，尽管要活得像车轮一样，实际上是告诉我们，此两者是对立的，一个阴一个阳，又用轮来体现它们的对立统一，分阴阳合太极的本质。不管是圆还是方，曲或是直、内或是外、有或是无、环或是中，等等，都是体现着完全相反的两个内涵——一个阴一个阳，但是它们又谁也离不开谁，它们应该合为一体、合二而一。

既然两个部分一阴一阳是完全相对的，要把它们向一起合的话，其实合出来一种"中"的状态，两者之中。这种中的状态是"是"也是"不是"。也就是是不是？是。就是吗？不是。到底是还是不是？是也不是，不是也是。他告诉我们是这样一种真实的状态。为什么说是也不是，不是也是呢？因为两种对立的状态，一个阴一个阳、一个黑一个白，合起来以后，合出来一种新的状态。这个状态是阴和阳、曲和直，是由两个对立的一个黑一个白合在一起的。有没有？有，因为就是有一个黑一个白，但是合起来以后它还是一个黑一个白吗？是也不是，因为这个时候它是黑也是白，它既不是黑也不是白，它是黑和白合出来的第三种状态，这种状态就是是也不是。是里面有黑有白，但是不是黑也不是白，是合出来的一种无法完全说得清的回味无穷的新的状态。这种状态我们说是，是也不是。

　　我们修为出来的太极和阴阳是一种什么状态呢？就是是与不是的状态，是黑是白、是阴是阳，这没有问题。但是一合太极以后就不是阴也不是阳，是一种说不清道不明，但只可意会不可言传的状态，这种状态才是太极。说得清了不是太极，黑是黑、白是白、阴是阴、阳是阳，不是太极；阴阳相济、阴阳和合才是太极。这种和合以后的状态，是可意会不可言传的一种新的状态，这才是太极。

　　我们修为太极内功，练太极拳，练的、追求的就是这么一种状态，是也不是、不是也是。一阴一阳谓之道，这个道就是一个阴一个阳，但是你无法说清楚它。一个阴一个阳，是道，但是它们在变化之后、合起来以后，就是道生一、一生二、二生三、三生万物，恰恰是这么一种状态，才产生了万物，说得清又说不清的这么一种无穷的变化，这个世界才丰富多彩，才让我们回味无穷，才有味道，才有想象。如果分明了说清楚了，就是一个黑一个白，就结束了，没有想象、没有发展、没有味道了。

老子就大量运用了"似""若""如"等字，都是体现出来一种是也不是、不是也是的宇宙万物的本原的真实状态。修为就是要找到似、如、若，才是我们真的合出来的那种状态——太极态。

在这种状态下，它是把两个部分合起来的。只有这个状态才是可变的、可动的，才是在动态中向平衡不断去调整、变化的，所以它是一种动态的平衡变化。老子也告诉我们："负阴而抱阳，冲气以为和，道生一，一生二，二生三，三生万物。"万物就是在这种状态下才产生了无穷的变，才有了繁衍、发展和生存。

王宗岳的《太极拳论》妙就妙在，不但用车轮来告诉我们什么是真正的活，而且还告诉我们它是在似中求。因此，我们再说车轮的时候，一个有一个无、一个曲一个直、一个内一个外，到底合出来的轮子是曲还是直、是有还是无、是内还是外？恰恰这一个似字很清楚地为我们表明了它的真实状态，它是似是而非、似曲若直、似直若曲这么一种状态。

轮的动和静。在这里，王宗岳把这种状态用似和如字深刻地揭示出来，也给我们指明了方向：应该在两者之间去寻求到它的真实。一个车轮，轮子要动、要变，轮毂那个中要定、是不变。中不变环要变，一个不变、一个要变，而且这个变是围绕着不变的变。也就是说变是动的化，不变就是静，一动一静、一阴一阳，就是我们说的"活似车轮"的活。真正的活就是动中有静、静中有动，动生静、静生动，动静合一就是活。活不是只有动，离了动的静、离了静的动，就不是我们太极内功所说的活的真义。我们的活是要动，而且是灵动、有灵性的动。灵在动中有不动的主宰，不动的主宰又有围绕它能够应万变的变化。这才是真正的活。

动和静两者的关系，依然是似是而非，似动非动，似静非静，犹如不动，动如若静，静中生动，所以动和静两者之间的关系是互相的，此两者同出，谁也离不开谁。这就告诉我们这个活就是在动静之间去寻求它的真活。在动和静之间，似动非动、似静非静，才是我们所求的"活似车轮"这个活的真义内涵。要想活得成功，就要像拳论中所说，点对即成功。那个点就在动静之间，在两者之间、在阴阳之间去寻求它的真实。

从太极大道来说，是一个阴一个阳；从宇宙万物本原的变化来说，无非一个动一个静，离开了动和静，我们太极内功的修为就离开了主旨。王宗岳在《太极拳论》中紧紧围绕着动和静这两者之间的内在关系告诉我们，应该怎么去把握、怎么去遵循、怎么去修为我们自己。

"立如平准，活似车轮"，它们之间存在着密不可分的内在关系，就是动和静的关系。这句话告诉我们，我们要想活就要像水一样动。所以"活似车轮"这个主旨告诉我们是"似动"，它的主体是动。同时"立如平准"，立在哪里？平准是什么？水静则平，水动则活。所以，立在静上，我们要确立在静上。"立如平准，活似车轮"，一个动一个静，动中寓静、静中寓动，是在动静之间。太极的内涵真义是在两者之间去寻求它、确立它、落实它。

轮的体和用。我们说体和用两者是一个动一个静，具体到我们太极内功修为中，从体用的角度来说，"立如平准"是体，"活似车轮"是用，通过太极内功的修为，要达到由体而有用，体用合一。我们修为这个体是为了用，我们想要用必须得有一个可用之体，离开了体就没有真正的用。所以说体和用两者也是密不可分的，"体"体现在本上，体现在"立如平准"；"用"体现在"活似车轮"。一个体一个用，王宗岳这两句拳论，涵盖了太极内功修为非常核心的要旨。离开了"立如平准，活似车轮"，就离开了我们太极内功修为的核心主旨和主体。我们就是要通过太极内功的修为，让自己能够做到动静合一、体用兼备。既能够牢牢地把握住一个平准的主体，还能够让自己像车轮一样去运用它，要随势随机不断在变化中去展示"立如平准"的这个主体。

　　我们必须要认真地消化和理解，要透过王宗岳这两句拳论的文字，去理解隐藏在文字后面的内涵真义。

　　"立如平准"实际上告诉我们要做到平准，要从根本上确立平准这样一个准则——中，告诉我们要守中。中是平准，我们就要立在中上。太极内功的内，就内在这个中字上，因为中在虚空处。所有的万事万物看不见摸不着的那个内在的主宰就是中，它主宰着万事万物的生存、变化、发展。

　　中本身是准则、原则，它在有形的物体上有具体的中的位置，更主要的这个中是一种状态、是一种准备，是一种合出来的滋味、味道，我们要求这个内在的味道要中、准、平准的话，必须要从意上求，因为我们要求得的是看不见摸不着、存在于事物内部的、无形无象但是又真实存在的一种滋味，它才是我们的准则。

二、修为"偏沉则随"，克服"双重则滞"

在"立如平准，活似车轮"的基础上，王宗岳进一步指出，"偏沉则随，双重则滞"。太极内功修为，有完全对立的两种状态，一种是"偏沉则随"，一种就是"双重则滞"。也就是说，通过太极内功的修为只要能够做到随，让我们的身随着心而变、形随着意而为，我们就能顺其势、随其机、随其意，该怎么变就怎么变，就能顺遂。我们要防止的是滞，滞则僵、滞则死，随则活、随则顺。随和滞是完全对立的两种状态。

偏沉则随

要做到"立如平准、活似车轮"，在修为中要具体把握的一个法门，就是"偏沉则随"。在"立如平准，活似车轮"中，一个中一个环、一个不变一个变，不变的是中、是定、是主宰，变的是环。一个变一个不变，怎么体现这个不变的变和变之不变呢？变就要在不变的主宰下变，不变一定能够变。如果这个变没有不变的中的主宰，这个变就乱了，就是乱变，乱变则死。如果不变、变不了，则死。所以我们要活，活似车轮，要活得精彩，就要

在变中把握以不变为主宰的变，在不变的主宰下又能够随
机随势地变。在面对万事万物的变化时，我们才能够变而
不变，才能够从容应对。

何谓偏

"偏沉则随"四个字就是"立如平准，活似车轮"两
句拳论在拳修中的具体体现和应用。"偏"是什么？古人
告诉我们，不正则偏、不中则偏。我们说偏是不正、是不
中，可是我们太极拳内功修为要做到的一个中心，是中正
安舒，到底是不偏还是偏呢？太极内功的修为是要做到不
偏还是偏？是不偏好还是偏好？

前文王宗岳说了"不偏不倚、忽隐忽现"，这里又
告诉我们"偏沉则随"，这是不是矛盾呢？是矛盾的。它
们本身就是矛盾的，我们要把对立的它们统一，要用太极
思维去看待这一矛盾，也就是它们是既对立又统一的矛盾
体，谁也离不开谁。离开了盾，矛没有用，离开了矛，盾
也没有用，所以矛和盾是相互依存的。而我们太极思维就
是把矛和盾看作一个是阴一个是阳，一个是进攻一个是防
守，从表象看它们是分的，是二，但是它们又有着内在密
不可分的关系，是相互依存、谁也离不开谁的。

偏与中。我们说偏和不偏，如果用太极思维去理解，

王宗岳在这篇拳论中，既提出来一个不偏不倚，不偏是作为立如平准的准则，同时还告诉我们要偏，"偏沉则随"。所以不偏是主旨、原则，偏是具体的应用，我们要用这个偏。所以偏和不偏，作为拳修来说，既要修这个不偏的主旨，要把握住内功修为的不偏而中，求这个中、求这个主宰、求这个平准的法则和原则，还要在这个原则的基础上，要运用它的偏。由偏而不偏的这个过程中，面对任何事物的变化，我们都能够做到既活似车轮，又立如平准，所以我们太极内功要修为偏和不偏、修为不偏还要偏。

偏是不正、不中，不偏就是中和正。"立如平准"就是中、中正，立身须中正安舒，一个中心就是中。但是我们要做到的中正，要守住中正的话，不是死守就能守住这个中的，是要在变化中才能够得到一个趋于守中的近乎守中的过程和结果。也就是说，我们要想不偏不倚、立身中正，就要在偏中去求得它。

要想在偏中求得不偏、守中这个结果，我们需要两个条件，一个是知道什么是不偏、什么才是那个中，一个是我们要守住这个中就得要偏，而且要做到"偏沉则随"。这两者都是太极内功修为的核心主旨。一个知道不偏是什么状态，是什么准则；一个我们还要修为能够在偏中求不偏，在变化中求中。

从太极思维角度去理解，"偏沉则随"这个偏是不偏之偏。要想理解这个偏，不能离开不偏，这个偏的里面就含有不偏在其中并主宰着的偏。离开了不偏的这个主宰，就不是"偏沉则随"这个偏的真义内涵。

如何在太极内功具体功法修为中做到"偏沉则随"的这个偏呢？我们先要知道偏中含着一个不偏的主宰，要先求这个主宰。前文王宗岳告诉我们"不偏不倚，忽隐忽现"，同时又告诉我们"立如平准，活似车轮"，"不偏不倚""立如平准"就是偏中要有一个不偏的主宰，这个主宰就是中。

古人也把偏和中的关系给我们做了定义。什么是偏呢？中之两旁谓之偏；什么是不偏呢？不中，中之两旁，两边分开了。如果这里是中的话，中分了两旁就是偏，偏离开这个中了。我们要找两旁的话，必须从中这里来找。这边是左、那边就叫右，所以要从中上才能找出两旁来。

同样，要想得中，只要分出两旁，我们就能够找到这个中，所以它们是相互为根、相辅相成的内在的关系。中要从两旁去合，要找到两旁就得从中去分、去开，也就是说由中去开，就是两旁，就是偏。由两旁向中去合，合出来的就是中。所以中、合、两旁，它们是一开一合的关系，这个偏实际上是分清楚了两个不同，同时又要把它们向一起合，在分清楚的基础上又要合起来，这个偏实质上就是不偏。因为它处处不离中，实际是告诉我们偏是不偏之偏，不离开中的两旁。因此，我们要找到"偏沉则随"这个偏，就要求这个中。

所谓的偏就是要分，分出两旁，分出对立的两个部分。从太极内功的修为中，偏是分，分则偏，要分清两个对立的不同。先要分出来身和心。拳修告诉我们，对于人来说，一个有形之身，一个无形之心，我们要分清楚。具体到我们太极内功心法、理法、功法的修为中，一个是形一个是意，有形之身是形，无形之心是意。这里分了形和意。形又要分，分出上下、前后、左右。意也要分，分出有无、虚实、刚柔、曲伸，等等，这些都是一个形要分、一个意要分，总之所有的事物都要分出不同的两个对立的元素。只有分了，我们才能够找到向这个中去合的主旨和标准。

我们拳修的以拳证道、内功的修为，就是通过用拳的有为之法，再结合我们自己的身和心、形和意，及它们之间分合的关系，来实证大道阴和阳的分合到底是什么样具体的体现，用自己的身心来实证大道的阴阳变化和分合。

所以我们不会远修这个道，通过自己的身心就可以完成大道的修为，和对阴阳之道及其相生相变的内在规律的认知和把握。因此，前人告诉我们，天地是一个大宇宙，人身是一个小宇宙，从我们自己的身心就能够认知到天地这个大宇宙的阴阳、分合的变化，所以太极内功的修为是以拳证这个道。

我们要分出来两个对立的部分，这两个对立的部分分了以后如果不能够合、离开了向中合的主旨的话，这个偏就离开了不偏、离开了主宰，这个偏就是分而不合，就断了，断了就僵死了，就没有变化了，之所以有变化是它们总是要在分中向着中去合。同时又由中总能够向两旁去偏，这才是我们要理解的"偏"。王宗岳所说的"偏沉则随"的内涵真义，也就是在修为中这个偏要向着不偏而变，偏则变，只要一偏就要向中去合。因此，我们在做开合的时候，分了左和右，要向两旁去偏，这不是中吗？无极桩功要得中、守中，这是我们的静桩功。动桩功一动起来就离开了中，这叫偏。但是这个偏我们说要理解到是不偏的偏，因为它怎么偏都没离开这个中，如果一离开这个中的话，这个偏就失中了，就离开了不偏这个主宰，就分而不合了。

太极是什么，太极是分了阴阳，同时还有中在主宰着左和右它们的偏，在偏中有一个不偏的主宰。偏和不偏两者在变化中一个是分一个是合，一个是动一个是静，动静、分合，合成一种完整的状态就是太极。

偏如何做到不离中，如何做到不偏之偏，在不偏的主宰下去偏呢？王宗岳非常清楚地告诉我们，只有这一种偏才是不偏之偏，才是不离中的偏，就是沉。离开了沉的偏，就离开了不偏、离开了中，就会断。如果不离开这个沉，偏就是沉的话，就是不偏之偏。王宗岳在这个地方为什么告诉我们，我们所要求得的偏是偏沉的偏，偏的是那个沉，而不是别的。如果偏的不是沉的话，离开了不偏的偏，就是失中的偏。这就是为什么王宗岳在这里告诉我们偏的是沉。怎么理解偏沉的这个"沉"字？这是这句拳论的关键。

何谓沉

什么才是王宗岳所说的"偏沉则随"的沉的真义呢？什么是沉？沉是自上而下放。一块石头沉到水底，是由上向下，我们叫沉下去了。为什么这块石头一定是自上而下才是沉呢？为什么由上而下的变动才有沉呢？也就是说沉需要具备的条件：先天之重力就是沉。先天的重力就是地心对有形物体的引力作用，离开了大地的重力就没有沉。所以沉本质来说是地心引力的结果。这个沉是由上而下变化过程中的一个结果。它是变化的，它总是要向下落的，所以是重，在水中向下沉我们称之为沉。

我们把一个物体放到手上，为什么感觉沉，因为它有向下落的趋势，我们才感觉到了它的沉。比如，我把一个杯子放手上它看似不动，其实它是动的。这个沉、这个重力一直是在向下落，指向地心，如果我的手抽离开以后，它就落下去了。之所以不落，是我手所用的动力和地球对这个杯子的引力处在相对平衡的状态，所以它落不下去了。但实际上，它是一直落的状态。这种状态是手和杯子相互作用的一个动态平衡的结果。杯子本身受到了地球引力的作用，它永远是要向下落的。所以沉有两个条件：第一，是一个有质量的物体。凡是有质量的物体，它都有一个沉，因为它受到地球引力的作用。第二，这个有质量的物体要想出沉的话，一定有一个由上向下的力的作用，才有了沉的结果。

　　所以说沉，一个是指物体的本身，它的质量受到地球引力的作用；一个是指在动态的过程中自上而下，直指地心、垂直于地心的变化过程产生的一个结果。所以沉字有两层含义，我们说沉是有质量的物体受到地球的引力作用，那么对我们来说，每个人是不是同样也是一个有质量的物体呢？是的。我们的肉身就是一个有质量的物体。因此，我们必然受到地心引力的作用。我们把大地的这个引力的作用，叫作重，沉表现出来的是它有重量，我们称之为重。也就是说只要是有质量的物体，都会受到地心引力的作用，都会有这个重。

　　但是这个重力的作用，是不是就等于沉呢？不是的，我们不动的时候，这个重是静止的。我们在站无极桩功、浑圆桩功时，我们的重是与大地相合的，这时的重是不偏不倚的。也就是说不偏我们的中，即由人的百会到会阴这条虚中线，因此它永远和大地相垂直，这条虚中线也叫作我们的中。

中、重相合

在练无极桩功、浑圆桩功、静桩功的时候，我们是守中的状态，中和重是相互合成的状态，是不偏不倚的状态。这个重和中是相合的，因此它是静态的。当我们一动起来，动之则分，一动就分了前和后、前腿后腿，分了左和右、左手右手；分了前后、左右，上下本来是合的，一动以后前后、左右矛盾，上下也开始动之则分。因为我们这个时候的重和中是相合的。当我们一动起来以后、一分的时候，动之则分，这个重就已经偏离了中，向前迈的话是向前偏，向后撤离时是向后偏，总之是偏开了中，如果说这个重在偏了以后就偏了，这个偏了中以后就死了。这个偏的重，如果和中还是合的，还是不离开中的话，那么就会产生变化。也就是说，在这个过程中，是中和重的关系产生了一个分合的变化。这个分合的变化，是在中的主宰下的偏和不偏，是它们相互之间的开合变化。

正是因为我们向前迈的时候，这个重偏了，如果它偏了不能回来了，就死了。而我们偏了以后它还要回来，回到中上来，我们再一迈步它又偏了，再一偏还要回、再一偏，所以就能够向前或者向后的灵活运转和变化，我们说只有动起来的重才是沉。如果这个动力作用不动的话就是重，如果动起来的重就是沉，那么沉是动起来的重。怎么动呢？偏，偏则动。

要理解王宗岳所说的"偏沉"，对沉就要有很明确的认知和把握。这个沉要符合两个条件，一个是我们先要体会出这是大地重力作用的结果，就是要找到重，这个重动起来才会出沉。找到这个重的关键是什么？这重只是我自身的组织结构，大地赋予我的有质量的自然之重，它才是我们所说的重，因此，这个重是不加外力的自然之重，是地球重力的作用。如果人为地加了外力的作用，就不能够真实地反映出大地的自然之重。

要想得到大地自然之重的真实，我们就要做到周身松通，毫不用力，就要随着这个重，把我们自己放给大地，自然地松落下来。如果加了自己的僵滞之力，就体会不到这个重的真实。只有完全放松、松通以后，把自己平松地落在大地上，才体现出大地自然之重的真实。

是不是放下来、松通下来以后，和大地的自然之重相合了就是出沉了呢？不是的，这只是找到了沉的第一个条件，得重、知重了。

第二个条件就是这个重要动起来，动才会有沉这个结果。我们从无极桩功开始，站桩不但要找到重，还要让这个重动起来。怎么动呢？我们要把体现出对地球重力作用的有形的身体松通而平地落在大地上，还要把这个重提起来。重是自然下落，我们要它提，反向用一个提，提着重向下落。我们用意提这个重，一落一提、一提一落，在动的过程中重就出现了一个动态平衡的结果，就是沉。

所以，要理解沉离不开这两个条件，无极桩功、浑圆桩功都是在体现如何得重而出沉。沉如果重而不能动的话就是僵死，就是下一句拳论所说的"双重则滞"，重不能够灵动的话就是滞重。沉是重而不滞，沉是重灵动出来的结果。沉本身是一个重，同时在灵动的时候，这个重就出来了和"重"完全相反、对立的另外一种状态，和重对立的状态是"轻"。也就是说，重中如果有轻的话，就是沉。重是重、轻是轻，以常人的理解，在生活中重和轻是完全对立的。可是太极内功是要把轻和重合起来，重中要轻、轻中还要有重，轻重虽然是对立的，但是它们又谁也离不开谁，轻重合一就是沉。

我们太极内功修为的阴和阳，就体现在一个重一个轻上，要把它们合起来，能够做到重中能轻、轻中有重的话，就合太极了。不经过修为就无法做到轻中有重、重中

410

有轻，我们只有通过太极内功的修为，才真的能够做到轻重合一。

我们练的熊鹰合形，就是前人用熊和鹰来告诉我们什么是重和轻，重像熊一样，但是又要像老鹰一样能够那么轻灵。重在下，老鹰是在上；重落地，鹰在天，天地相合，合出来一种熊鹰轻重合一的状态。我们太极内功的修为就是要做到这一点，这才是真太极。各种拳法，从心法、理法到具体修为的功法都是围绕着这个主旨进行修为的，只有这样，轻中有重的主宰，重能够有轻灵的变化，这才是沉的真义内涵。

杨氏太极拳一直要求我们做到"内含坚刚而不施，外示柔软以应敌"，一个内、一个外，一个山、一个水，一个是坚刚如山、一个是轻灵似水，这两者合起来才是我们修为的那个沉的真实体现。王宗岳在这里很清楚地告诉我们，虽然在这里面讲了一个沉字，实际上这个沉涵盖了整个分阴阳合太极的真义内涵。

我们有了这个沉，既有了地球的自然之重，又有了能够轻灵的变化，怎么变呢？偏。"动之则分"就是来偏这个沉。你要动，就要偏出这个沉。偏这个沉，要做到不偏而偏，在中和重的关系上，偏沉就是在重的主宰下的偏，也就是说，偏的是重，动的是这个重，动起来的重就是沉。这个动，不离开中这个内在去静、去偏、去重。一个静、一个动，一个内、一个外，一个不变的中、一个变化的沉，两者相互之间是对应、变转的内在关系。所谓分是分清楚这两者之间内在的变和不变的。一个动一个静，所有的偏沉在动的过程中，都要有一个静的主宰，就是不偏的这个中，中是不变的。我们守住这个中，所有的偏，实际上都是偏沉的偏，都是王宗岳在《太极拳论》中告诉我们偏沉的这种真实的状态，这才是我们太极拳所寻求的真的偏，这个偏才有用。

我们要用偏沉和偏去达到不偏、守中的结果，而要想守住这个中，在动起来的时候就要偏沉，就要偏这个沉。我们偏这个沉，又有不偏的中在约束着这个偏。这个不偏和偏之间的关系是什么样的呢？王宗岳很清楚地告诉我们，它们是相随的关系，是随。这个提起的重在变化的时候产生了偏沉，同时还要有一个中的约束，即这个重还要回偏，所以它的偏总是围绕着中变化，就是说这个偏要随着不偏而偏，这个不偏要随着偏才能够不偏，它们是相随的、是相分相合的关系。

何谓随

《太极拳论》中王宗岳把"随"字内在的真义内涵和它的妙处淋漓尽致地给我们展现了出来，实际上太极内功的修为，最后就体现在一个随字上。可以说，太极内功修为，就修的是随。随，本意是顺、是从，是顺从，顺遂。遂则顺、顺则遂，最终我们修为是要能够做到随，能够让我们在为人处世的时候能够做到随天地之道、顺天地之势，我们就能够立于不败的境地、能够活出我们圆满的人生。如果不顺天之势、随天地之变的话，就不能合这个道，就不能把自己的人生轨迹画圆满。

最终我们就是要做到随，才真的能够随心所欲。我们要心想事成，心就要随了这个天地之道，随了天心、地心。人心和天心、地心相合以后，我们才能够做到随心所欲。这个随心不是我自以为的那个自己的想法，这个心是天心、地心、人心三心合一的心，是我们说的一心一意。所以我们太极内功的修为就是要能够合到这个心上，我们才能够随心所欲。

"随"字妙就妙在它是把两个对立的东西合在一起，既分又合才是随。王宗岳在《太极拳论》中说，"随屈就伸"，一个屈一个伸，一个向内一个向外，内和外、屈和伸，这两者要随，随着屈要伸、随着伸要屈，这两者才能合起来。怎么变呢？就是随。往往我们这两个动作，一个向外一个向内；一个是有形的看得见的表现出来的，一个是无形的、看不见摸不着的。王宗岳为什么说"不偏不倚，忽隐忽现"，一个是现、一个是隐，现和隐一个内一个外。如果随屈就伸，这个伸是表现出来的、向外伸的，一定还有一个看不见的没有表现出来的内隐的回屈之意。如果形是伸的话，一定还有一个和它相反相成的向内的屈之意与它相合，这才是随的真义，也就是两个分的部分还要合。分出来的一个是看得见、一个看不见，一个是外、一个是内，一个是有形有象、一个是无形无象，或者我们叫作一个实、一个虚。

这也是为什么杨澄甫大师告诉我们太极内功以分清虚实为第一要义。我们必须要分清楚这两者，一个虚一个实，但这两者还要同时存在，此两者同出。

我们经常说如影随形，太极内功的修为，要把我们自己分出来一个有形有象的我，有形的身体，看得见摸得着，我们称其为实我、真实的我；还有一个我，那个我是虚我，是无形无象的我，是我们内心的那个我。所以那个我叫虚，这个我叫实，要分清身和心、虚和实、形和意，我们要找到我们的那个影子，两个我合出来我这个人。

每个人都有一个有形的我和一个无形的我。假如说我们用影子来代表那个无形的我的话，那个我跟这个我总是相伴相随，是不可分的。无极桩功、浑圆桩功就是要让那个影子站出来，把那个影子站真实了。可是我们在日常生活中的习惯，一动就是这个有形的我、实的我，我们没有意识。是那个无形的我、影子的我主宰着这个实我，而且这个我是随着无形的我在动的，这就叫随。

所以说这个随要分出来一个虚一个实，一个形一个意，最终通过太极内功的修为使我们的形随意而为。也就是说什么是随，现在看似我这个身体在动，其实它是不动之动，是那个无形的意在动，那个虚我在动。这个有形的我、身体，随着那个意而动，这叫随着。它动我跟着它动，跟着、从，跟从它的动，这才是随。

具体说"偏沉则随"，一个随字告诉我们是一个动一个静、一个内一个外、一个虚一个实。它们发生变化的结果是分而合的状态，是它们之间在分合变化中所出现的一种谁也离不开谁、相生相变、互为其根的结果，我们管它叫随。

"偏沉则随"，我们怎么才能够真正做到这个随呢？怎么才能做到该进则进、进中有退，该退则退、退中有进；同时两者又相生相合呢？偏沉。随是结果。当然，我们太极内功修为其中一个重要的结果就是要能够随，能够处处得到这个随、运用这个随。

我们处处在找沉，它动起来、偏起来，中和重、偏和不偏发生的内在的这种变化，其结果就得到了随。中和重总是相分相合、相伴相随、中不离重、重不离中，中、重总是开合的密不可分的关系，最后结果就是能够随。我们的心能够随了天地之心，我们有形的身体能够从了我们的心。随了天地的真心真意，合了万事万物本原的大道，其结果就得到随。所以，要从中和重的角度去修为随。

中和重，中是标准、是一种滋味，重是大地对我们真实的存在；中是虚空的、重是真实的；两个虚实的分合产生了随这个结果。也就是说，我们要利用守中这个主旨去变化，在变化中要做到偏沉，但不离这个中。要想守住这个中，我们就得要偏沉，就得随。偏沉只有随了，才能守住这个中。所以这两者是互为其根、是谁也离不开谁的。

双重则滞

"偏沉则随"，这是修为中一个重要的主旨要求。下一句"双重则滞"，是针对"偏沉则随"的。如果做不到"偏沉则随"，就会出现"双重则滞"。

对于"双重"，王宗岳在《太极拳论》中一针见血地指出，"每见数年纯功不能自化者，率皆自为人制，双重之病未悟耳"。整篇《太极拳论》王宗岳讲了什么是多误，又告诉我们多误的表现。从本质上来说，多误的病象，不管是斯技旁门甚多，但其病根只有一个：双重之病。王宗岳在这里指明了病根。因为"双重则滞"，这个"滞"是和"随"相对的。随是轻灵的动，是随动、是从动；滞是滞住、是僵滞。随是活，滞是死。也就是这样两种结果，一个是活、一个是死。

怎么就活了呢？"偏沉则随"；怎么会死了呢？"双重则滞"，双重就会死。所以，王宗岳在下一句拳论中，跟着"偏沉则随"，同时又指出来我们的多误，"斯技旁门甚多"，其根源就在于双重之病。

我不管你如何表现，不管斯技旁门甚多、各种各样病象的表现，从根本上说，就是双重。表现在哪里，哪里就会出现病象，但是根源都是阴阳二气的"双重则滞"所造成的。透过现象找本质，通过病象去找病根，绝不能头痛医头、脚疼医脚，抓住了病根就解决了一切的病象。作为太极内功修为来说，病根就是双重。

双重的后果如何？滞。"滞"就是双重的结果。也就是说，只要出现了双重，其结果就是滞。也可以说，只要滞了，一定是犯了双重的错误。

所以这就很清楚地告诉我们，病因是双重，病象是滞。要想做到"偏沉则随"，就一定要解决"双重则滞"的问题，这就需要我们先了解什么是双重。王宗岳在这里只是给我们指出来"双重"，修为中到底什么是双重，我们只有理解和把握了什么是双重，才能在修为中避免双重之病。

何谓滞

这里我们倒着讲"双重则滞"，滞就是双重，双重的结果就是滞。在我们太极内功修为过程中，滞的反应是什么？什么才是滞？其实滞不只是我们太极拳、太极内功修为过程中出现的一个问题。在我们人生中、在日常的生活中，滞都是一个大问题，是我们必须要认真对待和解决的问题。要想让我们的生命轨迹圆满，让我们的事业能够成功，让我们能够身体健康活得愉快，就要解决这个滞的问题。

滞，本意是水流不动了、流不起来了，我们说是滞住了。我们经常说僵滞、僵了、滞重、动不了了，就是滞。所以我们所有的问题一个重要的表象就是动不起来，流不动了、不通了。从我们身体来说，气血流通应该毫无滞碍，应该是一气周流的，我们气血的运转能够处在这种状态下就是健康的。一旦不通了、滞了，不通则痛、不通则滞，气血流不动了、受到阻碍，有了滞碍了，身体就会出现各种各样的问题，病痛就来了。其实所有的病痛，从太极角度、从中医的角度来说，不管指标、数据怎么变化，病根只有一个，就是滞住了、不通了，气血不能够流通了。我们解决问题，不是这儿的问题就从这儿解决，而是从根上查找，只要气血通了，问题就都解决了。

太极内功解决的就是这个问题。通过我们有为功法的修为，让自己的身心没有滞碍，让它能够畅通无阻碍地运转和流动，就没有这个滞了。当我们自己能够让它运转畅通，我们的身体必然是健康的，身心必然是愉悦的。

怎么去解决？要化解它。我们说太极内功修为，问题表现在滞上，解决问题就要催僵化滞。催僵化滞，一个是吹法，像刮风一样把它给吹开化了。天地之间一阴一阳，阴阳不能一气流转、堵住了，这两者不能相生相化相互变转，是滞的根本原因。阴和阳两者本来是相生相克、相互变转、一气周流的，如果流不动了，阴是阴、阳是阳，它们之间就不通了。王宗岳给它命名为双重。所以说病象是滞，病因是双重。

要想解决滞的问题，就要抓因，从双重入手来解决。什么是双重呢？双，两个、一对。双的繁体字"雙"的本意是一手抓住了两只鸟，这两只鸟是分着的。双重，也就是这两只鸟本来可以左右分开，都能够灵活变化，但它们变不了了，出现双重这种现象，就动不起来了。动不起来的一个原因是分不开、分不清楚了。左和右，本来一左一右是对立的、分开的，各自都是非常灵活的、能够变化的，当这两个分不开以后，就变不了了，不能变化、不能开合了。什么是变化？就是能开能合，该开的时候开、该合的时候合，就是能够动起来。我们所说的动是指开合变化，不是分不开这样的动，这就叫双重。怎么是动起来呢？动之则分，一动就是分，左右、上下能分，能够分开还能合上，合起来是一，分开就是二，一分为二，合二而一。一个阴一个阳分得很清楚，但是它们在分中还要合，合到一就是太极。

要解决双重问题，就是动之能分，它才能够产生开合的变化，能开合就不是双重，不能够开合、分不开，分不开也就合不上了。所以说双重的原因，就是阴和阳不能够分合了。

当然，从太极的角度看待双重，会很清楚地认知到，开和合、阴和阳，分和合，其本质来说是一、是一回事。要解决双重这个病，是阳在上、阴在下，一上一下、一升一降，它们得能够变化和动起来。首先就要分，分出阴阳。阴阳是一上一下，上为阳、下为阴。光分还不行，它们还得要变转，阳向阴变、阴向阳转。这种变转从我们常人的角度来看是看得见的变，但是变是表象。所有的变都是因"化"而变，变是看得见的，如太阳升起来了、太阳下去了、天黑了……变了，白天变黑天、黑天变白天，我们都看得见。但是从太极的角度来说，所有的变都是表象，因为什么它变了呢？所有的事物没有一成不变的，总是在变，变的根源、主宰是内在的原因，内在是产生外在的变的根源，在内不在外。在内我们说是"化"，我们说要解决双重得能变，变不了就滞住了。

何谓化

太极内功是内修之功，也就是抓住根本的原因去解决它。所有的变化，我们所看得见的变化，大了小了、快了慢了、黑了白了、上了下了，这些都是在变，但是这些都是表象。它们变或者不变，都能够从表象上看到，但是能变不在于它外在的变，而在于它内在的化。不能变，也不在它外在的原因，而是在它内在的不能化、化不动、化不起来的主宰。所以我们不管它能变还是不能变，都在内不在外，我们都要抓住根本原因，从内来解决、来化。所以解决双重、解决滞、解决不能变，我们要从化来入手。

"化境极矣"，是一个非常高的境界，是主宰着所有的事物能相生相变的内在原因。我们只要能够让它化，就能够抓住该让它怎么变，该让它变还是不让它变，变和不变都在这个化上，所以我们要从化字来入手，进入这个境界。太极的修为就是从阴阳去找阴阳的化，相互的转化，因为化才是所有事物变化的内因，不管表现出来是什么，不管它怎么变，归根结底都在于它内在能不能够化。

要想抓住内在的化，实际上你所看到的对立的两种状态，无非一个上一个下、一个左一个右、一个进一个退、一个顺一个逆、一个成一个败。关键问题是，它为什么能够成、为什么会败，我们怎么才能让它成，关键在于怎在成和败里找到其中的这个化境。

我们会发现，分的是一上一下、一阴一阳。我们要想让它能够一气周流、产生这种相生相变，关键在于它能化。化的关键在于它们虽然表现出来的是一上一下对立的两个方面，但是这两个方面是一，它们是对立的，又是谁也离不开谁的。为什么我们常说失败是成功之母？以常人思维，我们看到成功就是成功了，但是没看到在成功的过程中，是由于转化失败以后才得到成功的结果。因此，我们不需管这个成功的结果，而是抓住它里面是怎么化为成功的。

怎么化？是一。抓住了一就能够互相转化，就能够得到二这个结果。我们说要抓一，从无极桩功开始，我们修为就是站这个一，能分为二的两个相互化出来的那个根本的、内在的一。

前文王宗岳已经给我们指出来了，"虚领顶劲，气沉丹田"，"虚领顶劲"一个上、"气沉丹田"一个下，实际上这两句拳论告诉我们的是一个上一个下。结合"双重则滞"去理解"气沉丹田"，就是理解怎么"气沉"。很多人一说到"气沉丹田"，包括在修为无极桩功和浑圆桩功的时候，就认为练气沉，用力地往下沉我们的气，鼓肚子沉气，其实这是对王宗岳这句拳论的误解。

"气沉"的真义是告诉我们要分出上下、分出轻重，气是轻的、是向上的，沉是向下的，所以"气沉"这两个字是告诉我们要向上，同时还告诉我们要向下，既要向上升、又要向下沉。向上是轻，向下就是沉、是重。沉是又有向上的轻、又有向下的重，两者相互作用才能出沉。具体在修为过程中怎么去理解它们之间上和下、轻和重的相互的转化呢？我们说要抓住分出来的上下、轻重，但是上下要相随、轻重要合一，是分出来一个上一个下、一个轻一个重，它们内在要产生一个转化、要产生一个化。如果没有这个内在的化，上和下、轻和重，上面轻、下面重，上是上、下是下，这本身就是双重了。只有它们能够相生相变，内在由于化而产生了变转，就不滞了、就避免了双重。

　　关键是怎么化呢？我们说分出来一上一下，要分清上和下，同时要分清轻和重。轻是气、气是向上升的，天为阳、地为阴，上为阳、下为阴。什么是向下呢？水，所以上的是气、下的是水。"气沉丹田"，实际是告诉我们，这里面水和气的相互变化，从看得见的变来说，水是水、气是气，水变成了气、气变成了水，是两种完全不一样的东西。水我们看得见，气看不见。这两个又分出来了，看得见的如果我们叫实，看不见就叫虚，这样又分出来了虚实。水为实，气就为虚，因为它看不见。水能够摸得到，气摸不到。这样就分出了一个有一个无、一个实一个虚。

水为阴、气为阳，天为阳、地为阴，这就分清楚了阴阳，也分清楚了虚实、上下、轻重。水是重的，要向下流；气是轻的，要向上升。水和气之所以能够变化，因为它们是一。气是水化出来的，水是气化出来的。气和水本质上是一回事，无非一个是化成了水、一个化成了气。而我们看到的是二，之所以能变是因为内在能化。这两者是一动一静，气是流动的，水本身是静的，水自己是不动的。

我们接一锅水，水在锅里面是静的、不动的，但是我们要想把水化成气的话，就要让它动起来。怎么动起来？加热。锅里的水加热后，一开始水是微动，待会儿就要沸腾了、开锅了。随着加热，水产生了变化，水化气，气开始上升。气上升遇冷，又凝结成水珠，又回来了。所以我们所说的这两者互相的化，是"一"的化。所有事物的化都像水和气一样，内在是同一个相化成两个状态，所以老子也告诉我们：有无相生，此两者同。也就是说，水和气，一个上一个下、一个阳一个阴、一个轻一个重、一个虚一个实、一个有一个无，看似是二，实际上它们是一、是一回事。

什么是"此两者同"？同就是看着是二，一个阴一个阳、一个虚一个实、一个轻一个重，本质上它们是一，阳就是阴、阴就是阳、虚就是实、实就是虚、重就是轻、轻就是重。因此，它们的变化是谁也离不开谁，是相生相克的变，是内在一的转化。所以我们分出来以后就要让这两者（水和气）内在能够相互地化，由化而产生变。尽管它们有上有下，但是由于它们之间内在的主宰是一，最后一就化成了二，分出了上和下，但是上就是下、下就是上，不是上是上、下是下，是有上有下、上下相随相合以后，又合出来一个一，从本质上它是一。抓住了这个一，就抓住了它能够相化相变的内在的主宰，所有的变都是因为从"一"去化以后产生的两种对立的状态。

为什么说从无极桩功开始？站桩的时候，我们小腹部这里像一口锅，锅里的水要产生气，它才能够上升，水和气相生相变、相互转化的一个条件，就是加热，要加火。我们在站无极桩功的时候要添这个火、加这个热，要把水烧开，要让它变成气上升，所以我们小腹这个位置需要加热。怎么加热呢？不是靠外动。当然，有两种加热法，一种是外面的运动、身体的运动，但是这种身体的运动和我们所说的加的这把火是两回事，我们所加的这把火是从本原上、是内里要动起来，这把火是意。所以我们要让意动起来，意动起来以后，我们腹部由微热到热、到由水化气，产生了一个化的变。

对于双重，关键问题是能变，但不是外在的、表象的变，而是内在的化，也就是说我们太极内功修为的一个核心主旨是化。所以杨氏太极拳的传承，在王宗岳的《太极拳论》的指导下，具体怎么去解决双重，就是从化上解决。

杨健侯给我们留下了宝贵的《太极拳约言》。他告诉我们，"轻则灵，灵则动，动则变，变则化"，最后归结到化境的化。轻则灵，灵则动，动则不滞。只要能化就能变，能变就不滞，不滞就不是双重。我们对双重的认知，具体就是要分清阴阳，从太极内功修为来说要知阴阳、明动静、分虚实、辨刚柔，要从轻重、内外，抓住内在的根本原因，在化的主宰下产生相生相变，如此我们就解决了"双重则滞"的问题，核心在这个化字。

我们说变都看得见，黑的变白、白的变黑，能够很清楚地从表象上看到，但是内在的化是怎么进行的呢？归根结底，我们所说的化是一，也就是轻和重、内和外，它们表现出来是二，但是一定要抓住它们的本质一，我们在修为中抓住了这个一，就能做到轻就是重、重就是轻，内外合一。

那么怎么进入化境，王宗岳在《太极拳论》中只给我们指明了方向，具体修为方法是在领悟《太极拳论》的核心主旨的基础上，我们的前人总结和提炼出来的有为的修为方法，特别是我所传承的杨氏太极拳的内功修为。

虚中实，实中虚

怎么抓住这个一去化为二，归根结底一个重要的主旨原则，就是虚要化成实、实要化成虚。虚化成实，不是把虚变成实，而是由虚出来一个实。这个实不是离开了实又出来的一个虚，而是实中出来一个虚。我们一定要掌握这个化的核心主旨，有形的身体还在，但是它能够实出来一个虚。我们看不见的那个意、气是虚的，但是它真的能够产生一个内在主宰。它真实了，但它还是虚的，还是看不见的，不过它真地起到了实的作用。

我们修为中一定要牢牢把握住这个核心要领，不是没有了实就变成了虚，从表象上看实还是实的，但是这个实中已经寓有虚了。在我们的无极桩功、浑圆桩功中，就是要把握住修为实的实而虚之，实的有了虚这个实是虚实一体、实中有虚了。同样，我们的意、气的虚是看不见的，但是却真实地在内在产生了一个主宰、一个支撑、一个内动力，那个虚就是虚而实之了。

其实从太极内功修为的角度，对于虚实来说，虚实的转化关键在于虚中有实、实中有虚，也就是你所看到的实是虚和实合一的，外实内虚；你没看到的那个虚，实际上也是真实存在的，是虚中却实的，只有实而虚了才是真实。所以我们所练的这种"变"和"化"最后要抓住一，

"虚实变转须留意"。

《十三势歌诀》很清楚地告诉我们:"十三总势莫轻视,命意源头在腰隙。变转虚实须留意,气遍身躯不稍滞。静中触动动犹静,因敌变化示神奇。"最终是要因应所有外界的变化来调整我们自己以适应外界的变化,让我们保持住这种最合适的平衡的状态,这是我们太极内功修为的主旨。但是怎么能够做到因敌变化示神奇呢?关键是变转自己的虚实。虚实怎么变转呢?要化。实还是实,要化实而虚,这个实中化出来一个虚;虚还是虚,但是虚能够虚出真实,发生了转化。这个形是虚实合一的形;那个虚、那个意是虚中确实地、真实地主宰着我们这个形的虚实合一的真实。所以说,所谓真实是虚中实,所谓真虚是实中虚,虚就是实、实就是虚,虚和实谁也离不开谁,是一。只有能够这样转化了,我们才能变,我们才不会有滞了。

所以太极内功修为就是修我们的身和心、形和意,它们的变转虚实是由一而化,不是练这个形体外在的动作的变,而是练内在一的转化,这才是我们修为的核心主旨。

我们说"双重则滞",王宗岳在这里进一步强调,告诉我们太极内功修为,不管你修为了多少年,最后要克服和解决的只有一个病象,就是双重之病。就跟我们的中医一样,不管你什么样的病象,归根结底都是阴阳失调,阴阳不能运化。所有的问题不在有形的身体，而在内在的阴阳二气不能相互转化。

因此王宗岳再次一针见血地指出"双重则滞"："每见数年纯功不能自化者，率皆自为人制，双重之病未悟耳。"他站在他的高度，发现很多的太极爱好者，虽然下了非常大的功夫，孜孜不倦地苦修苦练，但是不能自化，就是化不了。什么原因呢？"双重之病未悟耳"，就是没有能够解决双重的问题，不了解这些导致不能自化的原因就是双重之病。我们要解决在太极内功修为中出现的所有问题，就必须要解决双重问题。

有时我们经常看到和对手顶在那儿，不能变化了。其实不是别的原因，不在对手、不在外面，全是自己的原因。双重之病在我自己身上，我不能自化，"率皆自为人制"，都是自己的原因，所以要解决这个问题，不是解决对手，实际上问题在我自己这里，只能我来解决。怎么解决？自化，化。实的能够实中虚，虚的能够虚中实。只要这么一化，问题就解决了。

化不了的一个重要原因，是身体的僵滞，实际上是意动不起来。我们的意不能流动，要从这上面去化，用意去化。我们的身体要想化，就要让自己有形的身体用意不用力，身体要周身松通，也就是说化不动的、动不起来了、变不了了、跟对手顶上了，不是对手的问题，不是来力大小的问题，是我自己用力了，就给对手一个力的作用点。解决对手的力，要从我自身自化起来。我不用力，我能够由实的虚了、能够松通了、能够虚空了，对手的力就化为乌有了。

所以不是化对手，那是结果。从哪里化？化自己。我们太极内功，特别是我传承的杨氏太极拳内功，无极桩功、浑圆桩功都是化我、化自己，把有的化无、实的化虚，同时虚的要化实。内气运行能够一气周流，上下能够相随，"气遍身躯不稍滞"，没有一点僵滞。气流动起来了，周身实而虚，对手摸到、看到的是一个虽实但真虚的实体，不给对手有力作用的实点。我自己能够把握自己实的能够虚，同时我虚的意和气，能够在身体里面真实地一气周流，以意引领、一气周流地运转起来，以内在的虚而实的意气来引领和主宰着外在的实而虚的有形之体，我们能够"变转虚实须留意，气遍身躯不稍滞"，就能够变化、能够解决双重之病。王宗岳很清楚地告诉我们，"每见数年纯功不能自化者，率皆自为人制，双重之病未悟耳"，都在自己，没有别的原因，不要找别的原因。

太极内功的修为，实际上在改变我们自己的思维认知，从而得到这样一个结论：所有不能够自化的原因，不要怨天尤人，全在自己，应该从自身解决，不能自化者"率皆自为人制"，全是我们自己的原因。生活中也一样，当我们遇到了困难、挫折，总是找别人的原因，总是去怪别人，总是想从别人那里去解决。反了，"差之毫厘，谬之千里"了。我们管不了别人怎么做，唯一能管的就是我们自己。如果我们能够让自己发生这种转化的话，就能够因敌变化，这个敌不只是对手（所有的外在都是我们的对手），所有客观存在的真实，都需要我们去从容应对，去根据外在的变化调整自己的真实。

所以我们最终要修炼的是化我、化自己。化不了的，就是双重，能够化自己就没有持重之力，就不会有滞重，就总是能够流得通、走得开。不遇上坎儿、不遇上阻力，是不可能的。在我们人生的路上、在我们处理任何事物的时候，都会遇到对手，都会遇到阻力，关键我们要解决的不是有没有问题，要解决的是面对阻力的时候我怎么能够化而变我自己，以适应外在的变化，从而从容应对，顺利通过。

解决双重之法

在这里，王宗岳不但给我们摆出来了"双重之病未悟耳"，所有的问题都是一个根子——双重之病。王宗岳不只是告诉我们"本是"是"偏沉则随"，多误是"双重则滞"，接下来就告诉我们应该怎么做，怎么去解决这个双重。王宗岳开出了药方，"欲避此病，须知阴阳"。归根结底，双重之病是不知阴阳所造成的，要解决双重之病，先要知阴阳。

下面他进一步告诉我们，"阴不离阳，阳不离阴；阴阳相济，方为懂劲"，知阴阳的真知是阴不离阳、阳不离阴，阴阳相济。王宗岳《太极拳论》最后的点睛之笔，就是须知阴阳，阴不离阳、阳不离阴、阴阳相济；给我们指明了方向、给我们找出了解决问题的方法和核心主旨。

双重之病，不管从轻重、内外、上下、虚实上各种各样的表现，归根结底无非是一个阴一个阳，王宗岳把它高度地概括到道的层面。太极拳是遵照太极阴阳学说的理论去解决我们的实际问题。太极拳之所以能解决我们的实际问题，因为它牢牢把握住了阴和阳，及其之间存在着的相生相克、相互变转的密不可分的内在关系。他清楚地告诉我们，事物的生存、变化、发展、成功、失败……归根结底是事物内在存在着两种对立的力量：阴和阳。这两种力量既是对立的、相克的，又是相互依赖、相生的，它们谁也离不开谁。只有把这两者统一起来，阴不离阳、阳不离阴，阴阳还要相济，就抓住了事物生存、发展、变化的根本原因和内在的主旨。那么我们就能够透过事物的表象看本质，不会被表象所迷惑，无论是黑或者是白，成或者是败，归根结底是内在的阴和阳两种对立的力量相生相克、相互变转的结果。所以太极内功修的是内，不是练要怎么变，而是牢牢抓住内在的原因去主宰和决定该怎么变，这是修为的核心主旨。

阴不离阳、阳不离阴，分出来是一个阴一个阳，但谁也离不开谁，因此我们一定要进入太极阴阳思维去看待事物内在的本质，阴和阳两者不可分，没有阴就没有阳、没有阳就没有阴。我们经常说阴阳相济、水火既济，本来阴和阳是对立的，水和火是对立的，但是它们对立起来还要相济。相，相互；济，是渡，渡过去就是济。相济就是它们相互渡，阴渡到了阳、阳渡到了阴，阴能渡阳、阳能渡阴就是相济。

《太极拳论》开篇王宗岳给我们指明了太极内功修为的三个阶段：着熟、懂劲、神明。懂劲是太极内功修为的门槛，能懂劲就进入了真太极内功修为的门内，如果不能懂劲，只能在门外徘徊。怎么能懂劲呢？王宗岳《太极拳论》中有这几个字："阴阳相济，方为懂劲"，在这里王宗岳清楚地给我们指明了懂劲是阴阳相济的结果。阴阳相济，即阴中要有阳，阳中要有阴，阴阳合一。

我们说轻和重、虚和实，作为太极内功来说就体现在内外、轻重上。轻重、内外两者如果说一个是阴一个是阳、一个是虚一个是实，是分的两个对立的方面，阴和阳、虚和实，它们两者之间怎么就相济了呢？轻重是一，轻中要有重，重中要能轻，不是轻是轻、重是重，重就是轻、轻就是重，轻重相合一了。

　　我们太极内功修为具体的要求，是外要轻、内要重，外示安逸，内固精神。一个内一个外，这是阴阳相济的一个重要结果。虚实、轻重，虚就是实、实就是虚，轻就是重、重就是轻。对此前人告诉我们，就如放风筝，放起来的风筝能够随风摇曳摆动，风筝是轻的，是向上的，但是同时下面还有一个往下沉的坠子坠着它，这样风筝才能放飞起来又不会脱手。如果这个轻中没有重，只有上面的轻、没有下面这个下沉的重的话，风筝就会是断了线的风筝，上下分开了，风筝就会失控。所以如同放飞的风筝，轻重合一，上下相随。如同水中泛舟，船在水面行，无论船有多少吨的重量，但是它在水面浮着，它是轻灵的。如果没有一个下沉的重，这个船就很容易翻了；如果没有轻灵的话，船就走不了，就滞了。所以如放飞的风筝，似水中荡舟，阴和阳、虚和实、轻和重、内和外，最后合为一体。所以它是化，化出来的结果我们叫劲。这个劲也是合出来的，它是轻中有重、重中有轻，虚中有实、实中有虚，内外合一。

　　杨氏太极拳的传承在《阴阳诀》中指出来了："轻重虚实怎的是，重里现轻勿稍留"，也就是重里的重在哪儿？在里边、在内；现轻，表现的是轻。一个内一个外、一个重一个轻，不但要分清还要合一，内外要合一、轻重要合一。不但要合一，还要遵循重里现轻。外要轻，内要重、内要厚重，实的要轻、虚的要重。杨氏太极拳在《太极下乘武事解》中很清楚地告诉我们，外要以柔软而应敌，内含坚刚而不施。外要柔、要轻，内要坚刚而沉厚，合体以后合出来一个完整的人，这才是太极。

可以说王宗岳的《太极拳论》，本着"本是"是什么、"多误"是什么，多误表现出来的是什么，多误的原因是什么，以及"双重之病未悟耳"，如何解决它？知阴阳。最后，归根结底，我们太极内功修为的一个核心的结果就是阴阳相济方为懂劲。懂劲就入门了，懂劲后越练越精，才能登堂入室，才能阶及神明。

互动

（一）

学员：老师好，今天听了这个"偏沉则随"，我们平常在练开合功的时候，是不是开合功法手的开合是比较像中与重向下的分合？在做四动功的时候，是水平的这种开合吗？我不晓得这样理解对不对。

李老师：好，你提了一个很好的问题，实际上这样理解是对的。我们的桩功分有动桩功和静桩功，前面的无极桩功、浑圆桩功都是静桩功，其实静桩功我们也是在寻求中和重两者之间的关系。无极桩功分出来十八个部位，最后我们合到了一个部位上——圆裆。圆裆圆出一个重锤，要把它真实地感悟到。这个重锤是和我们的虚中线相垂合的，都是指向地心、垂直地心的。这个重锤是动态的，我们还有一个上提之意。所以它总是在动态中去变化。因此，无极桩功、浑圆桩功看似身形是静的，但是我们的意是动的，意动就动在中和重的开合上。

无极桩功、浑圆桩功在找到了中重这种动态平衡关系以后，我们身形不是一直静止不动的，我们要走、要跑、要跳，我们要变化。在变化过程中，中和重两者之间又是一种什么样的关系？其实依然是中重相互之间的动态平衡的关系，只是在静态的时候，它的动态的平衡是上下意的提落，是上提下落。但是在开合动功动起来的时候，例如做开合桩、四动功的过程中，我们的形已经动了，动的时候这个中和重还怎么保持合的平衡状态呢？我们说它是"偏沉则随"，因为动起来以后它要偏、要随，就不只是上下的关系了，它还有了前后、有了左右，因为偏沉它要随着变化而变，变的就是这个重，我们叫重锤。我们的意在这个重锤上，中始终要主宰着不变，重是一定要变的。

我们在做开合桩、四动功的过程中，要随势随机产生这种偏沉的变化。在这个变化中，通过"偏沉则随"我们最后得到一个中重依然是偏而不偏、不偏而偏、相分相合的动态平衡的结果。因此，我们这个重有中的主宰，重不离中。我们永远保持住这种重而随的关系，就能守住这个中。所以我们守中是通过调重而守这个中的。怎么调这个重？偏，"偏沉则随"，不是偏出去不回来了，偏出去以后还要回来。随偏就偏，随着这个偏还要向回偏，所以它总是在偏的动态中去寻求一个不偏的主旨。

所以说你的理解是对的，我们所说的这个沉是重的上下提落的结果，同时这个沉在动起来的变化过程中，是随偏就偏，以不偏来主宰着这个偏，偏又要回到不偏这样的动态平衡的结果。

实际上，我们在动起来以后，通过"偏沉则随"还能保持住中和重两者之间分合的平衡关系，我们就做到了虽动犹静。动了，该前进前进、该后退后退，该走则走、该跑则跑、该跳则跳，但是不管怎么变化，中和重之间的这种关系没有变。我们永远是用它们两者之间关系的不变去主宰各种各样的变，这个时候得到的结果就是虽动犹静。我们做开合、做四动功都动了，但是跟没动的时候，作为中和重的内在关系没有变，其实我们修为的就是这样一个结果。

（二）

学员：李老师好！听您对"如动"的解读，就是静如动，动如静。为什么古人说"如如不动"，不说"如如不静"？

李老师：这个问题提得很好。为什么古人说"如如不动"，不说"如如不静"，这里边有两个内涵：第一，从太极阴阳学说的角度、从道的角度来说，动和静两者，动是绝对的，是真实的、是本原，宇宙万物一刻也离不开动。静只是动中的一个点的相对状态，动才是本原。静是相对的，宇宙万物没有绝对的静，静是相对动而言，是动的一个瞬间，静是我们确定的一个方向和目标。第二，从太极角度来说，那个是如如不动，如静，好像是静其实还是动，因此本质上还是动；如不动是静，加一个如字，还是动。"如如不动"告诉我们要遵循着静的主宰、静的方向和静的目标，像水一样。水永远是流动的，但是水一定是永远向静而平的方向和目标去动，它所有的动都以静为主宰。古人很明确地给我们揭示了动和静的关系，从太极阴阳学说的角度理解，我们才能看清事物的本质，动是绝对的，静是相对的。

结束语

太极的体和用
太极的因和果
舍己从文，四两拨千斤

我们太极内功的修为，一个重要的特点是什么？是通过修为要去用它，而不是为了修为而修为。修为的最终结果是在我们自己的人生中，不管是健康长寿，还是防身、御敌，还是日常的生活、事业中，去把握能够从容面对一切复杂变化的一种能力，也就是用。

一、太极的体和用

《太极拳论》这篇太极拳经典，王宗岳通过区区几百个字，明确地告诉我们太极内功修为的"体"是什么，我们要修为出一个什么样的太极体来；同时又告诉我们，修为太极内功，用的时候是用什么。很明确，一个体一个用，修为的那个体，是把我们自己修炼成一个合太极的太极体、太极的我，唯一的主旨就是"舍己从人"。"用"是用在哪儿呢？它表现出来的是一个什么样的作用？在《太极拳论》中王宗岳清楚地告诉我们，太极内功的一个重要作用就表现在能四两拨千斤，也就是说能够以弱胜强、以柔克刚、以小搏大。

在这篇《太极拳论》中王宗岳告诉我们："察四两拨

千斤之句，显非力胜；观耄耋能御众之形，快何能为"，就是我们修为太极拳，不是修为力大力小、手慢手快，我们最终是要以小打大、以四两去拨千斤。如果不能够有这个作用，何必练太极内功呢？我们就是要做到使人类的大智慧能够不断发展，我们能够做到以小搏大。春播一粒种，秋收万担粮。一粒种子要结出来数倍的果实，就是要以小搏大、以少胜多，这才是我们在太极内功修为中"用"的体现，也就是说能够四两拨千斤。

如何才能做到四两拨千斤呢？四两拨千斤是结果，我们不是拿着结果去练结果，这就是王宗岳在这段拳论的最后给我们点明的，差之毫厘、谬之千里的"舍近求远"。他告诉我们，要想做到四两拨千斤，修为的是体、抓的是因，我们要能够做到"舍己从人"，这是我们能够实现四两拨千斤、结出那个果的前提和主旨。

二、太极的因和果

王宗岳在《太极拳论》中，把因果关系说得很明确、很清楚，要做到"四两拨千斤、耄耋能御众"。做不到这一点，我们的太极拳内功就是一句空话，就是与太极拳内功的修为背道而驰，就是舍近求远。我们修为太极内功的一个重要的要求和结果，就表现在用四两拨千斤上。

同时王宗岳告诉我们，要想做到四两拨千斤，就要抓住"本是"去进行修为。"本是"就是舍己从人，所以我们太极内功、太极拳的修为，其核心主旨不离"舍己从人"，舍的是己，舍的是我，舍的是主观；从的是对手、从的是客观。

遵照着王宗岳的《太极拳论》修为太极内功，自始至终是用我们的心法、理法和功法，去做到怎么舍己、如何才能从人。"本是舍己从人"是王宗岳《太极拳论》给我们概括出来的修为的核心内容和主旨。

舍己从人的目的，就是让我们掌握和把握能够四两拨千斤的这个能力，概括地说，王宗岳在《太极拳论》通过几个方面的论述告诉我们，真太极、太极内功修为的体和用，以及它们之间的关系：一个是舍己从人，一个是四两拨千斤。

三、舍己从人　四两拨千斤

为什么王宗岳把太极内功的修为用"舍己从人"这四个字作为修为的"本是"，是因为我们遵循"舍己从人"的太极拳内功修为的"本是"，就能产生四两拨千斤的作用和结果。这是王宗岳《太极拳论》中最后一段应该引起我们深刻思考和认真体悟、把握的。

王宗岳也给我们指明了方向，如何在太极内功修为中能够遵循舍己从人的"本是"，如何做到"舍己从人"，这需要我们在王宗岳《太极拳论》指引方向的基础上，在自己修为的过程中去认真体悟、一步一步去实修实证。

如何理解和把握舍己从人和四两拨千斤它们之间的体用关系，在这里我们进一步学习太极拳前辈对王宗岳《太极拳论》舍己从人和四两拨千斤及它们体用关系的理解，看他们是怎么样在实修实证中做到了舍己从人、怎么实现了四两拨千斤。我们太极拳前辈，通过他们多年的继承、发展和自己的归纳、提炼和总结，很明确地对王宗岳的《太极拳论》做出了精辟的解读。

四、结合前辈经典解读深入研习《太极拳论》

在学习王宗岳《太极拳论》的过程中，要结合前辈们的经典解读，这有助于我们理解和把握《太极拳论》的核心立论和它的内涵真义。

杨班侯的《阴阳诀》高度地概括了，"太极阴阳少人修，吞吐开合问刚柔。正隅收放任君走，动静变化何须愁"。李亦畬大师也告诉我们，要做到引进落空，四两拨千斤，就要做到收便是合、合中要有开；放便是开，开中要有合。说了一个收放、一个开合。动中要有静、静中要有动，动是开，开中要寓合；静是合，合中要寓开，动静又是一个开合。

所以收放、动静、开合，是我们太极内功修为的一个核心主旨。我们抓住了具体的阴阳，分阴阳合太极，把它们能够合到"一"上，就能够做到阴阳相济，方为懂劲，也就是王宗岳告诉我们的，"懂劲后愈练愈精"。

太极拳内功修为能够做到懂劲，也就是阴阳相济了，就能够引进落空、四两拨千斤，即《太极拳论》最后画龙点睛地给我们呈现出来的，太极修为的"本是"是舍己从人。

通过李亦畲大师的《走架打手行工要言》中关于"舍己从人"的论述，我们就更清楚了，为什么王宗岳在《太极拳论》的最后高度概括地提出来"本是舍己从人"。所以我们在修为中要遵循、要牢牢地把握住王宗岳大师《太极拳论》的核心主旨，遵循着"本是"是舍己从人。只要修为到从人、能做到舍己从人了，就能够做到阴阳相济，阴不离阳、阳不离阴，阴阳相济，方为懂劲。懂劲就是我们太极内功修为的入门功夫，是门槛、分水岭。迈进懂劲这个门槛，我们会愈练愈精，才有可能阶及神明。我们只有舍己从人、阴阳相济而懂劲，才能够展示、运用和把握四两拨千斤这种太极的神奇功夫，才能够做到"因敌变化示神奇"。所以我们把王宗岳的《太极拳论》这部经典称为"太极圣经"，可以说它是引领和主导我们修为的纲领。

《太极拳论》非常重要，我们太极爱好者应该认真研读、理解和消化。反复读，常读常新；用心读，悟出它的内涵真义。应该做到逐字逐句读，去剖析它每一个论述相互之间的内在联系。全文从开篇到最后一气呵成、一气周流，每一字、每一句、每一段中都始终贯穿着一个主旨和主题，就是阴和阳。分阴阳、合太极，就是要让我们做到阴阳相济。遵循阴阳相济这个主旨，能够让我们由着熟渐悟懂劲、懂劲后愈练愈精，我们才能够登堂入室，步步升高，直达太极圣殿的顶峰，而阶及神明。

$\boxed{\text{互 动}}$

（一）

学员A：老师好，我先讲一下我自己的心得。

我自己跟着老师学太极拳，我们在网上上课，从去年开始学习到现在，我觉得非常非常有收获，比起学习这些招式，更大收获的是，老师的这个课给为我以后学习太极拳、太极内功打下了很深厚的理论基础，我非常感谢老师开了这样的课，而且让我们有机会在美国这么远的地方可以学习到这么棒的东西。

　　老师每一次都把每一个字讲解得很透彻，我就学习到了老师的学习方法，这个对我来说是非常重要的，很好地开阔了我的视野。以前我看一个字就匆匆地读过去了，现在跟着老师逐字逐句学习，常常一句话四个字或者是几个字，就可以把整个内容都深入进去，让我不管是在看文章，或者是看世界上很多东西，都开始慢慢带着这样的精神和理念去学习，我非常感谢老师。谢谢！

　　李老师：你的这种学习精神和探求的态度，真的很让我感动。自始至终，这些年来，你都是在认真地修炼和学习，这一点我真的非常感动。

　　同时我也非常感谢A同学，包括我们这个班、包括我们美国学生直播课的学习，你起到了一个组织作用，起到了给大家介绍和引领这样一个核心作用。我们之所以能够把这个班办好，把我所传承的太极内功这种真功夫和大家进行交流，确实你在里面起到了一个非常重要的作用。因此，在这儿我也说谢谢你。

　　办这个班，就是2018年、2019年我去美国讲学时知道咱们的一些学员，成立了一个读书会，在认真学习我们太极内功的一些核心理论。她是自发地引领大家一起组织起来学习的，而且A同学的为人让我很佩服。她学了有体会，她觉得这个东西值得我们下功夫认真去学。她是想分享给好朋友和大家，让自己的独知独乐能够变成众知众乐，所以她的无私精神确确实实让我觉得非常了不起。她不只是我认可的一个在学习方面的好学生，更是在人品、为人处世方面的楷模。在这里我要说一声谢谢，感谢A同学为组织大家的学习所做出的这些无私的奉献和付出。我们也祝愿A同学在今后的学习中、在今后的生活中让自己能够得到更圆满的人生，能够取得更大的成就。

（二）

学员B：我很感谢老师，我就是A同学告诉我可以有机会上课，是A同学分享给我让我有机会跟老师学习的，所以真的谢谢老师和师母这些日子以来的付出。

我也想分享一个，我慢慢学习的这个历程，对我而言最有用的，就是老师前面讲对于意念的止、无，怎么把自己的意念放下后感受事物的真义，以及老师最近讲到"四两拨千斤"和"双重则滞"，我觉得这个对我的触动很大，即便柔弱的力量，四两其实可以拨千斤，就是怎么样放无，当东西掉入无之后，你就有了这个力量。这个是我觉得这阵子非常有收获的。谢谢老师！

跟着老师学习，对我每天的工作、生活，我觉得都很有帮助。所以谢谢老师，很高兴有这个学习机会。谢谢！

李老师：谢谢你，通过学习，我感觉到你也给我留下了很深的印象，你是一个很认真、很开朗的人。

你刚才说得很对，实际上我们修为，当然是要运用功法来进行修为。但是我们修为的目的不是为了修这个功法，而是让我们掌握一把开启人生各种锁的钥匙，也就是做人做事的方法，我们只要掌握了这种方法，就能够拿着这把钥匙打开人生路上一道一道的锁。

回顾我七十多年来的人生之路，不管失败还是成功、顺利还是挫折，总是会遇上各种各样的沟沟坎坎、各种各样的"锁"阻碍着我前进。我们要解决的是如何面对，如何能够打开它。打不开它我们就会被它给堵住了，把锁打开以后我们就能够顺利地前进。所以，关键问题，我们是要修为这把"钥匙"。

我们通过一年多的学习，就是要掌握这把钥匙，归根结底这把钥匙不只是拳脚的功夫，而是身心合一的结果。这把钥匙是什么呢？就是太极阴阳的分合。因为你生活、人生中的沟沟坎坎，无非是阴和阳这两个分不开了，或者是这两个合不上了。所有遇上的问题都是由于阴和阳这两者不能够自由开合。只要我们能够分阴阳，把它们分得很清楚，又能够把它们统一在一起，使其开合自如，就能打开所有的锁。所以掌握这样一把钥匙，我们就掌握了在人生路上打开所有锁的能力。在人生中，我们要修为的最大的能力，就是别人打不开的锁，我们能够迎刃而解。修为其实就是这么一个目标。

可喜的是，通过我们的学习，大家都进入了太极内功真正的核心主旨中来，共同来修为出这把人生的万能钥匙，这是一个非常可贵的结果。所以从这个角度，我也谢谢大家，谢谢每一位学员的努力和参与。大家能够信任我、能够尊重我、能够给我这么一个机会，让我和大家分享和解读，实际上也是对我们老祖宗留下的太极文化、这种功夫的传承和传播的支持。

（三）

学员C：老师好，非常感谢老师和师母这么多日子以来很辛苦地给我们讲解，有这个机缘当然是要感谢同学们，他们告诉我们有这么好一个机会。

我自己小小的心得，也是分两方面，一个是有形的，一个是无形的。有形的就是帮助我在站桩的时候，一步一步地做到。每一个步骤当然不见得做得到，好像有点法则可以去遵循，但是非常有帮助。尤其是我以前常常听到很多人在讲"双重则滞"，可是没有一个人像李老师讲得这么清楚，而且非常有道理。大家都在讲"双重"，可是你听听别人讲的，要么很模糊，要么其实是不见得有道理，所以这一点我非常佩服。不单单是说老师的知识，要能够解释像阴和阳这么不是很好讲解的、抽象的东西，能让我理解、明白。无形方面的很大的收获，就是阴阳学说，有阴就有阳，可是我们常常就是很自我，希望要这个样子的，不要那个样子的。所以这些日子以来，我也让自己更能够接受什么东西都是阴阳一体的理念，这对我非常有帮助。很多事情就不会梗塞在那儿了，也就开了、就过去了。偶尔有机会，有的时候我也提一两句，看看对我身边的人有没有什么帮助。因为对我自己来讲，我觉得这是一个很有帮助的理论。我相信以后还会有机会跟老师继续学习。

李老师：谢谢你。C同学谈到一个有形的收获，确确实实我们通过修为以后，通过站桩，能够让自己的身体站得松通了，能够站成完全松通以后一种完整的状态。对于有形的身体非常有好处。同时，她谈到了无形的收获，其实无形的收获更大于我们身体本身有形的收获。因为有形的收获，修炼起来相对来说要容易，但是，离开无形的收获就得不到这种真正的有形的身体的收获。所以说C同学刚才体悟得非常好。

她谈到一个问题，现在每次课都安排有一个读书环节。刚才她讲听师母读书，能让自己的心静下来。为什么我要安排读书这么一个环节？因为我们实际的修为，我们的形和意、身和心，这两部分要分而合。现在我们经常分不开，有的时候我们内心一遇到紧急的事，身体马上就僵硬。有时候身体上一有反应，马上心里面就不能静了。其实我们需要让我们的心能够静，不受身的干扰；让我们的身能够静下来、松通下来。往往有时候我们需要忘掉、放空，其实我们说得意忘形，就是让我们的意能够独立出来。大家听读书的时候，能够让我们进入书中的那个意境，能够随着书里面所读出来的文字的内涵，引领着你的意跟着它走、去集中你的意。那个时候实际上你的心也静了、身也静了，身体是松通的状态。所以她谈到这个收获非常好。

平时通过桩功的修为，大家也能够把握住这一点。通过站桩或者是读书，让自己的意不束缚自己的身体，身体也不束缚自己的意。我们通过意的专注能够让我们身心俱静，内功、内功，就内在这儿。达到了这一点，能做到一点，就能够把意集中到一个专注的点上。让自己的心静下来，忘我了，忘了身、忘了心，那个时候是身心俱静的时候，是最美妙的境界。其实我们修为就是要进入这个境界，如果自己能够把握住，随时调整自己能够进入这个境界，身心得到了最大的享受、得到了最好的休息，这是养生很好的状态，是使我们身心健康最好的途径。

（四）

学员D：李老师，我跟各位同学比不是好学生，我老落课，今天最后一堂课我觉得很重要。

　　感谢老师、师母这么长时间辛苦地给大家讲解。我也觉得各位同学都非常棒，一直都在坚持听、练。我觉得这是我们大家在共同学习、在试图理解道。我对老师的《以拳证道》一书，书名这四个字，比较有感触吧。刚刚大家纷纷提到"道"，这个道是包含所有、包含一切，因此不管是我们的身体健康，还是我们身心的状态，乃至我们生活、工作中的事情，它都是包含的。老师给我们的是一把钥匙，也就是说我们每个人、我们每个个体，我们跟这个道之间是一种什么关系，我觉得老师就以拳这样一种宝贵的方式，将其所包含的理法、功法、心法都传给我们，我认为这是特别宝贵的。因为我觉得拳是一种特别直接的方式，尽管我们可能有各种经典，包括医学的，或者是《道德经》、各个宗教的经典，但是我觉得拳这种方式是非常单刀直入的、是直接的，因为我们都是经过学校这个系统培养出来的，所以我们用逻辑思维过多，就是脑子里想得过多。而拳这种方式，就是一种很好的单刀直入的"损"的方式，就是我不用想，直接去察觉、直接去感知、直接去认识这个道是怎么回事，所以我觉得这是特别宝贵的一个工具。而且老师从理法、功法、心法三个层面都讲清楚了，我们更多是在平常生活、工作中把它用起来。这是拳。

　　有了我、有了拳、有了道之后我们可以做一件什么事呢？就是去证。这个证，我自己感觉可以从两个方面去体会它。一方面，是我们在体会这个道理的时候可以去验证，不管是身体的、心理的，还是工作、生活，我们可以去进行实际的验证，检验这套东西灵不灵、能不能解决问题。另一方面，这个证就是去体现，也就是说从我们自己学完以后的生活、工作中去体现这里面的道和道的运行规律以及它的道理，这是很有意思的一件事情。从我自己的感觉来讲，也特别受益。

比如说，一开始的阶段，没有觉察自己身心的时候，实际上是不知道原来我身体上有那么多的紧张、缝隙，我跟我周围的环境或者是周围的人有那么多的矛盾，或者是缝隙，或者是不和谐的地方，开始站桩以后，逐渐对这些东西能够认识得更清晰一些。我觉得这是很受益的地方。

我们通过不断地练功，然后自己跟自己比，跟昨天的自己比，看"知己"的功夫能不能更厉害一些。再一个，知己之后，通过知彼，我们也许能够看到，我跟我的外界之间有哪些缝隙、有哪些不和谐的地方。老师说要舍己从人，我有一种理解和一个想法不知道对不对。首先我们知道自己的状态，然后哪怕知道了我们跟外界的一个差异或者说一个缝隙，但我们仍然要尊重外界跟我们不一样的地方。我仍然是要舍己从人，但要避免一个倾向，就是我一定要把这个给它修整到我认为的一种完美的状态，可能就是要接受这个不完美，而且仍然是舍己从人、顺势而为，这样去做。

这是我的一些感受，分享给大家。

李老师：好的，D同学讲得非常好。他可以说不但是我学生中的一个佼佼者，还是我的一个好助手，在我们直播的这两个班的组织工作和平时正常的运作中，他都起了不可替代的作用，包括课程的组织，同学们有一些什么问题和需要反馈给大家一些什么重要内容，甚至直播用的各种设备，都是D同学一手操办、给我们提供的，可以说在整个我们的传承、传播过程中，D同学确实起到了非常非常重要的辅助的作用。他很忙，事业做得很大，从整个公司的研发到市场的运作，全方位的，还要和很多合作伙伴进行协调等。在工作这么忙的情况下，在我们传播过程中和修为过程中所遇到的一些问题，我都会很及时地通知他，他马上就能够做出解答或者给解决。在这一点上，他的这种能力和作风也让我非常感动，他确实起到了不可替代的作用。

特别是他在学习太极内功上，跟随我这么多年，他在实修实证中是有真感实悟的。而且他把所学到的东西运用到了他的生活、事业、家庭、为人处世各方面，确确实实有很深的感悟。非常感谢D同学的付出和努力。

　　大家提了一个很重要的问题，就是我们要做到舍己从人。这个舍己从人，不是我以为，我要不要舍、要不要从它，不是用自己的分别心去决定我从不从人，而是在任何情况下都要做到从人，不管对方，不管客观是顺还是逆、对或者是错，这都不决定我从不从。我只有从了它的对或者是错，才能够真的了解我该怎么做，它对我怎么做、它错我怎么做。所以他提了一个很重要的问题，没有分别心，不去判断对方如何。我们真正的判断是不管你是对还是错，我该怎么做，我怎么才能够做到该怎么做，怎么才能够做到我不去判断，但是我很清楚地知道我该怎么做，唯一方法就是舍己，就是不用自己的想法，舍弃、舍掉自己的想法，舍掉自己的判断，舍掉自以为是的这种看问题的方式。当我们真的舍己了，才能真正判断出知己知彼，就是真的了解了对方、了解了客观变化，能够预测并及时地应对，能够正确地决定我应该怎么办。

　　所以他提的这个问题非常准确，就是舍己从人的一个重要的含义，从人是要舍己，舍己才是从人。他说的这个问题非常对，也非常好，我们太极内功的修为要牢牢地把握从舍己入手。只有能够舍己，不自以为是地去判断任何事物，才能够看清事物发展的必然趋势，才不会忙乱，也就是说我们才有前瞻性、才能够预测事物发展的前景。

事物发展的前瞻、发展的未来无非就是两个，一个顺一个逆，而且顺和逆都不以我的意志为转移，我去判断它干什么。所以我们就会很明白，可以预测了，如果它现在是顺的话，顺中最后会要有逆的出现；如果它是逆的话，逆到了一定程度，它一定会要转向顺，这就是事物的道、就是发展的规律。因此，我们就能从容地去面对它。既然它的未来我很清楚了，顺中有逆、逆中有顺，我就能够让自己从我自己做起，我能够既面对顺也能够承担逆。我能够把自己打造到这么一种中的状态，我就能够面对未来所有的发展，就不会茫然、不会慌乱、不会迷茫了。我们需要做的是怎么把我自己静下来，能够在顺的时候胜不骄，能够在面对挫折的时候不气馁。把自己打造出这样一种完整的状态，我们就能够从容面对一切的变化。所以我们太极修为最终是要修为到这一点。

我认为，以拳证道、拳的修为是一个让我们证道、入道、修道的非常有效、高效、直接的载体和工具。尽管道的修为有很多的路径，但是如果让我选择一条最直接、最能够证道的路径的话，我个人认为就是我们这个拳，具体就是拳的内功修为。所以我希望大家通过太极拳内功的修为让自己真的能够像D同学说的，不但在身体上、在健康上，而且在家庭上、在工作上、在人生的道路上，能够去把握它、运用它、实证它。证的过程，就是实践的过程，就是具体应用的过程，把我们的所有修为，从理法、心法、功法上，在实际生活、事业中具体去体悟它、运用它，这本身就是它具体价值的体现。

附录

"光昭太极拳道"概述

"光昭太极拳道"，是李光昭教授从"以拳证道"的角度提出的反映传统太极拳修为本质特征的新概念。李光昭在继承杨氏太极拳衣钵、吸收先辈们的拳修精华、结合自身六十余载修为实践的基础上，传承发展了传统太极拳的理法、心法等理论体系及功法体系，形成了具有鲜明特点的"光昭太极拳道"修为体系。

一、传承体系

"光昭太极拳道"源于传统杨氏太极拳，传承体系脉络清晰，传承模式中规中矩，传承拳法内涵丰富。

其一，传承体系正宗正门

李光昭的父亲李树田先后师从京城太极拳名家白旭华和徐岱山。白旭华得到杨健侯和杨少侯两代宗师的亲传。徐岱山乃杨少侯、杨澄甫的入室弟子。杨少侯、杨澄甫是杨家第三代传人。

在杨氏太极拳这一脉传承体系里，李光昭先后经历两位师父传授，一位是其父亲李树田，另一位是李树田的师兄张策（徐岱山入室弟子）。现今唯一存世的"杨氏徐门手抄太极拳谱"，就是张策亲手交给李光昭，由李光昭保存下来的。"杨氏徐门手抄太极拳谱"记载着徐岱山受业于杨少侯门下的时间、地点，并盖有徐岱山的印章。这份不可多得的珍贵史料，说明这一脉的杨氏太极拳属于正宗正门的杨家传承体系传承下来的。

其二，传授路径是先桩后拳

传统杨氏太极拳将练功过程分为知手、试手、演手三个阶段。知手乃桩功修习阶段，故称桩功为知手之功。试手乃太极推手阶段，故称推手为试手之用。演手乃拳架演练阶段，故称拳架为演手之门。据李光昭回忆，父亲告诉他，白旭华师爷曾讲过，杨健侯传授太极拳的路子是先站桩后练拳。季培刚所著《太极往事》一书中记载："田兆麟（受杨健侯亲传）在京师警察厅消防音乐队时，杨健侯为该队教授拳术""据田兆麟回忆，当初无极式站桩和太极起势，就足足练了半年之久。"李光昭讲，当年，父亲李树田先后拜白旭华和徐岱山为师学习太极拳，都是先学习站桩功，后学习练拳架。自己跟随父亲习拳，也是先从桩功开始。现在，李光昭对外传授太极拳，一直遵守本传承体系的老规矩，先教桩功，后授拳架。李光昭认为，

桩功是基础，是直奔主题的内功修为。他还认为，桩与
拳，分为二，合为一。桩为拳之体，拳为桩之用；桩为拳
之主宰，拳为桩之外显；拳静即桩，桩动成拳；桩无拳无
用，拳无桩无拳。可以说，在传承、传授传统太极拳的实
践中，"光昭太极拳道"沿袭杨氏太极拳先辈创立的先桩
后拳之路的做法，成为这一脉杨氏太极拳传承体系的一大
特点。

其三，传授拳法以明理为主

将传统杨氏太极拳之理法、心法、功法体系化。"光
昭太极拳道"一丝不苟地继承杨氏太极拳先辈们传承下来
的理法、心法和功法，在传承、传授太极拳的实践中，坚
持以明理为主导，将理法讲透彻，将心法讲明白，将功法
讲具体，并且突出了理法、心法、功法三法合一。三法合
一的特点是以心法统领理法和功法，以理法体现心法、指
导功法，以功法贯穿其理法和心法，使理法、心法、功法
相互依存、互为一体。李光昭将自己研修理法、心法和功
法的体悟心得及近十几年的授课资料整编成书，形成"太
极拳道系列丛书"，这不仅完善了"光昭太极拳道"之理
法体系、心法体系和功法体系，而且为传承传播太极内
功、丰富发展传统太极拳文化作出不可低估的贡献。

二、理法体系

"光昭太极拳道"理法体系，根源于中国的传统文化——太极文化。"光昭太极拳道"以道家阴阳学说为理论根基，以张三丰、王宗岳、武禹襄、李亦畬等先辈们的经典拳论，特别是王宗岳的《太极拳论》为基本指导，以"杨家太极拳老谱"及杨露禅、杨班侯、杨健侯、杨少侯、杨澄甫等杨家三代的拳经拳法为理法核心，奠定"光昭太极拳道"理论基础，形成了"光昭太极拳道"理法体系。

其理法体系内涵体现在《以拳证道》、拳论释义系列之《<太极拳论>释义》《<十三势歌诀>释义》《<十三势行工心解>释义》、经典解读系列之《拳说老子》等代表作中。

"光昭太极拳道"理法体系，在太极拳领域首次提出"拳知八纲"的理论，对阴、阳、动、静、虚、实、刚、柔等八纲的内涵真义及相互关系作了辩证阐释，高度概括出了"一须三要"这一理法纲领。一须：须知阴阳；三要：要明动静、要辨刚柔、要分虚实。

"光昭太极拳道"理法体系，对何谓道、何谓拳、何谓无、何谓中、何谓空、何谓松、何谓紧、何谓重、何谓合、何谓运、何谓沉、何谓分、何谓劲、何谓势、何谓变、何谓机、何谓应等拳修要素，作了深入浅出的释解，将这十七个拳修核心要素系统化、理论化，使玄妙深奥、晦涩难懂的拳经拳论变得通俗易懂，让拳修者易于理解和体悟。

"光昭太极拳道"理法体系，将以拳证道、以拳修道、拳炼自我、重塑新我作为修为目标，以建立太极思维模式为拳修重点，继承发展了太极内功修为理论。依据儒家中和、中庸之学说及佛家四大皆空之经说，系统提出了"敬、镜、净、静、境"五台阶论和"虚、空、无"论等；依据道家阴阳之理及环中之学说，系统提出了"阴阳相济论""环中论"和"十六相字诀"等；依据张三丰、王宗岳等先辈们的拳经拳论和"杨家太极拳老谱"精髓，系统提出了拳修"三大关系论""动分静合论""虚实变转论""神意气形四君子论""太极内功三找（找我、找门、找劲）论""腰顶论""化合论""知觉运动论""拳修能量论""得中论""得一论""得气论""得劲论""丹田顺逆论""横竖开合论""中重提落论""身手变转论"等，由此，"光昭太极拳道"构成了一套比较系统、内涵深邃、逻辑严密的理法体系。

三、心法体系

"一个中心、三个基本点""一求三修"等心法纲领构成了"光昭太极拳道"的心法体系。此部分内容在李光昭著静出动势系列之《桩功概论》中作了详细阐述。

其一：一个中心、三个基本点

一个中心：中正安舒；三个基本点：静心凝神、呼吸自然、周身松通。与内功而言，"一个中心、三个基本点"是修为的基础，落实于太极拳道修为的始终；与心法而言，"一个中心、三个基本点"是一求三修心法的前提，它统领着处处求中和三修心法；于理法、功法而言，"一个中心、三个基本点"贯穿于其中，若离开它，则理法、功法失去根基。

其二：一求三修

一求：处处求中。中即道，道即中。故而求中乃合道之举。"光昭太极拳道"将处处求中作为心法之主宰，突显了求中心法之重要。

三修：反向修义、借假修真、层层修分。三修简称为三大心法，是理法、功法之灵魂，是"光昭太极拳道"内功修为的根本之法。拳修实践证明，若没有"一求三修"心法，便无理法、功法可言。

"凡此皆是意"，既体现了内功心法的本质特征，又是内功修习的根本所在。"一求三修"心法若离开意，则失去心法的实质意义；太极拳修为若离开意，则丢弃了内功修习的基本抓手；理法、功法若离开意，则成为空中楼阁、无内功可修。修内功是否用意，或者说是用意不用力还是注重用力用形，这是检验真假太极拳的唯一标准。

太极思维与"一求三修"心法相互依存、互促互进。太极思维源于道家老子的逆向思维。"光昭太极拳道"将摒弃常人的思维习惯和行为习惯，建立太极思维新模式，作为太极拳道内功修为的重要法门。

其三：明理就是练功

"光昭太极拳道"特别强调"明理就是练功""练功先要明理""明理是核心功夫"，具体修为遵循的原则是：以"一求三修"心法为主宰，改变常人的行为习惯和思维方式、建立太极思维模式；以太极思维来明"一求三修"之理，落实"一求三修"心法。太极思维模式是否建立，决定了"一求三修"心法是否贯穿于理法和功法，决定了太极内功能否修为有成。

四、功法体系

"光昭太极拳道"功法体系，是由静桩功、动桩功、太极摸手、太极拳架、太极散手、太极器械等组成。"光昭太极拳道"的功法修习主旨是"一拨三能"。一拨：四两拨千；三能：以静制动、以柔克刚、后发先至。

其一：功法内涵特点

光昭太极拳道具体功法修为始于太极桩功，桩功贯穿于拳道修为的始终。光昭太极拳道把桩功分为"静桩功"和"动桩功"两大体系。

静桩功分为无极桩功、浑圆桩功等两个功法。静桩功修习的是静出动势。"太极拳道系列丛书"中，静桩功功法书籍有"静出动势系列之"《桩功概论》《无极桩功》《浑圆桩功》。

无极桩功的内涵特点。

无极桩功是静桩功、动桩功的基础。"光昭太极拳道"将无极桩功作为终生拳修功法，贯穿于太极拳道修为的全过程。无极桩功的特点是修分，具体修习三盘九节十八部位，以练形来求意，得意而忘形。此乃为得意之功法。

浑圆桩功的内涵特点。

浑圆桩功是体外修意。浑圆桩功的特点是修合，浑圆桩功修习浑圆求一，练意得气。此乃为得气之功法。

动桩功分为开合动桩功、内功八法、太极起势、丹田试声等。动桩功修习的是虽动犹静。"太极拳道系列丛书"中，动桩功的功法书籍有"虽动犹静系列"之《开合动桩功》《内功八法》。

　　开合动桩功的内涵特点。

　　开合动桩功包括开合桩、抱三关、四动功等三个具体功法。开合动桩功是由静桩功转为动桩功的首要功法。开合动桩功是形随意动、意与气合、气与力合而得劲。此乃为得劲之功法。

　　内功八法的内涵特点。

　　内功八法分为抻、搓、转、抖、拍、荡、提、揉等八个功法。内功八法分为定步练习、活步练习两种方式。其每个功法的动态练习都是静为主宰，以内主外。内功八法练的是动分静合，动中寓静，静中寓动，动静分合而求中。此乃为得中之功法。

　　太极揉（摸）手（含定步、活步单推，定步、活步四正手，定步、活步四隅手等）、太极拳架（含十三势、四平架、粘手架等）、太极散手（含定步、活步散手等）、太极器械（含刀、剑、棍等）的修习，都是静桩功和动桩功等基础功法在形体上的动态演练。揉手、拳架、散手、器械是形体以不同方式修习太极内功，是静桩功所修之静出动势、动桩功所修之虽动犹静在实践中演习体用。此乃为得内功之功法。

　　其二：功法修习路径

"光昭太极拳道"功法体系，修习功法的路径是先静后动，先桩后拳，先摸手、后散手、再器械，循序渐进，遵道而为。

就"先静后动"而言，此静与动是指形体而言，即在拳修中，身体先以静的状态修习功法，在静态修习有成的基础上，再转为动态习练功法。静桩功的两个基础功法，就是身体处于静的状态下练习内功，主要练的是两静两动，即身静、心静，意动、气动。拳修实践证明，若身、心静不下来，则必然意、气动不起来；若没有练出意、气的内动，就无法在动态下修习动桩功，乃至习练拳架、摸手、散手、器械等没有内在的意气而只是单纯的肢体动作，那就失去拳修内功的意义。动桩功各个功法以及拳架、摸手、散手、器械等都是身体在动态下练习，其实质练的是身、形动中之静，意、气静中之动；习的是意动、心静、神主、气催、形随；修的是身、心俱静，以心行意，以意导气，以气运身；求的是神粘、意黏、气连、形随。

其三：功法修习之法

"光昭太极拳道"功法修习之法，继承了本传承体系代代相传的修为法门，以太极思维逐步摒弃常人的眼、耳、鼻、舌、身、手这套外系统的功用，以太极思维逐步发掘、建立内视、内听、内察、内觉这套内系统。这套内系统人人都具有，往往被人的外系统所取代。本传承体系的先人李树田，总结了前辈几代人所传承的功法修习经验，提出独具特色的修习之法，即"看、听、摸、悟"（关于看、听、摸、悟修习之法，在"太极拳道系列丛书"中多有论述）。这一修习之法，绝非练拳脚功夫，也非肢体运动，而是"全凭心意用功夫"，其核心是拳里悟道、拳外修拳，练的是"知觉运动"，是虚心而知、空身而感，是外显柔软、内含坚刚。

"光昭太极拳道"修为体系的特征是以武演文、以拳入道、由拳悟道。拳修的主旨是以拳炼我、改造自我、返璞归真。"光昭太极拳道"修为体系的具体内容，将在陆续出版发行的"太极拳道系列丛书"中予以阐释。"太极拳道系列丛书"各自独立成册，而理为一以贯之，乃为太极拳道修为不可多得的宝贵资料。

王延军

后 记

当我放下手中的笔，最后一次审视这本书的文稿，心中如释重负，不禁涌动起万千感慨！

记得8岁那年，父亲把我带到王府井亨得利钟表店二楼的一个大房间，严肃地对我说：这位是冯老师，从今天起他教你写大字，你要好好听冯先生话！一开始冯老师并不教我写字贴，而是让我握着毛笔，在铺平的旧报纸上点点！直到我在一张打开的报纸上把点点得横竖成行、大小均匀，才正式开始学习写字。后来我才知道，冯老师和父亲是挚友，王府井许多商家的匾额都出自冯老师之手，匾额的落款是：鹿川冯栋！

10岁那年的一天傍晚，父亲把一本泛黄的宣纸手抄拳谱递到我手上，指着其中一篇对我说：你一边抄写练字，一边熟读这篇拳论！这是我平生第一次知道，世上有一位太极圣人王宗岳，他写了一篇传世之作《太极拳论》。父亲告诉《太极拳论》是太极拳人的圣经！

16岁那年父亲正式教我从站桩开始学练太极拳。父亲谆谆告诫：这篇拳论你要天天读，年年读！你遇上的所有困惑，答案都在里面！

从此，在父亲的严格教导下，这篇《太极拳论》有如茫茫大海中的耀眼灯塔，为我随时指明方向，照亮前程；为我解惑修正，引领我走入太极正道通途！

几十年过去了，太极拳伴我走过了无数个风雨日夜，《太极拳论》始终是我前行的定海神针！

多年来，我一直怀揣着一个心愿，把自己在太极拳道修为的征程中，是如何理解拳论的真谛、如何把握拳论的精髓、如何运用拳论的理论，把其中的真感实悟记录下来，既是对自己习拳悟道的总结，也是对父辈前人的汇报！

今天，我终于了却了一桩心愿！

在此郑重重申：《〈太极拳论〉释义》，只是记录本人几十年来对这篇经典拳论的真实体悟，我不能也无法解读王宗岳拳论中他本人的真义内涵！文责自负，真实就好！对与错任同道朋友评说！

在此，我要衷心感谢所有在我创作过程中无私奉献和提供帮助的同仁及学生们！

《〈太极拳论〉释义》仅是太极拳道系列丛书中拳论释义系列的第一部。接下来，《〈十三势歌诀〉释义》《〈十三势行工心解〉释义》等拳论系列图书的第二部、

第三部也将在不久与大家分享！

老骥伏枥，壮心不已。老牛自知夕阳晚，不用扬鞭自奋蹄！

李光昭

图书在版编目（CIP）数据

《太极拳论》释义 / 李光昭著 . -- 北京：华龄出
版社，2024.7. -- ISBN 978-7-5169-2824-0

Ⅰ．G852.11

中国国家版本馆 CIP 数据核字第 2024HB5317 号

策划编辑	南川一滴	责任印制	李末圻
责任编辑	郑 雍	装帧设计	武守友

书　名	《太极拳论》释义	作　者	李光昭
出　版	华龄出版社		
发　行	HUALING PRESS		
社　址	北京市东城区安定门外大街甲 57 号	邮　编	100011
发　行	(010) 58122255	传　真	(010) 84049572
承　印	北京七彩京通数码快印有限公司		
版　次	2024 年 7 月第 1 版	印　次	2024 年 7 月第 1 次印刷
规　格	880mm×1230mm	开　本	1/32
印　张	15.5	字　数	272 千字
书　号	ISBN 978-7-5169-2824-0		
定　价	59.00 元